BLAUE
REIHE

Aus der BLAUEN REIHE empfehlen wir:

Social Service Design & Marketing
978-3-8029-5468-9

Strategisches Management im Sozialen Bereich
978-3-8029-5449-8

Marketing im Sozialen Bereich
978-3-8029-5442-9

Wirkungsorientiertes Controlling in Sozialunternehmen
978-3-8029-5470-2

Leitbild- und Konzeptentwicklung
978-3-8029-5441-2

Betriebswirtschaftslehre in Sozialunternehmen
978-3-8029-5471-9

E-Mail: WALHALLA@WALHALLA.de
http://www.WALHALLA.de

Walhalla Fachverlag · Haus an der Eisernen Brücke · 93042 Regensburg
Telefon 0941/56 84-0 · Telefax 0941/56 84-111

Nicole Schneider-Kehne

Kaspers · Kennerknecht · Schellberg

KOSTENMANAGEMENT IN SOZIAL-UNTERNEHMEN

Grundlagen – Methoden – Instrumente

2., neu bearbeitete Auflage

WALHALLA

Bibliografische Information der Deutschen Nationalbibliothek
Die Deutsche Nationalbibliothek verzeichnet diese Publikation in der Deutschen Nationalbibliografie; detaillierte bibliografische Daten sind im Internet über http://dnb.dnb.de abrufbar.

Zitiervorschlag:
Kaspers, U./Kennerknecht, S./Schellberg, K. (2017): Kostenmanagement in Sozialunternehmen, Walhalla – Regensburg

2., neu bearbeitete Auflage 2017

Produktion: Walhalla Fachverlag, 93042 Regensburg
Umschlaggestaltung: grubergrafik,
Augsburg Printed in Germany
ISBN 978-3-8029-5469-6

Gesamtinhaltsverzeichnis

Abbildungsverzeichnis

Abkürzungsverzeichnis

AO	Abgabenordnung
ARAP	Aktive Rechnungsabgrenzungsposten
BAB	Betriebsabrechnungsbogen
BGB	Bürgerliches Gesetzbuch
BHO	Bundeshaushaltsordnung
BWA	Betriebswirtschaftliche Auswertung
DATEV	Datenverarbeitungsorganisation der Steuerbevollmächtigten für die Angehörigen des steuerberatenden Berufes in der Bundesrepublik Deutschland
DBU	Deckungsbeitrag bezogen auf den Umsatz
DRG	Diagnosis Related Groups (deutsch: diagnosebezogene Fallgruppen)
EBIT	Earnings before interest and taxes (deutsch: Gewinn vor Zinsen und Steuern)
EGT	Ergebnis der gewöhnlichen Geschäftstätigkeit
EU	Europäische Union
Fibu	Finanzbuchhaltung
GG	Grundgesetz
gGmbH	gemeinnützige GmbH (aufgrund ihrer Gemeinwohlorientierung werden besondere Steuervergünstigungen gewährt)
GmbH	Gesellschaft mit beschränkter Haftung
GoB	Grundsätze ordnungsgemäßer Buchführung
GuV	Gewinn- und Verlustrechnung
HGB	Handelsgesetzbuch
HGrG	Haushaltsgrundsätzegesetz
IFRS	International Financial Reporting Standards
KHBV	Krankenhausbuchführungsverordnung
MwSt.	Mehrwertsteuer
PBV	Pflegebuchführungsverordnung
PRAP	Passive Rechnungsabgrenzungsposten
ROI	Return on Investment (Rückfluss der Investition)
SGB	Sozialgesetzbuch V = Gesetzliche Krankenversicherung IX = Teilhabe und Rehabilitation von Menschen mit Behinderung XI = Soziale Pflegeversicherung
WVO	Werkstättenverordnung
Σ	Summenzeichen

Vorwort

Soziales und Kostenmanagement – es sind zwei Welten, die auf den ersten Blick nicht verschiedener sein könnten. Auf der einen Seite gibt es verschlungene menschliche Pfade und Verständnis, Empathie und Geduld. Auf der anderen Seite werden Ziele definiert, Effizienz gesucht und Ergebnisse ermittelt. Die Währung der einen Seite ist Nächstenliebe und Solidarität, die der anderen Seite Geld und soziale Wirkung. Menschliche Wärme auf der einen Seite, kühler Kopf auf der anderen. Wir könnten die Liste der Charakteristika, die manchmal mehr Klischees und Vorurteile sind, dieser beiden Welten noch lange weiterführen.

Wenn sich diese zwei Welten begegnen entsteht Spannung. Aussagen wie „Das rechnet sich doch nicht“ oder „Die sparen unsere Soziale Arbeit / Pflege / Therapie ... kaputt“ sind typische Symptome dieser Spannung, ebenso wie die Diskussion um Ziele und Ergebnisse, um Budgets und Auswertungen.

Es ist nichts Neues: Es ist das Verhältnis von Fachabteilung und Kostenrechnung in jeder Organisation, die mit knappen Mitteln umgeht. Wir finden es im Verhältnis von Kreativen und Kaufleuten in einer Werbeagentur, zwischen Entwicklungsingenieuren und Controllern, zwischen Architekt und Bauunternehmer.

„Wie schön wäre es, wenn wir dieser Welt der Zahlen gar nicht begegnet wären? Könnten wir sie nicht wegargumentieren?“ mögen so manche Betroffene denken. Und doch: Diese Welt der Kostenrechnung war schon immer da. Sie ist die andere Seite der Medaille. Die sozialen Aktivitäten einer Organisation sind (meistens) mit Ressourcenverbrauch gekoppelt – menschliche Arbeit, bezahlt und unbezahlt, Lebensmittel, Energie, Papier, Räumlichkeiten – und dieser Ressourcenverbrauch muss irgendwie kompensiert werden.

Kostenmanagement ist jedoch keine Disziplin für sich. Sie kann die realen Vorgänge nur monetär abbilden und warnen, wenn das Gleichgewicht gefährdet ist. Die Kosten und Erträge haben kein Eigenleben, sie hängen von den zugrundeliegenden realen Aktivitäten ab.

Zugleich aber wird das Soziale ohne Berücksichtigung der finanziellen Auswirkungen weder systematisch noch nachhaltig passieren.

Geld führt dem Sozialen die Begrenztheit von Ressourcen vor Augen. Sie zwingt insofern das Soziale so mit Ressourcen umzugehen, dass es langfristig, nachhaltig weiter arbeiten kann. Die Welt des Geldes lehrt den sozialen Organisationen, wie sie sich die Mittel für ihre Arbeit auch langfristig sichern können. Das Soziale, das sonst keine Wachstumsgrenzen kennt und auch eine gewisse Neigung zu Hypertrophie hat, wird so auf einen nachhaltigen Wachstumspfad geführt.

Das Soziale ist auf die Finanzierung durch Dritte angewiesen, meist durch die öffentliche Hand. Ökonomisches Handeln, das als reine Reduktion der Finanzierung auftritt, wird über kurz oder lang die Qualität der Arbeit beeinträchtigen. Insofern ist ein Spannungsfeld zwischen Qualität und Geld angelegt. Die Antwort hierauf kann nur ein intelligentes Kostenmanagement sein, das die Ergebnisse professionellen Handelns (die Wirkung) mitberücksichtigt und kein reines Sparprogramm, sondern ein soziales Optimierungsprogramm fährt.

Insofern wird diese Spannung zwischen Knappheit und sozial Erwünschtem auch zu einer intelligenteren Professionalität führen, die eben Qualität aus den vorhandenen Möglichkeiten schöpft, die bestimmte Ineffizienzen eben akzeptiert, aber andere auch bewusst nicht akzeptiert, die Professionalität als Handeln in der realen Welt und nicht als Idealisierung sieht.

Insbesondere aber sorgt diese Spannung für Innovation. Nur wer die Komfortzone der unbegrenzten Mittel verlassen muss, kommt auf neue Ideen. Neue Methoden, neue Programme und Maßnahmen, neue Zugänge zu sozialen Problemlagen können so entstehen.

Hierzu bedarf es keiner „weichgespülten" Kostenrechnung, die weniger genau rechnet und die ermittelten Ergebnisse einer Beliebigkeit anheimstellt. Vielmehr bedarf es eines sehr genauen, aber an die Spezifika der sozialen Organisationen angepassten Kostenmanagements. Dieses Buch will hierzu eine umfassende Einführung bieten.

Wir richten uns dabei an Mitarbeiter/innen, die mit Aufgaben der Kostenrechnung, des Controllings und der Finanzierung befasst sind. Dabei kann dies als „Auffrischungs- und Anpassungskurs" für Leser/innen mit betriebswirtschaftlicher Ausbildung dienen oder aber als Grundlagenkurs für Leser/innen mit nicht-betriebswirtschaftlicher Vorbildung, die sich mit Managementaufgaben befassen wollen.

Wir verstehen dieses Buch als handlungsorientierte Einführung für den professionellen Alltag. Insofern stehen Verständnis und konkretes Wissen im Mittelpunkt.

Wir haben dieses Buch mit „Kostenmanagement" betitelt und hier Aufgaben und Funktionen zusammengefasst, die sonst in der betriebswirtschaftlichen Literatur unter den Titeln „Rechnungswesen", „Buchhaltung", „Jahresabschluss", „Kosten- und Leistungsrechnung", „internes Rechnungswesen", „Controlling" behandelt werden. Diese Zusammenfassung diente der Kompaktheit dieses Buches und der Beibehaltung eines „roten Fadens".

Es konnten daher die einzelnen Themen nicht in jeder Feinheit und Verästelung behandelt werden. Wir können hier nicht das Wissen der Bilanzbuchhaltung, der Steuerberatung, der IT-Anwendungen etc. abschließend behandeln. Insbesondere im Bereich Buchhaltung und Jahresabschluss empfiehlt sich daher, auf weiterführende Literatur zuzugreifen und dieses Buch als „roten Faden" im Blick zu behalten.

Wir wünschen den Leser/innen dieses Buches, immer den kühlen Kopf und Nüchternheit die Aufgaben der Nächstenliebe und Solidarität unserer sozialen Organisationen voran zu bringen.

Falls Sie in diesem Buch noch Lücken finden oder Fehler entdecken, sind wir für Hinweise sehr dankbar.

Nürnberg 2017

Uwe Kaspers *Sonja Kennerknecht* *Klaus Schellberg*

1. Einführung

1.1 Das Weltbild des Kostenmanagements

Abbildung der realen Geschäftsprozesse

Tauchen wir nun ein in das Weltbild des Kostenmanagements. Es beschreibt die gleiche Welt in anderen Konzepten und Begriffen. Hier sind es soziale, pflegerische Prozesse – dort Geschäftsvorfälle. Hier arbeitet qualifiziertes Personal – dort müssen Bruttopersonalkosten gezahlt werden. Hier wird über die Atmosphäre von Räumen nachgedacht – dort wird überlegt, ob die Abschreibungen bereits eine Renovierung zulassen.

Das Kostenmanagement (hier umfassend für Buchhaltung, Kostenrechnung, Controlling) versteht sich als Abbildung der realen Geschäftsprozesse eines Unternehmens in finanziellen Größen. Es ist also gewissermaßen das monetäre Spiegelbild der realen Welt.

Dies lässt sich an folgender Grafik darstellen:

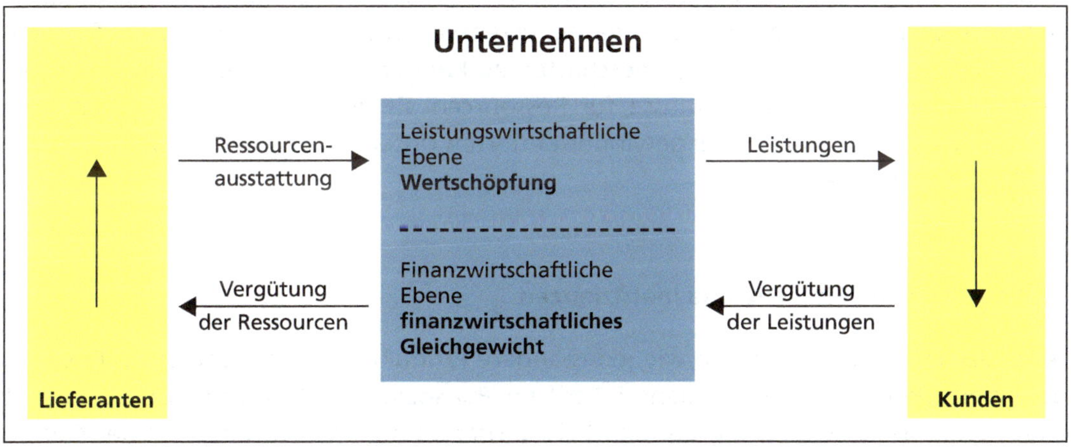

Abb. 1: Unternehmensmodell

Ein Unternehmen ist davon geprägt, dass es Leistungen an die Umwelt abgibt. Diese Leistungen können materielle Produkte sein, aber auch soziale, pädagogische, pflegerische Dienstleistungen. Manchmal kann die Leistung eines Unternehmens auch sehr abstrakt sein, indem die Vorhaltung eines Angebots alleine schon eine Leistung darstellt, wie z. B. bei einer Feuerwache, einer Krisenberatungsstelle oder der „offenen Tür" einer Kirche.

Ressourcenausstattung

Für die Erstellung dieser Leistungen wird eine Ressourcenausstattung benötigt, also haupt- und ehrenamtliches Personal, Lebensmittel, Energie, Räumlichkeiten etc. Diese werden im Wertschöpfungsprozess so miteinander kombiniert, dass hieraus Leistungen entstehen. Aus einzelnen Ressourcen entsteht also in diesem Prozess ein Wert, der höher als die einzelnen Ressourcen zusammen bewertet wird. Dies ist der „Produktionsprozess" im Sinne der betriebswirtschaftlichen Lehrbücher, bei dem z. B. aus Einzelteilen, menschlicher und maschineller Arbeit durch einen Kombinationsprozess ein Kugelschreiber entsteht (Weiteres zum Unternehmensmodell: Schellberg 2011: 31 ff.).

Fachliche Prozesse = Reale Geschäftsprozesse

In unseren Organisationen der Sozial- und Gesundheitswirtschaft sind dies die fachlichen Prozesse der Sozialen Arbeit, Pflege, Pädagogik etc. Wir nennen dies künftig allgemein „reale Geschäftsprozesse". Auch hier entsteht durch eine systematische

Kombination von Ressourcen eine Leistung, die in der Summe mehr wert ist als die einzelnen Ressourcen. Durch das geschickte Kombinieren von professioneller menschlicher Arbeit, einem Verband, einem Fahrzeug (und anderem) entsteht am Ende eine ambulante Pflegeleistung.

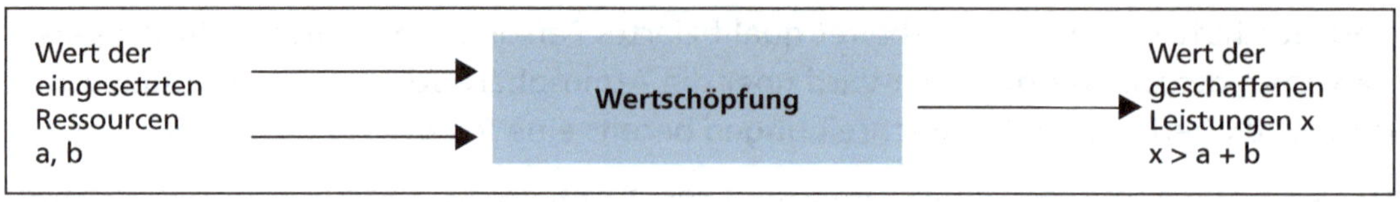

Abb. 2: Wertschöpfungsprozess

Vergütung, Ressourcenfinanzierung

Diesem Wertschöpfungsprozess steht spiegelbildlich eine finanzwirtschaftliche Seite gegenüber. Die eingesetzten Ressourcen müssen vergütet werden, also Gehälter und Stromrechnungen bezahlt werden. Hierzu bedarf es einer Vergütung der Leistungen in Form von Leistungs- oder Pflegeentgelten, öffentlichen Zuschüssen oder Spenden. Um langfristig überhaupt Ressourcen beschaffen zu können, müssen die Zuflüsse mindestens so hoch sein wie die Abflüsse für Ressourcen. Es gilt, das finanzwirtschaftliche Gleichgewicht einzuhalten. Bei gewinnorientierten Unternehmen wird dabei zusätzlich ein Gewinn erwartet.

1.2 Über Gewinn, Effizienz und Ineffizienzen

Messbarkeit der Leistung

Jede soziale Leistung – ebenso wie jedes andere Produkt – gewinnt seinen Nutzen aus dem Wert, den sie auf der Kundenseite stiften. Für soziale Leistungen heißt das, es gibt einen Wert der Leistung, die bei den Leistungsempfänger/innen oder bei der Gesellschaft entstehen. Dieser Wert ist nach derzeitigem Stand der Wirkungsforschung schwer oder nur unzureichend messbar (Möglichkeiten hierzu finden sich in Sprinkart 2015).

Messbar hingegen ist die Zahlungsbereitschaft des jeweiligen Finanziers. Im Sozialbereich sind dies in der Regel öffentliche Kassen – Jugendamt, Pflegekasse, Sozialhilfe etc. Diese werden – wenn sie eine ökonomisch vernünftige Entscheidung treffen – in der Regel weniger als den Betrag zahlen, den die Leistung „wert" ist.

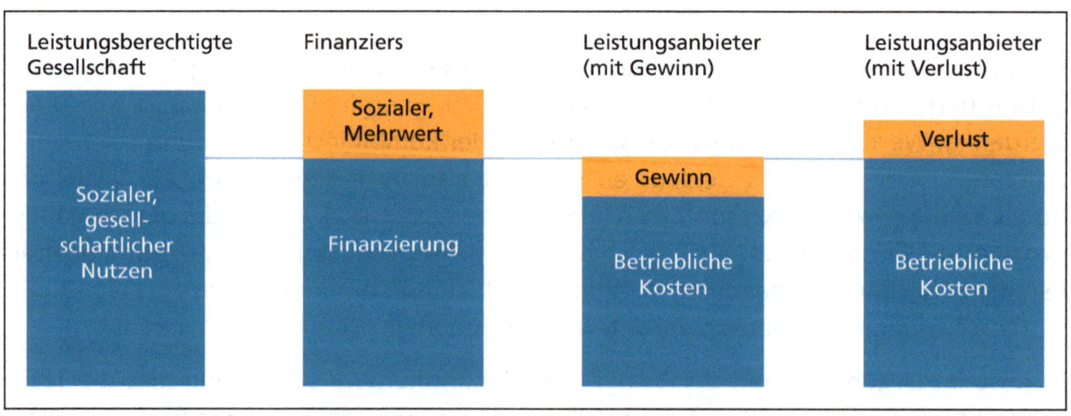

Abb. 3: Wert, Finanzierung, Erträge, Kosten

Wirtschaftlichkeit des Sozialunternehmens

Die Höhe dieses Betrags ist konkret in Geldgrößen messbar. Sie tritt als „Erträge" oder „Umsätze" im Sozialunternehmen (Leistungsanbieter) auf.

Das Sozialunternehmen wird demgegenüber Kosten für die Leistungserstellung (betriebliche Kosten) haben. Diese werden im Idealfall nicht höher als die Erträge sein. Es kann dann ein Gewinn entstehen. Sind die Kosten höher als die Erträge, entsteht ein (betrieblicher) Verlust.

Dieser Gewinn oder Verlust wird im Rahmen der Kostenrechnung ermittelt. Die Relation zwischen Erträgen und Kosten stellt die Wirtschaftlichkeit eines Sozialunternehmens dar. Eine Wirtschaftlichkeit von größer als eins bedeutet einen Gewinn.

Der Gewinn oder Verlust an sich ist allerdings noch kein Indiz dafür, ob hier tatsächlich ein sozialer und gesellschaftlicher Mehrwert entstanden ist.

Vielmehr kommt es jetzt darauf an, ob die vorhandenen eingesetzten Ressourcen produktiv genutzt wurden.

Produktivität

Die Produktivität bezeichnet die Relation von Leistungen zum Ressourceneinsatz. Die Ressourcen geben stets bestimmte Nutzungsmöglichkeiten vor, etwa die Menge an verfügbarer (einsetzbarer) Arbeitszeit des Personals. Werden sie gut genützt, also das Personal so eingesetzt, dass eine hohe Summe an abrechenbarer Arbeitszeit (Fachleistungsstunden, Pflegestunden) erzielt wird, sprechen wir von Produktivität.

Effizienz

Wenn die Ressourcen so eingesetzt werden, dass die Ziele mit minimalem Ressourceneinsatz erreicht werden, sprechen wir von Effizienz. Hier kommt es auf die Definition des Ziels an:

Zieldefinition der Bezugsgröße notwendig

Ein gewinnorientiertes Unternehmen wird sich als Ziel setzen, ein Gewinnziel zu erreichen. Es wird also sein Ziel an den Erträgen und Kosten definieren (also an Geldgrößen messen).

Ein ideell orientiertes Sozialunternehmen wird sein Ziel möglicherweise in Form von Leistungen definieren oder gar in Form von gesellschaftlichen Mehrwert. Es wird sein Ziel also in Leistungs- oder Wirkungsgrößen definieren. Die Bezugsgröße ist hier die Leistung oder der gesellschaftliche Mehrwert. Verlust ist keine geeignete Maßgröße für den ideellen Auftrag und das Erzielen von Verlust kein sinnvolles Ziel eines ideell orientierten Unternehmens.

Beispiel:

Ein ideell orientiertes Sozialunternehmen setzt sich als Ziel die maximal mögliche Betreuung der Kinder in ihrer Kindertagesstätte. Hierzu will es mit der vorhandenen Finanzierung auskommen. Es wird sich ein wirtschaftliches Ziel setzen, in dem es „Kostendeckung" als Ziel definiert oder eine bestimmte Menge an Einsatz von Eigenmitteln.

Es wird dann versuchen, das Personal so zu steuern, dass alle Mitarbeiter/innen in der Betreuung eingesetzt werden und der Betreuungsschlüssel möglichst gut ausfällt (maximale Betreuung). Effizienz ist dann gegeben, wenn die Personalsteuerung die maximal mögliche Betreuungszeit bei vorhandenem Personaleinsatz erreicht. Wird das Budget erhöht, kann natürlich mehr Personal eingesetzt werden und es ist ein besserer Betreuungsschlüssel möglich. Effizienz wird wieder dann erreicht, wenn das neue Personal ausgelastet ist. Der Betreuungsschlüssel beschreibt letztlich den Zusammenhang zwischen Ressourcen und Leistung; es ist eine Produktivitätskennzahl.

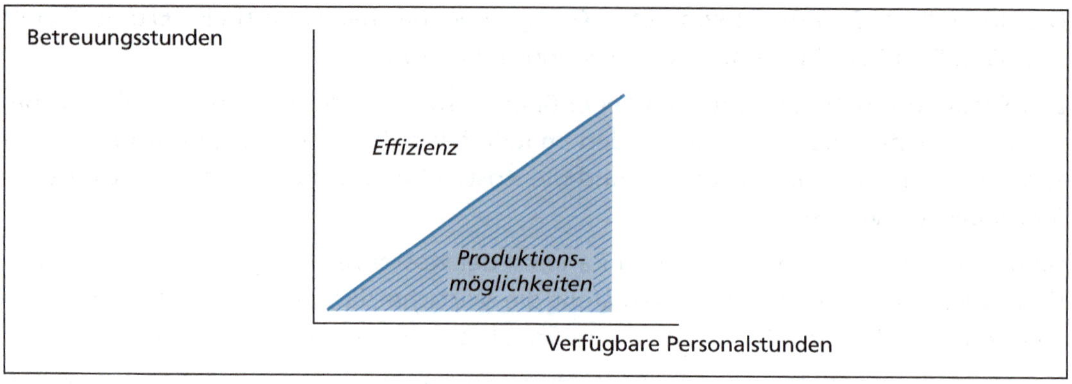

Abb. 4: Effizienz

In der Grafik ist dieser Zusammenhang dargestellt: Das schraffierte Dreieck beschreibt die Produktionsmöglichkeiten von Betreuungsstunden in Abhängigkeit von den verfügbaren Personalstunden. Effizienz ist erreicht, wenn die durchgezogene Linie erreicht wird, die Grenze der Effizienzmöglichkeiten.

Es ist klar, dass dieser Zusammenhang sehr technisch wirkt und im sozialen Dienstleistungsbereich oft nicht in dieser Exaktheit abgebildet wird. So muss im Sozialbereich natürlich berücksichtigt werden, dass eine Verkürzung von Leistungszeiten unter Umständen die Wirkung überproportional beeinträchtigt (wenn die Wirkung denn messbar ist). Oder dass die Leistungsabnahme des Dienstleistungspersonals durch Leistungssteigerung bei steigender Auslastung überproportional fällt.

Akzeptierte Ineffizienzen

Gleichzeitig werden wir in ideell orientierten Unternehmen bestimmte Ineffizienzen auch aus ideellen Gründen akzeptieren – das innovative Projekt, die Weiterbeschäftigung von leistungsgeminderten Mitarbeiter/innen, der Erhalt des Hauses des Gründers, die zusätzlichen Einkehrtage usw. Diese sind jedoch ebenfalls real – sie kosten reales Geld und müssen an anderer Stelle durch Effizienzgewinne oder durch den Einsatz des zu erwirtschaftenden Gewinns realisiert werden. Akzeptierten Ineffizienzen müssen also hohe Effizienzen an anderer Stelle und nicht-akzeptierte Ineffizienzen gegenüberstehen.

1.3 Die Elemente des Kostenmanagements

Doch welche Elemente gehören zum Kostenmanagement im Sinne dieses Buches?

Abbildung realer Geschäftsprozesse in Finanzgrößen

Am Anfang steht die Frage, wie das Kostenmanagement die Welt wahrnimmt. Es geht um die Frage, wie reale Geschäftsprozesse in Finanzgrößen abgebildet werden.

Die realen Geschäftsprozesse sind zum Beispiel:

1. Die freundliche Begrüßung in der Beratungsstelle;
2. Das Gespräch an sich;
3. Die Ausgabe eines kostenlosen Flyers einer ehrenamtlichen Selbsthilfegruppe;
4. Das Telefongespräch für weitere Informationen;
5. Die Nutzung der Räumlichkeiten;
6. Die Reinigung des Treppenhauses;
7. Die Überweisung der Vergütung eines Fachleistungsstundensatzes für die Beratung.

Die Aufgabe der Aufrechterhaltung des finanzwirtschaftlichen Gleichgewichts ist nun, dass die Überweisung der Vergütung (7.) dem Aufwand aus den anderen Geschäftsprozessen (1. bis 6.) entspricht.

Finanzielle Bewertbarkeit notwendig

Ein realer Geschäftsprozess wird von der Buchhaltung jedoch nur dann erfasst, wenn er mit einem finanziellen Ressourcenverbrauch verbunden ist, oder zumindest finanziell bewertbar ist. So ist die „freundliche Begrüßung" kein buchhaltungsrelevanter Vorgang – hier werden keine zusätzlichen finanziellen Ressourcen verbraucht. Auch der (kostenlose) Flyer einer ehrenamtlichen Organisation ist kein Geschäftsprozess.

Buchhaltungsvorgänge

Die Buchhaltung wird die realen Geschäftsprozesse auch nur insoweit erfassen, wie sie auch für die Buchhaltung aufbereitet werden: Die Dauer des Gesprächs wird Resultat einer Zeitaufschreibung sein. Das Telefongespräch wird dem Beratungsgespräch zugeordnet – ob ein Telefongespräch auch private Inhalte hatte, sieht die Buchhaltung nicht. Die Buchhaltung sieht also tendenziell weniger als es reale Geschäftsprozesse gibt.

Es gibt einzelne Buchhaltungsvorgänge, denen wiederum keine realen Geschäftsprozesse gegenüberstehen. So passiert bei der „Nutzung von Räumlichkeiten" real kaum etwas – während die Buchhaltung hierfür Abschreibungen notiert.

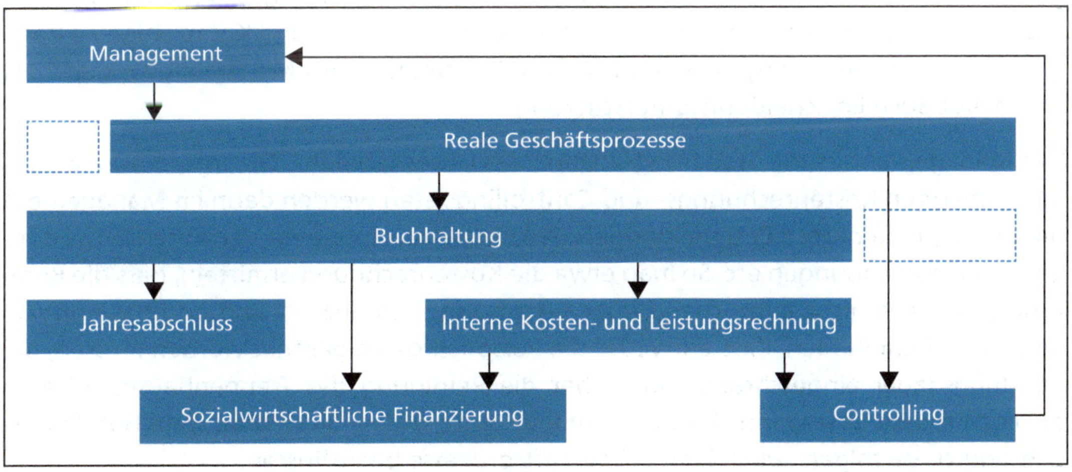

Abb. 5: Zusammenhang von realen Geschäftsprozessen, Management und Kostenmanagement

Jahresabschluss; externes Rechnungswesen

Die Buchhaltung verdichtet ihre Daten zu einem formalisierten Jahresabschluss (Bilanz und Gewinn- und Verlustrechnung). Dies ist gesetzlich im Handelsrecht und Steuerrecht so vorgeschrieben; bei manchen Rechtsformen auch in anderen Rechtsquellen. Der Jahresabschluss dient einer standardisierten Berichterstattung nach außen, an Kreditgeber, Handelspartner oder Gesellschafter. Insbesondere bei der Existenz zahlreicher Gesellschafter (z. B. Aktionäre oder analog Vereinsmitglieder), wird hier eine standardisierte, allgemein verständliche Berichterstattung notwendig werden. Dies nennt sich auch das „externe Rechnungswesen".

Interne Kosten- und Leistungsrechnung

Da eine solche Ausrichtung die Interessen externer Stakeholder (also Personen, Gruppen oder Institutionen, die Ansprüche oder Anforderungen an das Unternehmen richten und dessen Erfolg stark beeinflussen können) beinhaltet, gibt es eine zweite Auswertung, die eher auf Managementgesichtspunkte eingeht und eine „Tiefenanalyse" versucht. Dies ist die interne Kosten- und Leistungsrechnung. Sie analysiert die Kostenarten, verteilt sie detailliert auf einzelne Kostenstellen (Organisationseinheiten) und rechnet sie den einzelnen Leistungen (Kostenträgern) zu. Beide greifen unmittelbar auf Buchhaltungsdaten zu.

Sozialwirtschaftliche Finanzierung durch Plan-Kostenrechnung

In Sozialunternehmen kommt hier eine dritte Ausrichtung hinzu, die „sozialwirtschaftliche Finanzierung", d. h. die Schaffung einer Grundlage für Entgeltverhandlungen oder Zuschussanträge. Den meist öffentlichen Sozialleistungsträgern müssen die entstandenen Kosten oftmals nach bestimmten, vorgegebenen Schemata aufbereitet werden, um anschließend Zuschussanträge stellen zu können oder eine Argumentationsbasis bei Entgeltverhandlungen zu haben. Hier wird auf der Ist-Kostenrechnung oder direkt auf der Buchhaltung aufgesetzt und hieraus eine Plan-Kostenrechnung vorgenommen.

Preiskalkulation

In anderen Unternehmen ist dies die Form der „Preiskalkulation" als interne Managemententscheidung. Manche Unternehmen finden sich in einer ähnlichen Situation (z. B. sehr abhängige Lieferbetriebe), die dann ihre Kalkulation offenlegen, also eine Open-Book-Preiskalkulation durchführen müssen.

Controlling = Entscheidungsunterstützung

Das Controlling und die interne Kosten- und Leistungsrechnung sind eng miteinander verwoben. Das Controlling setzt einerseits auf der internen Kosten- und Leistungsrechnung auf, andererseits versucht es, die Blindheit der Buchhaltung gegenüber manchen realen Geschäftsprozessen durch die Erhebung eigener Daten und Kennzahlen zu kompensieren. Das Controlling ist stärker auf die Information des Managements gerichtet und bietet auch Entscheidungsunterstützung an.

Management = Steuerungsinstanz

Das Management ist die Steuerungsinstanz des Unternehmens. Die Informationen aus den bisherigen Kostenrechnungs- und Controllingdaten werden dann im Management umgesetzt, in konkrete Entscheidungen, Prozessbeschreibungen, Verfahrensanweisungen, Dienstanweisungen etc. So mag etwa die Kostenrechnung ermitteln, dass die Beratungsgespräche nicht ausreichend über Vergütungen finanziert sind und das Controlling hierauf empfehlen, dass entweder die Personalkosten gesenkt werden müssen, die Beratungsdauer eingeschränkt oder aber die Reinigung des Treppenhauses seltener erfolgen müsse. Erst wenn das Management entscheidet, diese oder jene Handlungsrichtung zu verfolgen, wird das die Geschäftsprozesse beeinflussen.

Und ob alle Geschäftsprozesse durch das Management beeinflusst werden können, ist eine ganz andere Frage.

2. Das Rechnungswesen als Informationsversorger

Rechtskonforme Unternehmensführung

Insgesamt ist das betriebliche Rechnungswesen – soweit es die Buchhaltung und den Jahresabschluss betrifft – ein rechtlich hochregulierter Bereich, so dass das Motiv einer rechtskonformen Unternehmensführung für die Auseinandersetzung mit dem Thema bereits hinreichend sein sollte.

Vor diesem Hintergrund zeichnen stereotype Zuschreibungen gegenüber Buchhaltern ein Bild von „kleinkarierten Pfennigfuchsern", die Quittungen anmahnen und auf die Einhaltung von formalen Anforderungen pochen. Demgegenüber – so häufig die Selbstzuschreibung der Gegenseite – befassen sich Manager mit der Firma im Großen und Ganzen. Dazwischen scheinen Welten zu liegen …

Betriebliches Rechnungswesen = Steuerungs-information für das Unternehmen

Weit gefehlt: die Buchhaltung in einem Unternehmen lässt sich mit dem Kartenraum auf dem historischen Segelschiff, in dem kontinuierlich die Position des Schiffes bestimmt wird, beschreiben. Seefahrer im Hafen können sich möglicherweise ohne diese Grundlage mit der Planung des Reiseziels befassen (strategische Planung); wer sich jedoch auf hoher See – also in einem laufenden Unternehmen – befindet, braucht Gewissheit über die genaue Position des Schiffes. Ähnlich wie ohne Zutun des Kapitäns Strömungen, Wind und Wetter die Positionen des Schiffes beeinflussen, wirkt ein ganzes Bündel an Störgrößen auf ein Unternehmen, so dass Wirtschaftspläne und deren Umsetzung in die Praxis häufig zweierlei sind.

Im Sinne eines kybernetischen Regelkreises stellt das betriebliche Rechnungswesen also die Instanz dar, die die Steuerungsinformation, den Ist-Wert nach Steuerungsmaßnahmen und Einfluss von Störfaktoren ermittelt. Dies ist ein zeitkritischer Vorgang, weshalb die Aktualität des Rechnungswesens für die Qualität der Steuerungsmaßnahmen entscheidend ist.

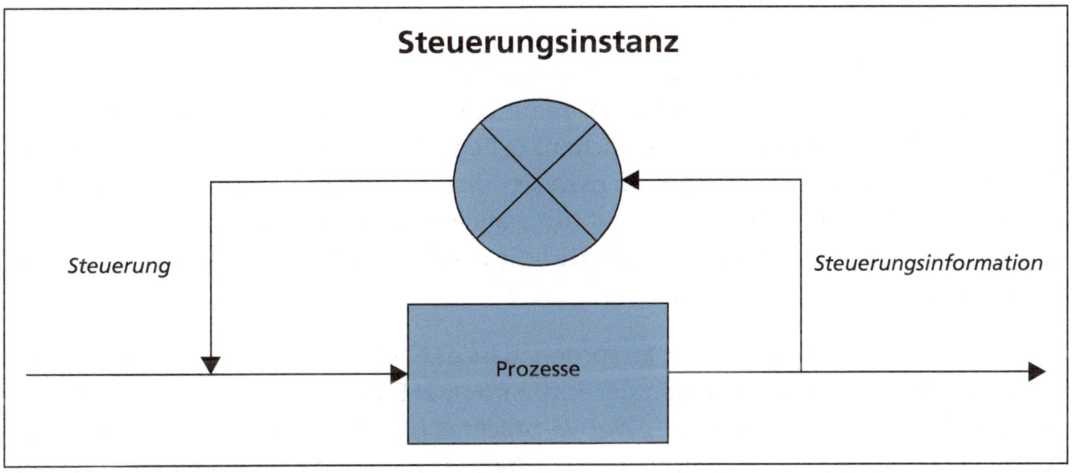

Abb. 6: Regelkreis des betrieblichen Rechnungswesens

Es gibt hierbei einen Adressaten (die Steuerungsinstanz, im Unternehmen in der Regel das Management) und die Steuerung (die Entscheidungen des Managements). Das Rechnungswesen an sich ist hier Informationslieferant.

2.1 Rechnungslegungspflichten

Unterschiedliche Rechnungslegungspflichten

Die Träger im Sozial- und Gesundheitswesen unterscheiden sich durch Struktur, Einrichtungsart und Rechtsform. Der Gesetzgeber hat für die verschiedenen Rahmenbedingungen Regelungen für das Rechnungswesen vorgesehen. Aber auch die Banken, die diesen Trägern Kredite gewähren, stellen Anforderungen an das Rechnungswesen. Dabei sind zu unterscheiden die streng formalisierten Rechnungslegungspflichten nach dem Handelsgesetzbuch (HGB), die sich nur an Kaufleute im Sinne des HGB richten, sowie die sonstigen Rechnungslegungsvorschriften, die zwar eine Rechnungslegung fordern, aber nicht nach den strengen HGB-Vorschriften. In der Praxis hat sich allerdings die Rechnungslegung nach dem HGB als „Standard" durchgesetzt.

Diese Rechnungslegungspflichten werden im Folgenden beschrieben.

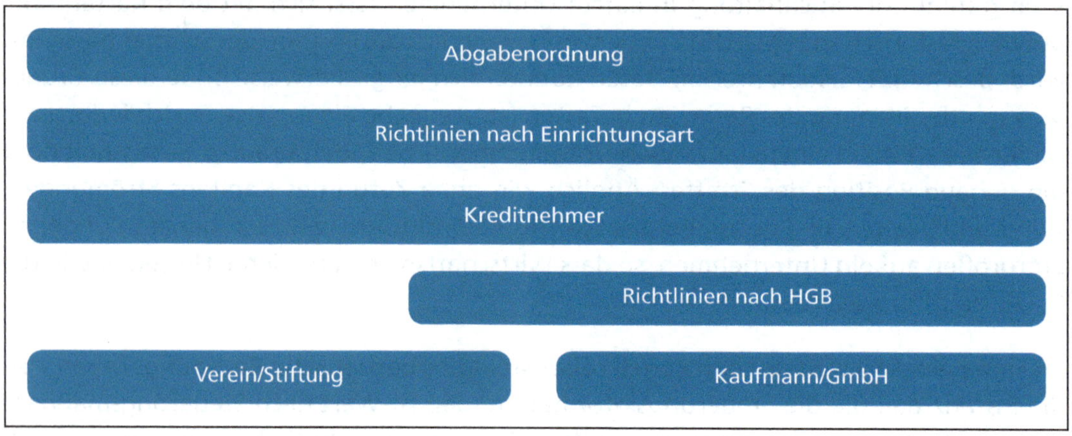

Abb. 7: Rahmenbedingungen für Rechnungslegungspflichten

2.1.1 Rechnungslegungspflichten des Vereins und der Stiftung

Mindestanforderungen gesetzlich vorgegeben

Mit den gesetzlichen Regeln über Vereine und Stiftungen verfolgt der Gesetzgeber das Ziel, den Bürger möglichst einzuladen, seine Ziele zum Wohle der Gemeinschaft mit Hilfe dieser Rechtsformen zu verwirklichen. Es liegt also nahe, dass die Anforderungen, die der Gesetzgeber an das Rechnungswesen dieser Körperschaften stellt, vergleichsweise gering ausfallen. Ein Bürger soll nicht alleine schon deshalb von der Gründung eines Vereins oder einer Stiftung abgeschreckt werden, weil er fürchtet, mit dem Rechnungswesen überfordert zu sein.

Im Verein hat der Vorstand dafür zu sorgen, dass es ein Rechnungswesen gibt und dass dieses den Mindestanforderungen gerecht wird. § 259 des Bürgerlichen Gesetzbuches (BGB) ist hierfür die Grundnorm: *„Wer verpflichtet ist, über eine mit Einnahmen oder Ausgaben verbundene Verwaltung Rechenschaft abzulegen, hat dem Berechtigten eine die geordnete Zusammenstellung der Einnahmen oder der Ausgaben enthaltende Rechnung mitzuteilen und, soweit Belege erteilt zu werden pflegen, Belege vorzulegen."*

Erfassung von Einnahmen und Ausgaben

Demnach sind nur die Geldströme in Form der Ein- und Auszahlungen – dies ist hier mit Einnahmen und Ausgaben gemeint – zu erfassen. Kassenbücher mit mehreren Spalten, die eine Zuordnung der Einzahlungen und Auszahlungen zu bestimmten Kostenarten zulassen, erfüllen diesen Zweck voll und ganz. Dies macht es dem Vorstand recht einfach. Kleine Organisationen lassen sich so leicht abrechnen.

Rechtzeitiges Erkennen von Insolvenzen

Jeder Vorstand muss aber auch die Insolvenzantragspflicht gemäß § 42 Absatz 2 BGB berücksichtigen. Entgegen einer verbreiteten Befürchtung haften Vorstände nicht für Verbindlichkeiten des Vereins oder der Stiftung. Denn gemäß § 31 BGB haftet die Körperschaft für die Organe. Dies gilt jedoch nicht für die Folgen einer verspäteten Antragstellung beim örtlichen Amtsgericht im Falle der Insolvenz des Vereins oder der Stiftung. Im Falle einer sogenannten Insolvenzverschleppung könnte der Vorstand selbst in Haftung genommen werden.

Feststellung von Zahlungsunfähigkeit, Überschuldung

Wie aber kann der Vorstand erkennen, ob die Körperschaft, der er vorsteht, insolvent ist? Der Vorstand muss aufgrund seiner Verpflichtungen auf Zahlungsunfähigkeit und Überschuldung achten. Zahlungsunfähigkeit ist leicht zu überprüfen. Hingegen kann Überschuldung nur durch Gegenüberstellung von Vermögen und Schulden festgestellt werden. Diese Gegenüberstellung erfolgt im Rahmen eines kaufmännischen Jahresabschlusses in der Bilanz.

Der Vorstand ist also gut beraten, wenn er – ohne dazu rechtlich verpflichtet zu sein – dennoch ein kaufmännisches Rechnungswesen unterhält. Deshalb übererfüllen viele Vereine und Stiftungen die Anforderungen des § 259 BGB und arbeiten mit einem kaufmännischen Rechnungswesen.

2.1.2 Rechnungslegungspflichten nach der Abgabenordnung (Gemeinnützigkeit)

Jede gemeinnützige Körperschaft ist nicht nur gegenüber den Mitgliedern oder Gesellschaftern, sondern auch gegenüber der Finanzverwaltung verpflichtet. Die Körperschaft muss ihr gegenüber Rechenschaft darüber ablegen, dass die tatsächliche Geschäftsführung den Vorgaben der Satzung entspricht. § 63 Absatz 1 der Abgabenordnung (AO) enthält die entsprechenden Vorgaben.

Einnahmen-, Ausgabenrechnung

Absatz 3 dieser Vorschrift legt fest, dass hierfür Aufzeichnungen über die Einnahmen und Ausgaben zu führen sind. Auf Grundlage dieser Vorschrift würde es also reichen, nur eine Einnahmen- und Ausgabenrechnung zu führen, denn die Norm enthält keine formalen Anforderungen an die Rechnungslegung. Der Gesetzgeber verfolgt auch mit dieser Vorschrift das Ziel, kleine Vereine in organisatorischer Hinsicht nicht zu überfordern.

Erweiterte Rechnungslegung

Für alle nicht-gemeinnützigen steuerpflichtigen Körperschaften gibt es erweiterte Rechnungslegungsvorschriften (§ 141 AO). Auch die gemeinnützigen Unternehmen, die nach dem Handelsgesetzbuch oder anderen Gesetzen die kaufmännische Buchführung anwenden müssen, müssen dies ebenfalls für die Steuerbehörden so tun (§ 140 AO).

Gewerbliche Nebentätigkeiten

Unternehmen im Sozial- und Gesundheitswesen könnten grundsätzlich als Nebentätigkeiten gewerbliche – also nicht gemeinnützigen Zwecken dienende – Angebote vorhalten. Dies ist zum z. B. der Fall, wenn solche Unternehmen Hilfsmittel oder Medizinprodukte vertreiben. Derartige Betriebe sind gemäß § 141 AO verpflichtet, Bestandsaufnahmen und damit ein kaufmännisches Rechenwerk zu führen, sobald der Gewerbebetrieb mehr als 500.000 Euro an Umsatz oder mehr als 50.000 Euro Gewinn erzielt.

2.1.3 Rechnungslegungspflichten aufgrund der Art der Einrichtung

Mit der Auferlegung von Rechnungslegungspflichten für bestimmte Arten von Einrichtungen im Sozial- und Gesundheitswesen verfolgt der Gesetzgeber das Ziel, die Nutzer dieser Einrichtung vor den Folgen wirtschaftlicher Schwierigkeiten zu schützen. Sachkundige Nutzer oder Dritte sollen durch Einblick in die Ergebnisrechnungen Schwierigkeiten erkennen und darauf hinwirken, dass Gegenmaßnahmen ergriffen werden oder die Betroffenen rechtzeitig auf andere Einrichtungen ausweichen.

2.1.3.1 Krankenhäuser

Krankenhausbuchführungsverordnung

Das erste Regelwerk für die Rechnungslegung von Einrichtungen im Sozial- und Gesundheitswesen wurde für Krankenhäuser entwickelt, die Krankenhausbuchführungsverordnung (KHBV). Nach dieser Vorschrift (genauer § 3 KHBV) müssen Krankenhäuser Bücher nach Maßgabe der Regelungen des Handelsgesetzbuches (HGB) führen. Damit gelten für diese Einrichtungen unabhängig von der Rechtsform einheitliche Rechnungslegungspflichten.

2.1.3.2 Pflegeversicherung

Pflegebuchführungsverordnung

Die Regeln aus der Krankenhausbuchführungsverordnung wurden mit der Einführung der Pflegeversicherung (1994) auch für Pflegeeinrichtungen (ambulante, teilstationäre und stationäre) übernommen.

2.1.3.3 Heimrecht

„Heimgesetze" der Länder

In den Nachfolgegesetzen des ehemals bundeseinheitlichen Heimgesetzes haben die meisten Bundesländer festgelegt, dass die Heimträger ihre Heimbeiräte über die wirtschaftliche Lage zu informieren haben. Die Transparenzanforderung ist angesichts der Größe solcher Einrichtungen nur im Wege einer Buchführung nach Maßgabe des HGB zu erfüllen. So fordert z. B. Artikel 8 des Bayerischen Pflege- und Wohnqualitätsgesetzes (PfleWoqG), die Aufzeichnung nach den Grundsätzen einer ordnungsgemäßen Buchführung zu führen.

2.1.3.4 Werkstätten für Menschen mit Behinderung

Ähnliches gilt für Werkstätten für Menschen mit Behinderung. Die für diese Einrichtungen einschlägige Werkstättenverordnung legt in § 12 Absatz 1 Satz 2 fest: *„Sie* [Anm. des Autors: die Werkstatt] *hat nach kaufmännischen Grundsätzen Bücher zu führen und eine Betriebsabrechnung in Form einer Kostenstellenrechnung zu erstellen."* Die Anforderungen hinsichtlich der Buchführung sind nur mit einem Rechenwerk im Sinne der doppelten kaufmännischen Buchführung zu erfüllen. Darüber hinaus fordert die Verordnung für Führung einer Kostenstellenrechnung, die später erläutert werden wird.

2.1.4 Rechnungslegungspflichten nach dem Handelsgesetzbuch

HGB = Recht des Kaufmanns

Die Vorschriften des Handelsgesetzbuches (HGB) gelten nur für Kaufleute. Kaufmann ist, wer ein Handelsgewerbe betreibt, das einen „in kaufmännischer Weise eingerichteten Geschäftsbetrieb" erfordert. Die Definition eines Gewerbes ist im Gesetz nicht geregelt, wurde aber inzwischen über Gerichtsurteile geklärt: Danach liegt ein Gewerbebetrieb vor, wenn nach außen hin erkennbar ist, dass eine selbstständige Tätigkeit planmäßig auf Dauer angelegt ist und diese am wirtschaftlichen Markt teilnimmt und somit auf die Erzielung eines Gewinns ausgerichtet ist. Hierzu können auch Sozialunternehmen in Form eines Vereins oder einer Stiftung zählen, wenn sie neben ihrer sozialen Leistung auch wirtschaftlich tätig sind.

Doch auch bei vielen Einrichtungen in Trägerschaft von Vereinen und Stiftungen hat es sich aus den bereits im obigen Abschnitt genannten Gründen in der Praxis durchgesetzt, auch ohne gesetzliche Verpflichtung nach den Vorgaben des HGB zu verfahren.

Keine Kaufleute nach dem HGB hingegen sind Freiberufler und Einzelunternehmer, die keine eingetragenen Kaufleute sind.

GmbH = Kaufmann

Viele Einrichtungen im Sozial- und Gesundheitswesen werden allerdings in der Rechtsform der GmbH (Gesellschaft mit beschränkter Haftung) geführt. Die GmbH ist aufgrund ihrer Rechtsform kraft Gesetzes Kaufmann. § 13 Absatz 3 des GmbH-Gesetzes (GmbHG) setzt die Regelungen des HGB für die GmbH in Kraft. Dies gilt unabhängig davon, ob die GmbH als gemeinnützig anerkannt ist – und dann häufig als gGmbH formiert – oder als gewerbliche GmbH betrieben wird.

2.1.5 Kaufmännische Buchführung zur Darstellung der Kreditwürdigkeit

Kreditwesengesetz: Verpflichtung zum Einblick in die Bilanz

Banken sind als Kreditgeber wesentliche Finanzierer von Investitionen im Sozial- und Gesundheitswesen. Dies geht einher mit dem Rückgang der Investitionsmittel, die die öffentlichen Hände in das Sozial- und Gesundheitswesen einbringen.

Der Gesetzgeber möchte die Interessen der Gläubiger schützen und die Banken anhalten, sich regelmäßig von der wirtschaftlichen Leistungsfähigkeit ihrer Schuldner zu überzeugen. Jede Bank ist aufgrund von § 18 des Kreditwesengesetzes verpflichtet, bei einer Kreditsumme von mehr als 750.000 Euro in jedem Jahr Einblick in die Bilanz des Kreditnehmers zu nehmen. Diese Vorgabe zwingt einen Kreditnehmer, auch wenn er nach anderen Vorschriften nicht verpflichtet ist, Bücher im Sinne eines kaufmännischen Rechnungswesens zu führen.

2.2 Betriebswirtschaftliche Strom- und Bestandsgrößen

Fundament für das betriebswirtschaftliche Verständnis

Das Verständnis des folgenden Kapitels ist fundamental für jegliches Verständnis von Berichten mit betriebswirtschaftlichem, aber auch volkswirtschaftlichem Inhalt. Erfahrungsgemäß bereitet das Verständnis der im Folgenden erläuterten Zusammenhänge dem einen oder anderen Schwierigkeiten. Andere meinen alles gleich erfasst zu haben, ihnen fällt dennoch die Übertragung auf neue Fallsituationen schwer. Deshalb enthalten diese Ausführungen im Folgenden ausführliche Anwendungsbeispiele.

2.2.1 Sinn und Zweck

Ein Grundproblem, dem sich die Betriebswirtschaftslehre widmet, ist die Darstellung wirtschaftlicher Verhältnisse. Die Fülle an Daten, die hierzu dienen können, lässt sich in zwei Kategorien fassen:

- Stromgrößen
- Bestandsgrößen

Die Betriebswirtschaftslehre folgt mit dieser Einteilung einem zutiefst menschlichen Informationsbedürfnis, das auch auf ähnliche Weise bereits unsere Vorfahren als Jäger und Sammler befriedigt haben.

Bestandsgröße, Bestandsveränderung

Gehen wir davon aus, eine Steinzeitfamilie habe Früchte – sagen wir Äpfel – gesammelt. Für das Gefühl von Sicherheit war die Anzahl der Äpfel, die in der Höhle gelagert waren, sicher eine fundamental wichtige Größe. Dabei handelt es sich um eine Bestandsgröße. Im Herbst war es aber sicher genauso wichtig zu wissen, ob es gegenüber dem Vortag mehr oder – falls Äpfel gestohlen wurden – gar weniger Äpfel geworden waren. Sicher hatten die Menschen aufgrund des Mondstandes eine Vorstellung vom Monat, grob sicher auch vom Jahr. Auch bezüglich dieser Zeiträume war ein Vergleich der Bestände an Äpfeln eine bedeutende Information. Wir Menschen sind sehr sensibel für Bestandsveränderungen. Erhöhungen beruhigen uns, während wir Bestandsminderungen fürchten[1]. In unserem Zusammenhang ist von Bedeutung, dass es sich bei Bestandsveränderungen um Stromgrößen handelt. Stromgrößen beziehen sich nicht auf einen Zeitpunkt, sondern auf einen Zeitraum. Die Differenz zwischen zwei Bestandsgrößen ist eine Stromgröße (vgl. Horsch 2015: 38 ff.).

Es gilt (t = Zeitpunkt):

$$\textit{Stromgröße} = \textit{Bestandsgröße}_{t1} - \textit{Bestandsgröße}_{t0}$$

2.2.2 Begriffe

Die folgenden Begriffe bzw. Begriffspaare beschreiben Grundzusammenhänge, die Ihnen aus dem Alltag bekannt sind. Ein Verständnisproblem besteht darin, dass diese Begriffe im Alltag nicht so genau definiert werden wie im Folgenden erläutert. Deshalb sollten Sie sich bei der Verwendung der Begriffe stets der genauen Bedeutung bewusst sein.

---

1 Wenn Sie hierüber mehr lernen möchten, informieren Sie sich über die Grundlagen der von Daniel Kahneman und Amos Tversky entwickelten – und nobelpreisgekrönten „prospect theory".

Die Begriffe sind in der folgenden Grafik systematisch zusammengefasst; die Ziffern bei den Stromgrößen stellen Fallvarianten (1-6) dar, die im Folgenden erläutert sind:

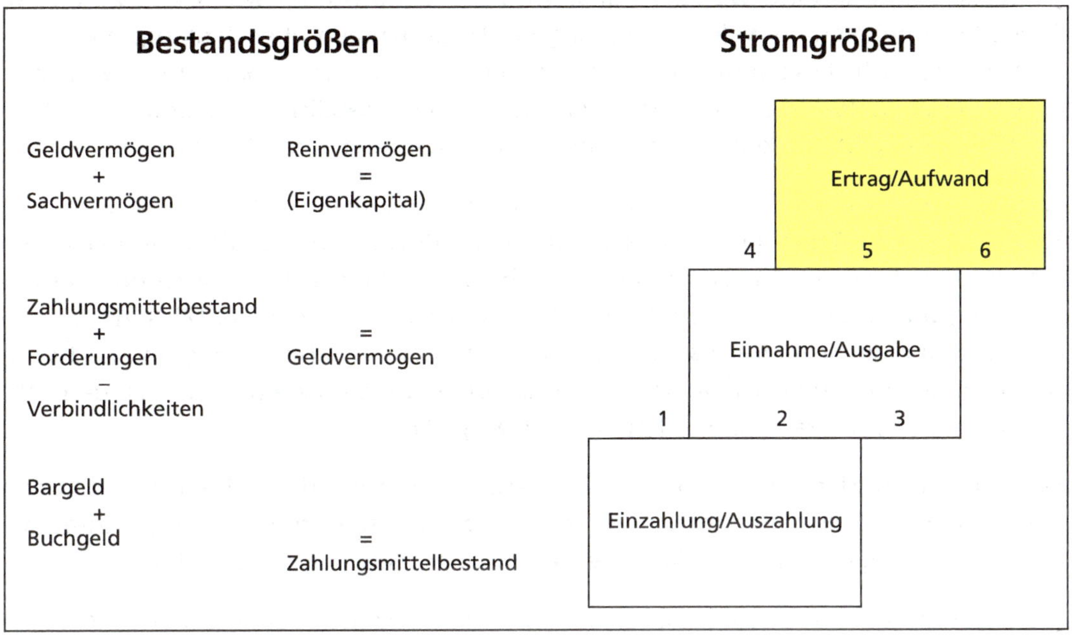

Abb. 8: Bestandsgrößen und Stromgrößen

Geschäftsvorfälle definieren

Links sind Bestandsgrößen aufgeführt, rechts Stromgrößen. Stromgrößen sind in Stufen angeordnet. Die oberste Stufe ist gelb unterlegt, um hervorzuheben, dass es bei der Anwendung dieses Schemas auf die Entscheidung ankommt, ob ein Geschäftsvorfall mit Aufwand oder Ertrag verbunden ist oder gerade nicht.

Zur Beschreibung von Geschäftsvorfällen in einer Unternehmung lassen sich demnach folgende Begriffe voneinander abgrenzen:

2.2.2.1 Erste Stufe: Einzahlung, Auszahlung und Zahlungsmittelbestand

Bargeld und Buchgeld

Wir können ein Unternehmen, ähnlich wie wir das meist auch für uns im Privaten tun, mit Blick auf die Zahlungsmittel betrachten. Dazu schauen wir auf das Bargeld und Buchgeld. Beim Buchgeld handelt es sich um die Guthaben (nicht die Überziehungen) auf Girokonten. Bargeld und Buchgeld – und nur diese! – fassen wir unter dem Begriff „Zahlungsmittel" bzw. genauer „Bestand an Zahlungsmitteln" zusammen. Soweit die Bestandsgrößen.

Einzahlungen bzw. Auszahlungen verändern den Bestand an Zahlungsmitteln. Nehmen wir also eine Zeitpunkt t_0 und einen späteren Zeitpunkt t_1 (eine Sekunde, einen Tag, einen Monat, ein Jahr später). Die beiden Zahlungsmittelbestände lassen sich vergleichen. Eine Mehrung der Zahlungsmittel nennen wir Einzahlung, eine Minderung Auszahlung.

Dieser Sachverhalt ist – noch – recht trivial.

Beispiel:

Eine Organisation „Großes Herz" erhält eine Barspende im Wert von 10 EUR; Aufgrund der Mehrung des Bestandes an Bargeld ist der Zahlungsmittelbestand gestiegen. Es hat dann eine Einzahlung stattgefunden.

2.2.2.2 Zweite Stufe: Einnahme, Ausgabe und Geldvermögen

Forderungen, Verbindlichkeiten

Interessant und deutlich weniger banal wird die Betrachtung, wenn wir die zweite Ebene hinzunehmen. In welchem Umfang ein Unternehmen über Zahlungsmittel verfügt und ob sich diese vermehrt oder vermindert haben, ist sicher interessant, aber interessanter ist doch die Frage, ob es darüber hinaus zusätzlich Forderungen und Verbindlichkeiten gibt, die künftig den Zahlungsmittelbestand verändern werden.

Forderungen aus Schuldverhältnis

Forderungen ergeben sich aus einem Schuldverhältnis (vgl. § 241 BGB). Hier ist ein Schuldner einem Gläubiger zu einer Leistung verpflichtet. Die Verpflichtung lässt sich rechtlich durchsetzen. Eine Forderung ist deshalb von einer reinen Erwartung oder gar Hoffnung durch seine rechtliche Durchsetzbarkeit zu unterscheiden. Mit einer Forderung im Sinne des Schuldrechts kann sich das Unternehmen also mit Fug und Recht reicher rechnen. Deshalb wird bei den Bestandsgrößen auf der zweiten Stufe zu den Zahlungsmitteln der Bestand an Forderungen hinzugezählt.

Eine typische Forderung besteht beispielsweise in einer Kundenrechnung. Der Kunde oder gegebenenfalls stellvertretend für ihn ein Sozialleistungsträger ist verpflichtet, die Rechnung zu begleichen, weil das Unternehmen eine Leistung erbracht hat.

Verbindlichkeiten aus Schuldverhältnis

Wenn wir zu den Zahlungsmitteln die Forderungen hinzurechnen, müssen wir die Verbindlichkeiten abziehen, um uns nicht zu reich zu rechnen. Schließlich kehrt sich bei den Verbindlichkeiten das Schuldner-Gläubiger-Verhältnis um. Hier ist das Unternehmen der Schuldner, der externe Geschäftspartner ist der Gläubiger. Verbindlichkeiten können z. B. aus Lieferungen und Leistungen entstehen. So wird bei vielen großen Unternehmen des Sozial- und Gesundheitswesens der Energieverbrauch (z. B. Gas) häufig monatlich rückwirkend nach dem Verbrauch abgerechnet. Das Unternehmen schuldet die Zahlung, weil es die Leistung in Form der Energielieferung erhalten hat. Im Falle von Darlehen entsteht die Verbindlichkeit aus der Rückzahlungsverpflichtung aufgrund der empfangenen Zahlungsmittel.

Geldvermögen

Das Ergebnis aus Zahlungsmittelbestand + Forderungen – Verbindlichkeiten nennen wir Geldvermögen. Wir erweitern hier den Alltagsbegriff von Geld, indem die Geldmittel, die wir fordern, verrechnet mit den Geldmitteln, die wir schulden, als zusätzlich Geld bzw. Minderung des Geldes im weiteren Sinne betrachten.

Erhöhung = Einnahme Verminderung = Ausgabe

Nun zu den korrespondierenden Stromgrößen der zweiten Stufe:

- Erhöht sich das Geldvermögen, wollen wir dies Einnahme nennen.
- Vermindert es sich, nennen wir dies Ausgabe.

Es gibt Fälle, in denen Einnahmen/Ausgaben und Einzahlungen/Auszahlungen zusammenfallen, aber auch in denen sie sich unterscheiden:

- **Fall 1: Einzahlung bzw. Auszahlung aber keine Einnahme bzw. Ausgabe**

  Beispiel: Der Sozialleistungsträger überweist an die Organisation „Großes Herz" den geschuldeten Betrag aus einer Rechnung.

  Stufe 1: Hier steigt das Buchgeld und mithin der Zahlungsmittelbestand. Es handelt sich um eine Einzahlung.

Stufe 2: Der gestiegene Zahlungsmittelbestand trifft auf eine Minderung der Forderungen. Die Forderungen sinken um denselben Betrag, um den der Zahlungsmittelbestand gestiegen ist.

Ergebnis: Die gestiegenen Zahlungsmittel werden durch die gesunkenen Forderungen kompensiert. Das Geldvermögen bleibt also konstant. Wir haben also keine Einnahme.

- **Fall 2: Einzahlung bzw. Auszahlung und Einnahme bzw. Ausgabe**

  Beispiel: Ein Bürger spendet der Organisation „Großes Herz" 10 Euro in bar.

  Stufe 1: Hier steigt das Bargeld und mithin der Zahlungsmittelbestand. Es handelt sich um eine Einzahlung.

  Stufe 2: Die Forderungen und Verbindlichkeiten der Organisation haben sich aufgrund des Sachverhalts nicht verändert.

  Ergebnis: Der gestiegene Zahlungsmittelbestand führt unmittelbar zu einer Steigerung des Geldvermögens. Wir haben also eine Einnahme.

- **Fall 3: keine Einzahlung bzw. Auszahlung jedoch Einnahme bzw. Ausgabe**

  Beispiel: Die Organisation „Großes Herz" erhält eine Rechnung des Mobilfunkanbieters über 85 Euro. Diese wird erst später überwiesen.

  Stufe 1: Weder Bargeld noch Buchgeld sind von diesem Sachverhalt betroffen. Es geht um den Rechnungseingang, nicht um die Begleichung der Rechnung. Der Zahlungsmittelbestand bleibt mithin konstant. Es handelt sich also um keine Auszahlung (natürlich auch nicht um eine Einzahlung).

  Stufe 2: Die Forderungen sind nicht berührt, jedoch steigen aufgrund des Rechnungseingangs die Verbindlichkeiten des Unternehmens.

  Ergebnis: Der konstante Zahlungsmittelbestand trifft auf gestiegene Verbindlichkeiten. Da die Verbindlichkeiten mit negativem Vorzeichen in die Berechnung auf der zweiten Stufe eingehen, sinkt das Geldvermögen. Wir haben aufgrund des Sachverhalts also eine Ausgabe.

2.2.2.3 Dritte Stufe: Aufwand, Ertrag und Reinvermögen

Sachvermögen, Geldvermögen

Kommen wir nun zum dritten Begriffspaar, dem Ziel unserer Betrachtungen. Diese Begriffe sind auf der dritten Stufe des Schemas angeordnet. Im Bereich der Bestandsgrößen wird hier noch das Sachvermögen berücksichtigt. Denn ein geringes oder gar negatives Geldvermögen ist noch kein hinreichendes Indiz für eine bedenkliche Geschäftslage. Zum Geldvermögen muss das Sachvermögen hinzugerechnet werden. Geldvermögen und Sachvermögen machen zusammen das sogenannte Reinvermögen aus.

Eigenkapital

Das Reinvermögen wird auch Eigenkapital genannt:

- Eine Mehrung des Eigenkapitals nennen wir Ertrag.
- Eine Minderung nennen wir Aufwand.

Wie das Stufenmodell zeigt sind auch hier drei weitere Fälle denkbar:

- **Fall 4: Es liegt eine Einnahme oder Ausgabe vor, jedoch kein Ertrag oder Aufwand**

  Beispiel: Die Organisation „großes Herz" betreibt eine Tagespflegeeinrichtung. Diese kauft einen Ruhesessel im Wert von 1.600 Euro gegen Rechnung, die erst später bezahlt wird.

  Stufe 1: Da die Ware erst später bezahlt wird, ergibt sich keine Veränderung im Zahlungsmittelbestand. Es liegt also keine Auszahlung vor.

  Stufe 2: Der Einkauf erfolgt gegen Rechnung. Auf diese Weise entsteht eine Verbindlichkeit. Die Forderungen sind nicht berührt. Aufgrund des unveränderten Zahlungsmittelbestandes und der gestiegenen Verbindlichkeiten singt das Geldvermögen. Mithin liegt eine Ausgabe vor.

  Stufe 3: Aufgrund der Lieferung des Ruhesessels steigt das Sachvermögen der Organisation. Das Geldvermögen ist jedoch (siehe Stufe 2) gesunken. Da auf der dritten Stufe Geldvermögen mit Sachvermögen verrechnet wird, kommt es auf der Ebene des Reinvermögens zu keiner Änderung.

  Ergebnis: Die Minderung des Geldvermögens wird durch die betragsmäßig gleichhohe Mehrung des Sachvermögens kompensiert. Es findet kein Werteverzehr statt. Es liegt also kein Aufwand (natürlich auch kein Ertrag) vor.

- **Fall 5: Auf Einnahmen bzw. Ausgaben folgen Erträge bzw. Aufwendungen.**

  Hier führen wir das Beispiel aus Fall 2 weiter (Barspende in Höhe von 10 Euro):

  Hier hatten wir bereits für Stufe 2 eine Einnahme ermittelt.

  Stufe 3: Das Sachvermögen bleibt von der Barspende unberührt.

  Ergebnis: Das gestiegene Geldvermögen wird also durch keinerlei Veränderung des Sachvermögens korrigiert. Mithin ergibt sich aus der Einnahme auch ein Ertrag.

- **Fall 6: Es liegt keine Einnahme oder Ausgabe vor; es stellt sich aber dennoch ein Ertrag oder Aufwand ein.**

  Hier schließen wir gedanklich an das Beispiel aus Fall 4 an:

  Nach einem Jahr wird die planmäßige Wertminderung durch Abnutzung (= Abschreibung) verbucht.

  Stufe 1 und 2: In diesem Fall ergibt sich bei keiner der Größen auf Ebene 1 oder 2 eine Änderung; weder Zahlungsmittel noch Forderungen oder Verbindlichkeiten verändern sich. Zahlungsmittelbestand und Geldvermögen bleiben konstant. Es liegt also weder eine Auszahlung noch eine Ausgabe vor.

  Stufe 3: Hier trifft nun ein konstantes Geldvermögen auf ein gesunkenes Sachvermögen.

  Ergebnis: Insgesamt liegt in diesem Fall also ausschließlich ein Aufwand vor.

Stufenweise Analyse notwendig

Die Fallbeispiele verdeutlichen, dass die Auswirkungen von wirtschaftlichen Transaktionen für jede Ebene getrennt und systematisch, Schritt für Schritt von unten nach oben analysiert werden sollten. Dabei werden die Bestandsgrößen auf ihre Veränderung hinterfragt, um zu Aussagen über die Stromgrößen zu gelangen.

2.2.3 Typische Anwendungsbeispiele aus der Sozialwirtschaft

Geschäftsvorfälle aus der Praxis

Im folgenden Abschnitt wird anhand von typischen Lebenssachverhalten dargestellt, inwieweit Geschäftsvorfälle mit Einzahlungen/Auszahlungen, Einnahmen/Ausgaben bzw. Erträgen/Aufwendungen verbunden sind.

2.2.3.1 Begleichung einer Pflegesatzrechnung durch den Sozialleistungsträger

Pflegesatzrechnung

Der Sozialleistungsträger begleicht eine Pflegesatzrechnung in Höhe von x Euro:

Stufe 1: Hier steigt der Zahlungsmittelbestand (mehr Buchgeld); es handelt sich um eine Einzahlung.

Stufe 2: Die Pflegesatzrechnung wurde schon früher gestellt. Der erhöhte Zahlungsmittelbestand wird durch die Verringerung der Forderungen ausgeglichen. Das Geldvermögen bleibt konstant; es handelt sich um keine Einnahme.

Stufe 3: Das Sachvermögen ist von diesem Geschäftsvorfall gänzlich unberührt. Wegen des konstanten Geldvermögens bleibt auch das Reinvermögen konstant. Es handelt sich um keinen Ertrag.

Schematische Darstellung:

Bestandsgröße	Veränderung	Stromgröße
+ Bargeld	+/– 0 EUR	
+ Buchgeld	+/– 0 EUR	
= Zahlungsmittelbestand	+ x EUR	Einzahlung
+ Forderungen	– x EUR	
– Verbindlichkeiten	+/– 0 EUR	
= Geldvermögen	+/– 0 EUR	keine Einnahme
+ Sachvermögen	+/– 0 EUR	
= Reinvermögen	+/– 0 EUR	kein Ertrag

Rechnungsbegleichung ≠ Ertrag

Dass die Begleichung einer Rechnung nicht zum Ertrag führt, ist für den Laien oft ein erstaunliches Ergebnis. Wie kann ein konkreter Mittelzufluss nicht dazu führen, dass die Organisation im Sinne von Reinvermögen „reicher" wird? Um dies zu verstehen, machen Sie sich bitte klar, dass nicht die Zahlung, sondern bereits die Ausstellung der Rechnung zum Ertrag geführt hat.

2.2.3.2 Neubewertung einer Immobilie

Immobilienbewertung

Die Organisation „Großes Herz" besitzt eine Immobile. Dieses bisher mit 150.000 Euro bewertete Gebäude wird aufgrund „explodierender" Immobilienpreise mit 200.000 Euro bewertet.

Hier zunächst die systematische Lösung:

Stufe 1 und 2: Weder Zahlungsmittel noch Forderungen oder Verbindlichkeiten sind berührt. Es handelt sich weder um eine Einzahlung noch um eine Einnahme.

Stufe 3: Das Sachvermögen erhöht sich jedoch um 50.000 Euro. Die Erhöhung des Sachvermögens führt bei konstant gebliebenen Geldvermögen zu einer Erhöhung des Reinvermögens 50.000 Euro.

Ergebnis: Es liegt ein Ertrag vor.

Schematische Darstellung:

Bestandsgröße	Veränderung	Stromgröße
+ Bargeld	+/– 0 EUR	
+ Buchgeld	+/– 0 EUR	
= Zahlungsmittelbestand	+/– 0 EUR	keine Einzahlung
+ Forderungen	+/– 0 EUR	
– Verbindlichkeiten	+/– 0 EUR	
= Geldvermögen	+/– 0 EUR	keine Einnahme
+ Sachvermögen	+ 50.000 EUR	
= Reinvermögen	+ 50.000 EUR	Ertrag

Soweit diese Lösung nach dem vorgestellten Stufensystem.

Treten wir nun gedanklich einen Schritt zurück und betrachten das Ergebnis. Durch Neubewertung der Immobilie wird die Organisation reicher. Es stellt sich die Frage, wer diese Bewertung vornimmt. Da diese Bewertung nicht auf einer tatsächlichen Markttransaktion basiert, ist derjenige, der die Bewertung vornimmt, wirtschaftlich nicht belastet. Es besteht ein hoher Anreiz, durch Gefälligkeitsgutachten Daten zu produzieren, die zu einer wirtschaftlich nicht belastbaren Erhöhung des Anlagevermögens führen.

Deshalb ist die Zuschreibung im Bereich des Anlagevermögens nach dem Handelsgesetzbuch (HGB) untersagt. Die gesetzeskonforme Lösung lautet also schematisch wie folgt:

Bestandsgröße	Veränderung	Stromgröße
+ Bargeld	+/– 0 EUR	
+ Buchgeld	+/– 0 EUR	
= Zahlungsmittelbestand	+/– 0 EUR	keine Einzahlung
+ Forderungen	+/– 0 EUR	
– Verbindlichkeiten	+/– 0 EUR	
= Geldvermögen	+/– 0 EUR	keine Einnahme
+ Sachvermögen	+/– 0 EUR	
= Reinvermögen	+/– 0 EUR	kein Ertrag

Das Beispiel macht deutlich, dass das Recht korrigierend in die betriebliche Praxis eingreift, um Gläubiger zu schützen (vgl. hierzu den Beitrag zum Niederstwertprinzip in Abschnitt 2.3.6.2.1 und Abschnitt 2.3.6.2.3).

2.2.3.3 Sachspende

Die Sparkasse spendet unserer Organisation einen Computer als Sachspende. Dazu die schematische Darstellung: *Spende*

Bestandsgröße	**Veränderung**	**Stromgröße**
+ Bargeld	+/– 0 EUR	
+ Buchgeld	+/– 0 EUR	
= Zahlungsmittelbestand	+/– 0 EUR	keine Einzahlung
+ Forderungen	+/– 0 EUR	
– Verbindlichkeiten	+/– 0 EUR	
= Geldvermögen	+/– 0 EUR	keine Einnahme
+ Sachvermögen	+ x EUR	
= Reinvermögen	+ x EUR	Ertrag

Das Beispiel zeigt, dass eine Organisation auch durch Sachspenden „reicher" werden kann.

Wichtig:
Im Bereich von Sachspenden besteht häufig ein Bewertungsproblem. Nicht selten ist Sachspenden kein Wert beizumessen, weil sich der Spender eines für ihn weitgehend wertlosen Gegenstandes entledigt. Zu einer Spende gehört die wirtschaftliche Belastung des Spenders. Nur dann erhält der Spender eine steuerabzugsfähige Zuwendungsbestätigung.

2.2.3.4 Gehaltsauszahlung

Die Organisation zahlt Gehälter in Höhe von 17.800 Euro. *Gehaltsauszahlung*

Wir wollen an dieser Stelle nicht auf die Einzelheiten der Lohnbuchhaltung mit der notwendigen Differenzierung in Bruttolohn, gesetzliche Abzüge und Lohnzusatzkosten eingehen. Auch gehen wir hier davon aus, dass der Lohn mit sämtlichen Bestandteilen zum Monatsende – also in der Periode, in der auch die Arbeit geleistet wurde – gezahlt wird. Die schematische Darstellung sieht in diesem Fall wie folgt aus:

Bestandsgröße	Veränderung	Stromgröße
+ Bargeld	+/– 0 EUR	
+ Buchgeld	– 17.800 EUR	
= Zahlungsmittelbestand	– 17.800 EUR	Auszahlung
+ Forderungen	+/– 0 EUR	
– Verbindlichkeiten	+/– 0 EUR	
= Geldvermögen	– 17.800 EUR	Ausgabe
+ Sachvermögen	+/– 0 EUR	
= Reinvermögen	– 17.800 EUR	Aufwand

Gehalt = Aufwand

In der Praxis der Lohnbuchhaltung wird so vorgegangen, dass der Gesamtaufwand vor der Zahlung zunächst gegen die verschiedenen Zahlungsempfänger verbindlich gestellt wird. Auf diese Weise entsteht ein Aufwand und eine Ausgabe (aber noch keine Zahlung). Erst in einem zweiten Schritt kommt die Verbindlichkeit dann zur Zahlung.

2.2.3.5 Abschreibung/Wertminderung

Abschreibung

Der Computer aus Beispiel 2.2.3.3 (Sachspende) wird ein Jahr genutzt. Die Wertminderung wird wie folgt angesetzt:

Bestandsgröße	Veränderung	Stromgröße
+ Bargeld	+/– 0 EUR	
+ Buchgeld	+/– 0 EUR	
= Zahlungsmittelbestand	+/– 0 EUR	keine Auszahlung
+ Forderungen	+/– 0 EUR	
– Verbindlichkeiten	+/– 0 EUR	
= Geldvermögen	+/– 0 EUR	keine Ausgabe
+ Sachvermögen	– x EUR	
= Reinvermögen	– x EUR	Aufwand

2.2.3.6 Investitionskostenzuschuss

Zuschuss

Ein Kinderheim unter Trägerschaft unserer Organisation „großes Herz" erhält einen Zuschuss für die Beschaffung eines Kleinbusses.

Es handelt sich hier um einen Zuschuss zur Beschaffung von Anlagevermögen – im Unterschied zu einem Personalkostenzuschuss, bei dem es sich um einen Zuschuss zur Deckung laufender Kosten handelt. Dies zur Unterscheidung, da Zuschüsse für die Sozial- und Gesundheitswirtschaft von großer Bedeutung sind.

Bestandsgröße	Veränderung	Stromgröße
+ Bargeld	+/– 0 EUR	
+ Buchgeld	+ x EUR	
= Zahlungsmittelbestand	+ x EUR	Einzahlung
+ Forderungen	+/– 0 EUR	
– Verbindlichkeiten	– x EUR	
= Geldvermögen	+/– 0 EUR	keine Einnahme
+ Sachvermögen	+/- 0	
= Reinvermögen	+/- 0 EUR	kein Ertrag

Investitionskostenzuschuss = Sonderposten

Die Verbindlichkeit, die hier entsteht, wird im Jahresabschluss als „Sonderposten" bezeichnet. Die Verbindlichkeit ist eine Eventualverbindlichkeit für den Fall, dass das bezuschusste Anlagegut nicht über eine in den Nebenbedingungen des Zuwendungsbescheids vorgegebene Frist für den sozialen oder medizinischen Zweck genutzt wird. In diesem Fall kann der Zuschuss anteilig zurückgefordert werden (siehe hierzu die ausführlichen Erläuterungen zu Sonderposten im Abschnitt 2.3.3.2).

2.3 Die Bilanz

2.3.1 Die Bilanz als Gegenüberstellung von Vermögen und Kapital

Zentrale Bedeutung zur Einschätzung des Unternehmens

Die Bilanz ist die verdichtete Darstellung der wirtschaftlichen Bestandsgrößen eines Unternehmens und stellt die Positionen „Vermögen" (Aktivseite, Kapitalverwendung) und „Kapital" (Passivseite, Kapitalherkunft) gegenüber.

Demgegenüber nimmt die Gewinn- und Verlustrechnung die zentralen Stromgrößen „Aufwendungen" und „Erträge" in verdichteter Form auf. Ihre Auswertung hat zentrale Bedeutung für die Beurteilung der beiden Existenzbedingungen eines jeden Unternehmens: Zahlungsfähigkeit und hinreichendes Eigenkapital (Reinvermögen).

Die wesentlichen Begriffe, die zum Verständnis einer Bilanz notwendig sind, wurden bereits im vorherigen Abschnitt 2.2 – insbesondere anhand der schematischen Darstellungen – erläutert.

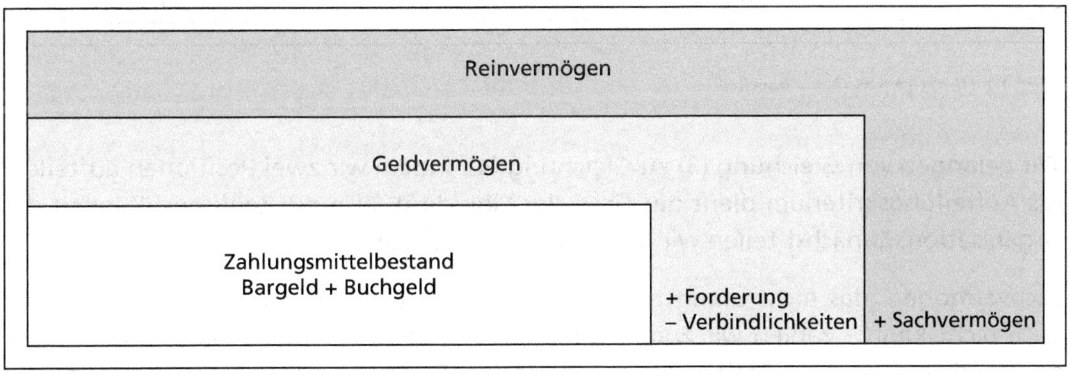

Abb. 9: Stufenschema Bilanz

Dieses Schema stellt nichts anderes als das Stufenschema aus dem vorherigen Kapitel dar. Hier wurden die Begriffe

- Zahlungsmittelbestand
- Geldvermögen und
- Reinvermögen

mit den entsprechenden Unterpositionen genau erläutert. Fassen wir dies nun in eine mathematische Formel, ergibt sich daraus folgende einfache Gleichung:

Reinvermögen

(1) Bargeld + Buchgeld + Forderungen – Verbindlichkeiten + Sachvermögen = Reinvermögen

Wir führen nun wenige mathematische Umformungen und Ersetzungen durch, um von dieser Gleichung zur sogenannten Bilanzgleichung zu gelangen.

Reinvermögen + Verbindlichkeiten

(2) Bargeld + Buchgeld + Forderungen + Sachvermögen = Reinvermögen + Verbindlichkeiten

Von Gleichung (1) zu Gleichung (2) gelangen wir durch Addition der Verbindlichkeiten auf beiden Seiten. Wir haben damit eine Gleichung, die keine negativen Werte mehr enthält. Auch eine Bilanz enthält im Grundsatz (kleine Ausnahmen werden die Regel bestätigen) nur positive Werte. Bitte machen Sie sich klar, dass die wirtschaftliche Belastung, die durch Verbindlichkeit entsteht aufgrund des Wechsels der Seite der Gleichung nicht gemindert oder gar ins Positive verkehrt wurde.

(3) Sachvermögen + Forderungen + Zahlungsmittel = Reinvermögen + Verbindlichkeiten

Von Gleichung (2) nach Gleichung (3) wurde das Bargeld und Buchgeld nur als Zahlungsmittel zusammengefasst.

Übersicht Aktiva und Passiva

Sachanlagen + Finanzanlagen	+ Vorräte + kurzfr. Forderungen + Zahlungsmittel	=	Reinvermögen	+ Verbindlichkeiten
Anlagevermögen	Umlaufvermögen	=	Eigenkapital	Fremdkapital
Aktiva		=	Passiva	

Abb. 10: Übersicht Aktiva – Passiva

Grad der Liquidität = Zahlungsfähigkeit

Wir gelangen von Gleichung (3) zu Gleichung (4), indem wir zwei Positionen aufteilen. Als Aufteilungskriterium dient der Grad der Liquidität, also die Zahlungsfähigkeit der Organisation. Zunächst teilen wir das Sachvermögen auf.

Sachvermögen, Anlagevermögen

Sachvermögen, das nicht unmittelbar in Geld umgewandelt werden soll – und meist auch nicht kann – zählen wir zum sogenannten Anlagevermögen. Die Vermögensgegenstände heißen dann Sachanlagen (z. B. Häuser, Fahrzeuge, Maschinen, Einrichtungsgegenstände etc.).

Es gibt aber auch Vermögensgegenstände, die leicht in Geld zu wandeln sind – und geradezu dazu bestimmt sind. Dabei handelt es sich um Vorräte, die unmittelbar verkauft werden sollen oder binnen kurzer Frist in Leistungen aufgehen, die zu Einzahlungen führen. So verkauft ein Jugendzentrum Getränke und eine Pflegeeinrichtung verwendet Hygienematerial für die Pflege der Bewohner, die auch diesen Materialeinsatz vergüten. *Vorräte*

Ähnlich verhält es sich mit Forderungen. Wir haben Forderungen bisher als kurzfristige Forderungen betrachtet. Dabei handelt es sich um Forderungen aus Lieferungen und Leistungen oder Ausleihen als Geschäftspartner oder Mitarbeiter, die in kurzer Zeit durch Zahlungen getilgt werden. Diese Betrachtung soll nun ausgeweitet werden. Forderungen können auch langfristiger Natur sein. Unternehmen beteiligen sich an anderen Unternehmen, erwarten aber nicht unmittelbar die Rückzahlung der Einlage. Ebenso verhält es sich mit längerfristigen Anlagen auf dem Kapitalmarkt. Die Forderungen erscheinen also nun im kurzfristigen (Umlaufvermögen) und im langfristigen Bereich (Anlagevermögen). *Forderungen*

Damit ist die Bilanzgleichung entwickelt. *Bilanzgleichung*

Sie lautet in verdichteter Form:

(6) Anlagevermögen + Umlaufvermögen = Eigenkapital + Fremdkapital

oder noch komprimierter:

(6) Aktiva = Passiva

Die letzte Gleichung macht deutlich, dass die Übereinstimmung von Aktiv- und Passivsumme keineswegs Ergebnis einer Konstruktion, sondern eine logische Notwendigkeit ist. Die Bilanzgleichung entsteht aus einer Umstellung der Definition des Reinvermögens. Wird das Eigenkapital (Reinvermögen) in einem Rechnungswesen korrekt ermittelt, stellt sich die Übereinstimmung von Aktiv- und Passivsumme „automatisch" ein (vgl. Krahé und Stolze 2007: 30 f.).

Nachdem nun deutlich ist, wie sich die Bilanz logisch aus dem Schema der betrieblichen Bestandsgrößen ableiten lässt, sollen die wichtigsten Elemente der Bilanz einzeln erläutert werden. Folgende Tabelle zeigt die Bilanz in der Übersicht: *Elemente der Bilanz*

Aktiva	Passiva
A: Anlagevermögen B: Umlaufvermögen C: Rechnungsabgrenzungsposten	A: Eigenkapital B: Sonderposten aus Investitionszuschüssen C: Rückstellungen D: Verbindlichkeiten E: Rechnungsabgrenzungsposten
Summe	Summe

2.3.2 Aktivseite

Vermögen

Auf der Aktivseite stehen die Positionen des Vermögens. Was ist Vermögen? Eine Herangehensweise vom Wort her, führt zum Kern des Begriffes. Vermögen vermag etwas zu bewirken. Sollen Teilnehmer am Wirtschaftsprozess etwas bewegen können, produzieren, Leistungen erbringen, so benötigen sie Vermögensgegenstände.

Es sind in der Regel die Positionen, die sich auch wirklich „anfassen" lassen (die Immobilie, das Geld auf dem Bankkonto oder in der Kasse) und dem Unternehmen verbleiben.

Mittelverwendungsseite = Sollseite = linke Seite

Die Aktivseite der Bilanz wird daher auch als mit Mittelverwendungsseite bezeichnet. Sie stellt dar, wie das vorhandene Kapital verwendet wurde bzw. wie es sich konkret materialisiert. Die Aktivseite wird auch Sollseite (linke Seite) der Bilanz genannt.

Die Grenze zwischen „Aufwand" (der als Stromgröße in der Gewinn- und Verlustrechnung abgebildet wird) und „Vermögen" (das als Bestand auf der Aktivseite der Bilanz ausgewiesen wird), erklärt sich durch die Frage, ob etwas „dauerhaft im Unternehmen verbleibt". Beispiel: Das Personal kann jederzeit das Unternehmen verlassen, es ist nicht Eigentum des Unternehmens und gehört daher in die GuV. Das angeschaffte Fahrzeug „gehört" dem Unternehmen und wird auf der Aktivseite der Bilanz angetragen. Es gibt dabei einzelne Grenzfälle. So können etwa Wirtschaftsgüter unter einem Anschaffungswert von 150 Euro als Aufwand verbucht werden, ohne dass sie in der Bilanz auftauchen. Für Wirtschaftsgüter zwischen 150 und 1.000 Euro bestehen hier Wahlmöglichkeiten.

Nun betrachten wir die einzelnen Posten der Aktivseite näher.

2.3.2.1 Anlagevermögen

Dauernder Geschäftsbetrieb

Zum Anlagevermögen zählen die Vermögensgegenstände, die dazu bestimmt sind, dauernd dem Geschäftsbetrieb zu dienen (vgl. § 247 Absatz 2 HGB). Als „dauernd" wird ein Zeitraum von einem Jahr und länger betrachtet. Darunter fallen regelmäßig Immobilien, Fahrzeuge, Betriebsausstattung, Maschinen etc., soweit diese Gegenstände nicht zur Veräußerung bestimmt sind.

Zum Anlagevermögen zählen auch immaterielle Vermögensgegenstände wie z. B. Softwarelizenzen oder erworbene Rechte sowie langfristige Finanzanlagen.

Bei der Entscheidung über die Zuordnung zum Anlage- oder Umlaufvermögen ist von großer Bedeutung, welchem Zweck diese Gegenstände dienen bzw. wie lange diese im Unternehmen verbleiben sollen.

Beispiel:

Selbstverständlich sind EDV-Anlagen in Einrichtungen des Sozial- und Gesundheitswesens Teil des Anlagevermögens. Und zwar deshalb, weil das Unternehmen diese Anlagen auf mehr oder minder lange Dauer nutzen möchte. Dieselben Gegenstände sind jedoch von einem anderen Unternehmer wie einem EDV-Gerätehandel erworben worden, dessen Ziel es gerade nicht war, diese Gegenstände lange im Unternehmen zu belassen. Hier handelte es sich um Handelsware und damit um Umlaufvermögen.

2.3.2.2 Umlaufvermögen

Zum Umlaufvermögen zählen die Vermögensgegenstände, die dem Unternehmen nur kurzzeitig dienen und sich nach Möglichkeit „umschlagen", also in der Regel in Geldwerte umwandeln sollen (umlaufen). Diese Definition ergibt sich im Umkehrschluss aus § 247 Absatz 2 HGB.

Kurzzeitiger Verbleib im Unternehmen

Das Umlaufvermögen soll nach den Bilanzierungsgrundsätzen nach steigender Liquidität geordnet werden. Daraus ergibt sich die folgende Untergliederung:

Ordnung nach steigender Liquidität

- Waren (Vorräte)
- Forderungen
- Geldmittel

2.3.3 Passivseite

Auf der Passivseite erscheinen die Positionen des Kapitals. Für das Verständnis des Begriffs ist es wichtig, sich von der möglicherweise naheliegenden Vorstellung, Kapital sei „Geld", zu lösen. Diese im Alltagssprachgebrauch verankerte Vorstellung führt komplett in die Irre. Die Passivseite der Bilanz stellt dar, woher die Mittel, die in den auf der Aktivseite aufgetragenen Vermögensgegenständen gebunden sind, stammen. Es geht also um die Mittelherkunft. Die Passivseite wird auch als Habenseite (rechte Seite) der Bilanz bezeichnet.

Mittelherkunftsseite = Habenseite = rechte Seite

Die Passivseite gliedert sich also in die Rubriken Eigen- und Fremdkapital.

Das Fremdkapital steht für die Schulden des Unternehmens. Diese Schulden sind geradezu filigran gegliedert. Denn es ist Ausdruck des im Handelsgesetzbuch niedergelegten Vorsichtsprinzips, dass nicht nur manifeste Schulden, sondern auch nur wahrscheinliche oder latente Schulden aufgeführt werden. Diese Vorgehensweise dient dem Gläubigerschutz. Keineswegs soll der „ordentliche Kaufmann" Teile seines Vermögens sein Eigen nennen können, wenn diese möglicherweise zur Bedienung von Schulden einzusetzen sind.

Fremdkapital

Der Teil des Vermögens, der nach Abzug der Schulden verbleibt, ist das Eigenkapital.

Eigenkapital

2.3.3.1 Eigenkapital

Das Eigenkapital ist die Restgröße, die sich rechnerisch aus der Differenz aus Vermögen und Schulden ergibt. Aufgrund der Bilanzgleichung fällt es gerade so groß aus, dass die Bilanz stets ausgeglichen ist.

Restgröße aus Differenz von Vermögen und Schulden

Eigenkapital lässt sich in verschiedene Arten unterteilen:

2.3.3.1.1 Das eingebrachte Eigenkapital

Das eingebrachte Eigenkapital wird bei Kapitalgesellschaften als gezeichnetes Kapital, Stammkapital oder Grundkapital bezeichnet. Bei Kapitalgesellschaften sind hierfür Mindestgrößen gesetzlich festgelegt (z. B. 25.000 Euro bei der GmbH). Es wird von

Stammkapital, Grundkapital

außen bei der Gründung der Gesellschaft zur Verfügung gestellt. Bei der Stiftung ist dies das Kapital, das beim initialen sog. Stiftungsgeschäft in die Stiftung eingebracht wird.

Verein ohne gezeichnetes Kapital

Ein Verein ist keine Kapitalgesellschaft und wird nicht durch die Einzahlung von Kapital gegründet. Insofern verfügt der Verein über kein „gezeichnetes Kapital".

2.3.3.1.2 Jahresergebnis

Jahresüberschuss, Jahresfehlbetrag

Hier handelt es sich um den Jahresüberschuss bzw. im negativen Fall um den Jahresfehlbetrag, der aus der Gewinn- und Verlustrechnung ermittelt wird. Dieser Betrag wird nicht – was systemkonform wäre – mit dem eingebrachten Kapital verrechnet, sondern getrennt ausgewiesen, um den Ergebnisbeitrag des letzten Geschäftsjahres deutlich zu machen. So kann hier bei einem Verlust auch ein Wert mit negativem Vorzeichen erscheinen (was ansonsten in der Bilanz unzulässig ist).

Über das Jahresergebnis wird auf der Basis der Schlussbilanz ein Verwendungsbeschluss durch die Gesellschafterversammlung gefasst. Ein Gewinn kann ausgeschüttet werden oder im Unternehmen verbleiben. Gemeinnützige Unternehmen dürfen den Gewinn nicht ausschütten, sondern müssen ihn im Unternehmen gemeinnützig weiter verwenden. Beim Verbleib im Unternehmen wird der Überschuss der Gewinnrücklage zugeführt. Bei einem Verlust wird der Verlust der Rücklage und später dem gezeichneten Kapital entnommen.

2.3.3.1.3 Gewinn- und Verlustvortrag

Gewinnvortrag, Verlustvortrag

Hierbei handelt es sich um die kumulierten Jahresüberschüsse bzw. Jahresfehlbeträge aus Vorjahren, über die noch kein Verwendungsbeschluss gefasst wurde. In gemeinnützigen Unternehmen, bei denen ohnehin keine Ausschüttung erfolgen kann, ist dies identisch mit der Gewinnrücklage. Ergibt sich im Ergebnis ein positiver Wert, erscheint dieser Betrag unter dem Begriff Gewinnvortrag – bei einem negativen Wert heißt der Betrag Verlustvortrag.

2.3.3.1.4 Gewinnrücklage

Gewinnrücklage

Der nicht ausgeschüttete Gewinn kann einer Gewinnrücklage zugeführt werden. Dies ist dann der aufgelaufene Gewinn früherer Jahre. Verluste werden zunächst der Gewinnrücklage entnommen.

Bei steuerbegünstigten („gemeinnützigen") Unternehmen ist die Gestaltung der Rücklagen eingeengt. Das Gebot der Selbstlosigkeit verbietet zwar nicht Gewinne, sondern Gewinnausschüttungen, also müssen die Mittel im Unternehmen als Rücklagen verbleiben. Andererseits fordert das Gebot der zeitnahen Mittelverwendung, dass die Gewinne auch wieder zeitnah dem gemeinnützigen Zweck zufließen.

Eingeschränkte Rücklagenbildung bei Gemeinnützigkeit

Es können Gewinnrücklagen gebildet werden für:

- die „nachhaltige Erfüllung" des gemeinnützigen Zweckes
- Investitionen in den gemeinnützigen Zweck (also z. B. das zweckentsprechend angeschaffte Gebäude)
- den Erhalt von Kapitalbeteiligungen

Diese Rücklagen werden in der Bilanz in der Regel als „Rücklagen für satzungsmäßige Zwecke" oder „zweckgebundene Rücklagen" bezeichnet. Die „Zweckbindung" ist insofern nur eine steuerrechtliche Zweckbindung, keine im kaufmännischen Sinne.

Darüber hinaus kann eine freie Rücklage in bestimmten Umfang gebildet werden (33 Prozent aus Vermögensverwaltung, 10 Prozent aus den übrigen Erträgen) (§ 62 AO).

2.3.3.2 Sonderposten zur Finanzierung des Sachanlagevermögens

Zweckgebundene Zuschüsse Dritter = Sonderposten

Sonderposten zur Finanzierung des Anlagevermögens sind ein Spezifikum von Jahresabschlüssen der Unternehmen im Sozial- und Gesundheitswesen. Dies ist der Tatsache geschuldet, dass die Sachanlagen häufig weder von den Unternehmen selbst noch durch Kreditaufnahme auf dem Kapitalmarkt finanziert werden, sondern durch Zuschüsse Dritter. Der Bau von Alten- und Behindertenheimen oder Krankenhäusern wird häufig so finanziert. Die Bildung von Sonderposten ist also unmittelbar mit der Finanzierung von Anlagegütern verknüpft. Sonderposten werden immer dann gebildet, wenn Anlagegüter durch zweckgebundene Zuschüsse Dritter finanziert wurden.

Warum aber handelt es sich bei einem solchen Zuschuss um eine Verbindlichkeit?

Zweckbindung

Mit dem Zuschuss übernimmt der Zuwendungsnehmer die Verpflichtung, das Anlagengut anzuschaffen oder z. B. Gebäude zu errichten sowie – dies ist hier das Entscheidende – das Anlagengut über eine vorgegebene Zeit hinweg für einen bestimmten Zweck und/oder mit einer bestimmten Auflage zu nutzen.

Widerruf, Rückforderung bei Wegfall

Der Zuwendungsgeber verfügt mit dem Widerruf der Zuwendung und deren Rückforderung des Zuschusses über ein „scharfes Schwert", diesen Anspruch auch durchzusetzen. Sollte der Zuwendungsnehmer den Zweck nicht mehr erfüllen oder erfüllen können, so wird ein Teil des Zuschusses zur Verbindlichkeit.

Beispiel:

Ein Jugendhilfeträger errichtet eine Sporthalle. Die „Aktion Mensch" unterstützt den Bau mit der Auflage, diese Halle 20 Jahre für Zwecke der Jugendhilfe zu nutzen. Nach 15 Jahren wird die Einrichtung jedoch geschlossen und die Sporthalle wird von einem Investor zu einer Festivalhalle umgebaut. Die „Aktion Mensch" fordert 5/20 des Zuschusses zurück, da fünf Jahre der Zweckbindung noch ausstehen.

Analog kann mit zweckgebunden Spenden umgegangen werden.

Die Abbildung der Investitionszuschüsse in doppelter Form – einerseits die dauerhafte und endgültige Bereitstellung des Zuschusses solange das Unternehmen den vereinbarten Zweck verfolgt, andererseits die Rückforderungsmöglichkeit bei anderer Verwendung – erfolgt durch die Darstellung als Sonderposten.

Berechnung nach Zeitanteil

Der Sonderposten wird über die Abschreibungsdauer des Anlagegutes (bzw. die Zweckbindungsdauer des Zuschusses) sukzessive aufgelöst. Analog zur Abschreibung wird jedes Jahr in die Gewinn- und Verlustrechnung ein „Ertrag aus der Auflösung von Sonderposten" eingestellt und die Position auf der Passivseite der Bilanz entsprechend verringert.

Die Pflegebuchführungsverordnung sowie die Krankenhausbuchführungsverordnung haben ausdrücklich die Verpflichtung aufgenommen, dass solche Zuschüsse in Sonderposten zu erfassen sind (vgl. § 5 Absatz 2 PBV und § 5 Absatz 2 KHBV).

Exkurs:

Die Bildung von Sonderposten behebt einen in der Vergangenheit oft vollzogenen Fehler, der darin bestand, den Wert des Anlagegutes um den Zuschuss zu vermindern – so als würde das Unternehmen ein Kfz im Wert von 30.000 Euro, das zu 50 Prozent bezuschusst wurde, nur mit 15.000 Euro belasten. Eine solche Verrechnung verkürzt die Darstellung der wirklichen Verhältnisse. Es handelt sich auch um einen Verstoß gegen das Saldierungsverbot gemäß § 246 Absatz 2 HGB. Das Kfz wird mit 30.000 Euro als Anlagegut auf der Aktivseite der Bilanz erfasst. Auf Passivseite wird der Zuschuss in Höhe von 15.000 Euro erfasst.

Noch schwerer wiegt der Fehler, wenn das Anlagegut zwar mit dem vollen Wert, der Zuschuss aber als Ertrag erfasst wird. Was geschieht dann mit Blick auf den Unternehmenserfolg? Im Jahr des Zuflusses stellt sich – gespeist durch den Zuschussertrag – ein außerordentlicher Unternehmenserfolg ein. Nach Anschaffung des Anlagegutes ergibt sich jedoch durch den Wertverzehr der Anlagegüter ein Aufwand zu Lasten der zukünftigen Perioden, der durch den Zuschuss nur im ersten Jahr kompensiert wird. Ab dem zweiten Jahr der Abschreibung steht dem Zuschuss dann kein Ertrag mehr gegenüber. Die Aufwendungen führten in den Folgeperioden deshalb zu Unterdeckungen, die sich daraus ergeben, dass der Zuschuss bereits im Jahr des Zuflusses ertragswirksam wurde.

Der Sonderposten wird genau um den Anteil aufgelöst, um den das Anlagegut abgeschrieben wird. Für das Beispiel der durch die Eltern finanzierten Möbel bedeutet dies, dass der Sonderposten über zwölf Jahre (Abschreibungsdauer der Möbel) reduziert wird. Ist das Anlagegut abgeschrieben, ist auch der Sonderposten aufgelöst.

Eventualverbindlichkeit

Beim Sonderposten handelt es sich formal um eine Verbindlichkeit – besser um eine Eventualverbindlichkeit. Für den Fall, dass der Zuwendungsempfänger die Zuwendungsbedingungen einhält, ist die Wahrscheinlichkeit der Rückforderung denkbar gering – nahe null.

Interpretation als Eigenkapital

In diesem Fall können Sonderposten – insbesondere von Personen mit Insiderkenntnissen der Organisation – als Eigenkapital interpretiert werden. Diese Bewertung des Sonderpostens ist auch bei der Aufstellung einer sogenannten Überschuldungsbilanz zulässig. So kann gegebenenfalls fehlendes Eigenkapital durch Sonderposten „aufgefüllt" werden, wodurch eine Überschuldung abgewendet werden kann. Da die Rückforderungswahrscheinlichkeit im Regelfall gering ist, erscheint es vertretbar, wenn Außenstehende unabhängig von einer möglichen Krisensituation des Unternehmens 50 Prozent der Sonderposten wie Eigenkapital werten.

2.3.3.2.1 Auflösung des Sonderpostens

Der Sonderposten wird in den Raten aufgelöst, in denen das Anlagegut, welches durch den Zuschuss finanziert wurde, zweckentsprechend genutzt und abgeschrieben wird. Erst die Auflösung des Sonderpostens wird als Ertrag verbucht und geht als solcher in die Gewinn- und Verlustrechnung ein.

Dauer der Auflösung

Die Dauer der Auflösung des Sonderpostens kann sich entweder nach der Abschreibungsdauer des Anlagegutes oder nach der Dauer der Nutzungsverpflichtung gemäß dem Bewilligungsbescheid richten. Daraus ergibt sich die entsprechende Rate, indem der Zuschuss durch die Dauer dividiert wird. Sofern Abschreibungsdauer und Nutzungsverpflichtung nicht gleich lang sind, ist die Abschreibungsdauer des Anlageguts meist länger als die Zeit der Nutzungsbindung. Ein Zuwendungsgeber wird kaum eine Nutzungsdauer verlangen können, die über die Abschreibungsdauer hinausgeht (bzw. erscheint es irrational eine solche Verpflichtung zu übernehmen). Deshalb ist die längere der beiden Fristen – also in der Regel die Abschreibungsdauer – maßgeblich.

Verbuchung als Ertrag

Dies führt dazu, dass der Ertrag genau in dem Umfang fließt, in dem die Einrichtung den Zuschuss (im doppelten Sinne des Wortes) „verdient" hat. Damit kompensieren die Erträge aus Auflösung von Sonderposten gerade den Teil der Abschreibungen, der dem Anteil der Förderung an den Anschaffungskosten entspricht. Das bilanzielle Ergebnis erweckt so zu keinem Zeitpunkt den Anschein, als könnte der Zufluss eines Investitionszuschusses das Reinvermögen einer Organisation mehren.

Praxisbeispiel Sonderposten

Schauen wir nun anhand eines Beispiels, wie sich ein Jahresabschluss verändert, wenn ein Zuschuss für ein Anlagegut eingeht, das Anlagegut angeschafft und zweckentsprechend genutzt wird.

Beispiel:

(0) Ausgangslage: Das Unternehmen hat 30.000 EUR auf dem Bankkonto.

Aktiva		Passiva		Aufwendungen	Erträge
		Eigenkapital	30.000 EUR		
Bank	30.000 EUR				

(1) Eingang eines Zuschusses von 12.000 EUR zur Anschaffung eines Busses für den Behindertenfahrdienst

Aktiva		Passiva		Aufwendungen	Erträge
		Eigenkapital	30.000 EUR		
Bank	42.000 EUR	Verbindlichkeiten	12.000 EUR		

(2) Anschaffung des Busses im Wert von 42.000 EUR

Aktiva		Passiva		Aufwendungen	Erträge
Fahrzeuge	42.000 EUR	Eigenkapital	30.000 EUR		
Bank	0 EUR	Verbindlichkeiten	12.000 EUR		

(3) Abschreibung des Busses (Abschreibungsdauer: 6 Jahre; Abschreibungsrate 7.000 Euro)

Aktiva		Passiva		Aufwendungen	Erträge
Fahrzeuge	35.000 EUR	Eigenkapital	30.000 EUR	Abschreibungen 7.000 EUR	
		Verlust	–7.000 EUR		
Bank	0 EUR	Verbindlichkeiten	12.000 EUR		*Verlust* 7.000 EUR

(3) Zeitanteilige Auflösung des Sonderpostens (Bindungsdauer: 6 Jahre; Abschreibungsrate 2.000 Euro)

Aktiva		Passiva		Aufwendungen	Erträge
Fahrzeuge	35.000 EUR	Eigenkapital	30.000 EUR	Abschreibungen 7.000 EUR	Auflösung SoPo 2.000 EUR
		Verlust	*–5.000 EUR*		

Das Beispiel zeigt, dass das Unternehmen nur noch mit dem Teil der Abschreibung belastet ist, der durch den Zuschuss nicht gedeckt ist – mithin 5.000 EUR, dem Abschreibungsbetrag auf 30.000 EUR.

2.3.3.2 Rückstellungen

Kommen wir nun zu einer weiteren Bilanzposition auf der Passivseite, deren Verständnis vielen „Nicht-BWLern" häufig große Schwierigkeiten bereitet.

Rückstellung = Vorsorge = Gläubigerschutz

Mit der Bildung von Rückstellungen folgen wir dem bereits im vorherigen Abschnitt beschriebenen Gedanken, Vorsorge zu treffen. Häufig wird von Rückstellungen im Zusammenhang mit Steuertricks oder gar Manipulation gesprochen. Dies versperrt jedoch den Weg zu einem tiefgehenden Verständnis dieser Bilanzposition. Im Kern handelt es sich um ein Instrument des Gläubigerschutzes. Geschäftspartner sollen geschützt werden, auch wenn noch nicht feststeht,

- ob,
- wann und
- in welcher Höhe

sie diese Mittel aus dem Unternehmen beanspruchen können.

HGB-Vorgaben

Ein Zugang zum Verständnis von Rückstellungen bietet ein genaues Studium der einschlägigen Vorschrift des Handelsgesetzbuchs. So lautet § 249 Absatz 1 HGB: *„Rückstellungen sind für ungewisse Verbindlichkeiten und für drohende Verluste aus schwebenden Geschäften zu bilden."*

Die Formulierung „sind … zu bilden" deutet bereits darauf hin, dass wer Rückstellungen bildet, damit einer Pflicht nachkommt. Der „ordentliche Kaufmann" ist also verpflichtet nach Gründen zu suchen, die Anlass für die Bildung einer Rückstellung sein könnten.

Zweck

Rückstellungen werden gebildet, um Verbindlichkeiten, die in der Zukunft zu erwarten sind und ihren Grund in der Vergangenheit haben, in der Bilanz kenntlich zu machen. Betrachtet man den Kaufmann als Zeitreisenden in einem gedachten Auto, dessen Position auf der Straße stets die Gegenwart markiert, dann sieht er den Grund der Rückstellung stets im Rückspiegel, nicht aber beim Blick durch die Frontscheibe. Dies ist eine sehr wichtige Unterscheidung, die sich mit folgenden Beispielen aus dem Alltag verdeutlichen lässt (vgl. Reichhardt 2017: 140 ff.):

Beispiele:

- Nehmen wir an, Sie möchten im Sommer in Urlaub fahren. Der Grund liegt in der Zukunft. Sie bilden dafür nicht etwa eine Rückstellung, sondern eine Rücklage.
- Vor einigen Wochen haben Sie sich eine Ecke aus dem Zahn gebrochen. Der Zahnarzt Ihres Vertrauens macht gerade Urlaub. Hier liegt der Grund in der Vergangenheit. Die Zahnarztrechnung wird bald kommen. Sie erkennen den Grund im Rückspiegel, die Entstehung der Verbindlichkeit jedoch in der Zukunft. Sie bilden eine Rückstellung.

Rückstellungsgründe

Schauen wir uns nun einige Rückstellungsgründe für Unternehmen im Sozial- und Gesundheitswesen genauer an:

2.3.3.2.1 Ungewisse Verbindlichkeiten

Für die ungewissen Verbindlichkeiten ist eine ganze Reihe von wichtigen Tatbeständen zu nennen.

Zeitguthaben, Mehrarbeit

Zu allererst sind hier die positiven Salden der Arbeitszeitkonten der Mitarbeiter (Schulden des Unternehmens) anzusetzen. Mitarbeiter arbeiten gegebenenfalls mehr als mit ihnen vertraglich vereinbart ist oder können wegen erhöhtem Arbeitsanfall gar ihren Jahresurlaub nicht voll nehmen. Dadurch kommt es zu Schulden des Unternehmens, da Arbeitszeit angefallen ist, die zum Abschlussstichtag (i. d. R. zum Ende des Kalenderjahres) noch nicht vergütet wurde. Wenn Sie genau nachvollzogen haben, welche Merkmale auf Rückstellungen zutreffen müssen, dann fragen Sie sich bitte an dieser Stelle zunächst: Warum handelt es sich bei den Zeitguthaben der Mitarbeiter nicht schlicht um Verbindlichkeiten? Schließlich steht doch fest, dass die Mehrarbeit zu vergüten und der Urlaub zu gewähren ist. Die Mehrarbeitsstunden und die nicht genommenen Urlaubstage sind auch (haarklein) gezählt. Nun, hier ist die Höhe der Verbindlichkeit ungewiss. Die Tarifentwicklung bringt es mit sich, dass eine Mehrarbeitsstunde, die im Oktober des Vorjahres zum Stundensatz X geleistet wurde, im Februar des Folgejahres z. B. mit $X \cdot (1 + 1{,}5\ \%)$ – spricht nach einer Tarifanpassung um 1,5 Prozent – in Freizeit abgegolten oder ausgezahlt wird. Ebenso verhält es sich mit dem nicht genommenen Urlaub. In Unternehmen des Sozial- und Gesundheitswesens machen Mehrarbeitsstunden und nicht genommener Urlaub oft Rückstellungen von mehreren 10.000 Euro oder gar mehreren 100.000 Euro aus.

Versorgungsansprüche, Altersteilzeit

Ähnlich verhält es sich mit Versorgungsansprüchen oder Ansprüchen aus Altersteilzeitregelungen. Ihnen ist gemein, dass – wie bei Mehrarbeit – der Anspruch in der Vergangenheit erarbeitet wurde und in der Zukunft abgerufen wird.

Beiträge zur Berufsgenossenschaft

Auch die Beiträge zur Berufsgenossenschaft (gesetzliche Unfallversicherung), die im neuen Jahr für das alte Jahr berechnet werden, werden zurückgestellt. Der entsprechende Bescheid der Berufsgenossenschaft erreicht das Unternehmen in der Regel erst im März des Folgejahres. Obwohl die Bilanz häufig erst nach Erhalt des Bescheids fertiggestellt wird und der sichere Betrag dann ja bekannt ist, handelt es sich bezogen auf den 31.12. des Vorjahres um einen ungewissen Betrag. Denn zu diesem Zeitpunkt war die Höhe ja noch unbekannt.

Kosten für den Jahresabschluss

Die Kosten für die Aufstellung des Jahresabschlusses und die Kosten der Jahresabschlussprüfung (der Grund der Kosten liegt im abgelaufenen Geschäftsjahr) müssen ebenfalls zurückgestellt werden.

Rechtstreitigkeiten

Ein weiterer Grund für Rückstellungen sind manifeste oder drohende Rechtsstreite, zum Beispiel im Bereich des Arbeitsrechts oder bei Rückforderungen von erhaltenen Zuschüssen.

2.3.3.2.2 Drohende Verluste (Drohverlustrückstellungen)

Drohverlustrückstellungen sind im Sozial- und Gesundheitswesen kaum denkbar. Es handelt sich hierbei in der Regel um Geschäfte mit Waren, die aufgrund gesunkener Marktpreise voraussichtlich unter den Selbstkosten abgeschlossen werden.

2.3.3.2.3 Unterlassene Instandhaltungen

Rückstellungen zur Sicherung der Gebäudefunktion

Betreiber von Einrichtungen im Sozial- und Gesundheitswesen sind leider häufig schlechte Vermögensverwalter, weil sie auf die Instandhaltung ihrer Immobilien zu wenig Ressourcen verwenden. Einrichtungen, die vor mehr als dreißig Jahren gebaut wurden, haben zum Teil erhebliche Instandhaltungsrückstände. Der Handwerker, der für eine notwendige Instandhaltungsmaßnahme nicht bestellt wird, schont das aktuelle Budget, verbessert das wirtschaftliche Ergebnis oder lässt Ausgaben im Kernbereich der sozialen Dienstleistung zu. So türmen sich unterlassene Instandhaltungen auf, die am Ende zu Großsanierungen oder gar der Aufgabe der Immobilie führen können.

Es erscheint sinnvoll, dass für Aufwendungen für unterlassene Instandhaltungen Rückstellungen gebildet werden, denn über kurz oder lang müssen diese nachgeholt werden, um die Funktion der Immobilien zu sichern. Der Grund für die Rückstellungen liegt hier klar in der Vergangenheit, weil die tropfende Dachrinne, die nicht gestrichenen Fenster oder der Zaun, auf den ein Baum gestürzt ist, Anlässe sind, die die Organisation unmittelbar „ärmer" machen, auch wenn die Reparatur nicht sofort erfolgen kann.

Rechtliche Grenzen der Bilanzpolitik

Die Festlegung, in welchem Umfang und zu welchen Kosten Instandhaltung nachgeholt werden muss, unterliegt weiten Ermessensspielräumen. Dies eröffnet der sogenannten „Bilanzpolitik" weite Spielräume. Wer ein gutes wirtschaftliches Ergebnis darstellen möchte, vermeidet hohe Instandhaltungsrückstellungen, wer ein zu gutes Ergebnis schmälern möchte, baut in den Jahresabschluss hohe Instandhaltungsrückstellungen ein. Um diesen Spielraum erheblich zu verringern, hat der Gesetzgeber der Bildung von Instandhaltungsrückstellungen enge Grenzen gesetzt. So sieht § 249 Absatz 1 Nummer 1 HGB vor, dass im Geschäftsjahr unterlassene Instandhaltungen nur gebildet werden dürfen, soweit sie im Folgejahr innerhalb von drei Monaten nachgeholt werden. Typische Beispiele sind hier Schäden, die zum Jahresende aufgetreten sind, die aufgrund der Weihnachtspause der Handwerker aber nicht noch im selben Jahr behoben werden konnten.

2.3.3.2.4 Gewährleistungen

Der Vollständigkeit halber soll auch auf den Rückstellungsgrund der Gewährleistung hingewiesen werden. Hat ein Unternehmer eine Leistung erbracht, für dessen Qualität er garantieren muss, was wiederum Nacharbeiten nach sich ziehen kann, so ist für diesen zukünftigen – jedoch im vergangenen Geschäft begründeten – Aufwand eine Rückstellung zu bilden. Dies gilt auch dann, wenn die Nacharbeiten aus Kulanz, also ohne rechtliche Verpflichtung durchgeführt werden. Da Einrichtungen des Sozial- und Gesundheitswesens bisher nicht für die Qualität ihrer Leistungen gewährleisten müssen, entfallen derartige Rückstellungsgründe.

2.3.3.2.5 Rückstellungsverbot

Für alle anderen als die bisher beschriebenen Arten von Rückstellungen, für die selbstverständlich weitere Beispiele bestehen, gilt ein Rückstellungsverbot.

2.3.3.3 Auflösung von Rückstellungen

Rückstellung, Auflösung

Durch die Bildung der Rückstellung entsteht in dem Jahr, das bilanziert wird, ein Aufwand. Rückstellungen sind aufzulösen, wenn der Grund dafür entfällt. Hier sind verschiedene Varianten denkbar:

2.3.3.3.1 Inanspruchnahme einer Rückstellung

Aktiv-Passiv-Minderung

Hier tritt das Ereignis ein, für das die Rückstellung gebildet wurde. Es erfolgt die Zahlung der Mittel gegen die entsprechende Verkürzung der Rückstellung. Die Bilanz verkürzt sich, da weniger Zahlungsmittel und weniger Rückstellungen vorhanden sind. Es liegt eine Aktiv-Passiv-Minderung vor.

2.3.3.3.2 Auflösung einer Rückstellung

Passivtausch

Entfällt der Grund für die Rückstellung, ohne dass eine Zahlung notwendig wird, kommt es zur ertragswirksamen Auflösung der Rückstellung. Es sind weniger Rückstellungen, dafür mehr Eigenkapital vorhanden. Es liegt ein Passivtausch vor.

2.3.3.3.3 Zahlung versus Rückstellung

Vorsichtsprinzip

Selten stimmt die Rückstellung betragsmäßig exakt mit dem späteren Zahlbetrag überein. Wurde die Rückstellung zu gering bemessen, bleibt im Falle der Inanspruchnahme nur noch das laufende Geschäftsjahr mit dem Aufwand zu belasten, um den die Rückstellung hinter der Zahlung zurückblieb. Im Falle der Überschätzung der Rückstellung wird der nicht mehr notwendige Betrag zum Ertrag des neuen Geschäftsjahres.

Es entspricht dem Vorsichtsprinzip, wenn Rückstellungen eher so bemessen werden, dass es nach deren Inanspruchnahme zu einer Auflösung anstatt zur Nachbelastung kommt.

Aufwand bei Entstehung sichtbar machen

Die Bearbeitung von Rückstellungen ist in vielen Organisationen ausschließlich den Jahresabschlussarbeiten vorbehalten. Diese Trennung vom operativen Kostenmanagement kann dazu führen, dass das Ergebnis der Gewinn- und Verlustrechnung erheblich vom Ergebnis der Kostenrechnung abweicht. Die „Kunst" des Kostenmanagements besteht darin, den Aufwand, der sich aus der Bildung von Rückstellung ergibt, möglichst bereits bei seiner Entstehung – also weit vor dem Jahresabschluss – sichtbar zu machen.

2.3.3.3 Verbindlichkeiten

Tatsächlich Geschuldetes

Während die bisherigen Positionen der Passivseite durch eine Eventualität der Verbindlichkeit gekennzeichnet waren, werden hier die manifesten Verbindlichkeiten aufgeführt. Verbindlichkeiten in diesem Sinne sind die Beträge, die die Institution zum Bilanzstichtag Dritten tatsächlich schuldet.

Die Darstellung der Verbindlichkeiten erfolgt geordnet nach der Laufzeit der Verbindlichkeit und wird in der Regel wie folgt gegliedert:

- Verbindlichkeiten mit einer Laufzeit von mindestens vier Jahren
- Verbindlichkeiten aus Lieferungen und Leistungen
- sonstige Verbindlichkeiten

2.3.4 Rechnungsabgrenzungsposten

Rechnungsabgrenzungsposten können auf der Aktivseite wie auf der Passivseite der Bilanz erscheinen. Ähnlich wie bei Rückstellungen wird deren Bedeutung bei „Nicht-BWLern" häufig kaum erfasst. Sie haben jedoch für die Richtigkeit des Jahresabschlusses mit Blick darauf, dass die ausgewiesenen Beträge wirklich dem Geschäftsjahr, das abgerechnet wird, zuzurechnen sind, hohe Bedeutung.

§ 250 HGB definiert die gleich erläuterten Rechnungsabgrenzungsposten wie folgt:

(1) Als Rechnungsabgrenzungsposten sind auf der Aktivseite Ausgaben vor dem Abschlussstichtag auszuweisen, soweit sie Aufwand für eine bestimmte Zeit nach diesem Tag darstellen.	*= ARAP*
(2) Auf der Passivseite sind als Rechnungsabgrenzungsposten Einnahmen vor dem Abschlussstichtag auszuweisen, soweit sie Ertrag für eine bestimmte Zeit nach diesem Tag darstellen.	*= PRAP*

2.3.4.1 Aktive Rechnungsabgrenzungsposten (ARAP)

Vorleistungen, Vorauszahlungen

Hier erscheinen Auszahlungen vor dem Abschlussstichtag, soweit sie Aufwand für einen bestimmten Zeitraum nach dem Bilanzstichtag darstellen.

In diesem Fall geht die Zahlung des Unternehmens der Leistung des Geschäftspartners voraus. Hieraus entsteht eine Forderung, die der Geschäftspartner nicht etwa durch Rückzahlung, sondern durch Leistung tilgt.

Beispiele:

- Mietzahlungen, die das Unternehmen für das kommende Jahr vorgeleistet hat
- vorgeleistete Versicherungsprämien
- vorausbezahlte Zeitschriftenabonnements (über den Jahreswechsel hinaus)

Aufgrund ihres Forderungscharakters handelt es sich um einen Vermögensgegenstand. So erklärt sich, dass diese Rechnungsabgrenzungsposten auf der Aktivseite (aktive Rechnungsabgrenzungsposten) der Bilanz erscheinen.

Aktive Rechnungsabgrenzungsposten lassen sich damit auch als Leistungsforderungen (im Unterschied zu einer Forderung auf einen Geldbetrag) charakterisieren.

Leistungsforderungen

Das Einbuchen eines aktiven Rechnungsabgrenzungspostens schont den Aufwand des bilanzierten Jahres, da es an der Gegenleistung fehlt. Die Auflösung des Rechnungsabgrenzungspostens führt zu Aufwand im nächsten Geschäftsjahr.

2.3.4.2 Passive Rechnungsabgrenzungsposten (PRAP)

Hier werden Einzahlungen vor dem Abschlussstichtag erfasst, soweit sie Ertrag für einen bestimmten Zeitraum nach dem Bilanzstichtag darstellen.

Zahlungen für Perioden nach dem Abschlussstichtag

Passive Rechnungsabgrenzungsposten haben in der betrieblichen Praxis des Sozial- und Gesundheitswesens meist größere Bedeutung als aktive. Dies liegt daran, dass nicht selten Klienten, Patienten oder Sozialleistungsträger Zahlungen leisten, die für bestimmte Perioden nach dem Abschlussstichtag bestimmt sind.

Beispiel:

Nehmen wir einen Schulträger, der für bestimmte Leistungen öffentliche Mittel nach Schulhalbjahren zugewiesen bekommt. Die Mittel für das Winterhalbjahr sind demnach für die Monate August bis Februar des Folgejahres bestimmt. Soweit diese Mittel bereits vor dem Jahreswechsel gezahlt sind, dürfen zwei von sechs Monaten nicht zum Ertrag des Kalenderjahres werden, in dem das Winterhalbjahr beginnt. Das Unternehmen schuldet also noch die bereits vorbezahlte Leistung für Januar und Februar.

Ein passiver Rechnungsabgrenzungsposten hat Verbindlichkeitscharakter. Die Verbindlichkeit besteht darin, dass für die vom Geschäftspartner geleisteten Beträge von Seiten des Unternehmens noch Leistungen erbracht werden müssen. Aufgrund ihres Verbindlichkeitscharakters erscheinen diese Rechnungsabgrenzungsposten auf der Passivseite (passive Rechnungsabgrenzungsposten).

Verbindlichkeitscharakter

Im Unterschied zu Verbindlichkeiten, die in Geld zu tilgen sind, handelt es sich bei passiven Rechnungsabgrenzungsposten mithin um Leistungsverbindlichkeiten.

Leistungsverbindlichkeiten

Das Einbuchen eines passiven Rechnungsabgrenzungspostens führt zur korrekten Darstellung des Ertrags im bilanzierten Jahr. Die Auflösung des Rechnungsabgrenzungspostens führt zum Ertrag im kommenden Jahr.

Abschlussstichtag beachten

Unterbleibt die Verbuchung von passiven Rechnungsabgrenzungsposten, obwohl Leistungen vorausgezahlt wurden, führt dies zu einem zu hohen Ertragsausweis im abgeschlossenen Geschäftsjahr. Das Unternehmen rechnet sich also mehr Erträge zu, als es erarbeitet hat.

2.3.5 Rücklagen

Rücklagenbildung

Anstelle einer Gewinnausschüttung ist es oft sinnvoll, dass Unternehmen zum Zwecke der allgemeinen Risikoabsicherung oder für bestimmte andere in der Zukunft zu erfüllende Zwecke Rücklagen bilden. Eigenkapital, das zukünftigen Zwecken (Aufwendungen) gewidmet ist, kann nicht an Eigentümer ausgeschüttet werden. Damit führen Rücklagen bei nicht gemeinnützigen Unternehmen zu einer Ausschüttungssperre. Bei gemeinnützigen Unternehmen liefern Rücklagen, die gebildet wurden, um die gemeinnützigen Ziele nachhaltig erreichen zu können, die notwendige steuerrechtliche Legitimation für erzielte Überschüsse. Umgekehrt können Überschüsse, die ohne bestimmte Zwecke in Gewinnvorträgen akkumuliert werden, mittel- bis langfristig die Gemeinnützigkeit gefährden, weil die Finanzverwaltung diese Gewinne als dem gemeinnützigen Zweck entzogen betrachtet.

Idealtypischer Verlauf der Entwicklung des Eigenkapitals

Die folgende Abbildung zeigt den idealtypischen Verlauf der Entwicklung des Eigenkapitals einer gemeinnützigen Körperschaft. Dabei soll aus Gründen der Übersichtlichkeit unterstellt werden, dass die Organisation mit 25.000 Euro gegründet wurde und in jedem Jahr ein Überschuss in Höhe von wiederum 25.000 Euro erzielt wird.

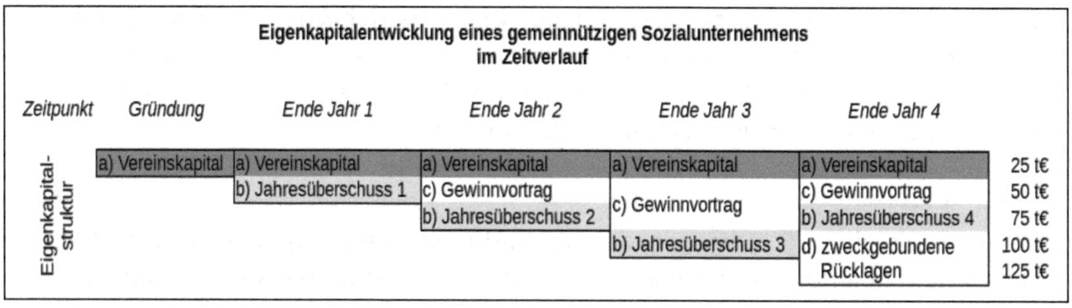

Abb. 11: Idealtypischer Verlauf der Entwicklung des Eigenkapitals einer gemeinnützigen Körperschaft

Zunächst (Jahr 1) wird ein Überschuss erwirtschaftet. Dieser könnte sofort einer Rücklage zugeführt werden, darauf wurde jedoch noch verzichtet. Der Überschuss des ersten Jahres wird im zweiten Jahr zum Gewinnvortrag. Im dritten Jahr umfasst der Gewinnvortrag den Überschuss der ersten beiden Jahre. Im vierten Jahr entscheidet sich die Organisation zur Bildung einer zweckgebundenen Rücklage, die zwei Jahresgewinne umfasst. Sollte der Unternehmenserfolg so fortschreiten, wird das Gewicht der zweckgebundenen Rücklagen zunehmen, da nur geringe Beträge ohne Zweckbestimmung „gehortet" werden dürfen. Die genauen steuerrechtlichen Hintergründe sind den §§ 55, 58 und 62 der Abgabenordnung zu entnehmen.

2.3.6 Bewertungsgrundsätze

2.3.6.1 Allgemeine Bewertungsgrundsätze

Die Regelungen über das Rechnungswesen sehen eine ganze Reihe rechtlich normierter oder von Rechtsprechung oder Praxis der Wirtschaftsprüfung entwickelter Grundsätze vor. Diese Grundsätze offenbaren in verschiedener Hinsicht die Denkhaltung bzw. die wirtschaftsethische Orientierung, die dem System des betrieblichen Rechnungswesens zugrunde liegt.

Grundsätze des HGB

§ 252 HGB fasst einige Grundsätze zusammen, die im Folgenden vorgestellt werden:

2.3.6.1.1 Grundsatz der Bilanzidentität (§ 252 Absatz 1 Nummer 1 HGB)

Schlussbilanz entspricht Eröffnungsbilanz

Die Schlussbilanz eines abgeschlossenen Geschäftsjahres entspricht der Eröffnungsbilanz des darauffolgenden Geschäftsjahres. Durch diesen Grundsatz wird sichergestellt, dass außerhalb der laufenden Buchführung keinerlei abschlussrelevanten Veränderungen durchgeführt werden. Dieser Grundsatz wird – außerhalb jeder betrügerischen Absicht – durchbrochen, wenn in einem neuen Geschäftsjahr Salden von Bilanzpositionen vorgetragen werden und danach noch Änderungen im vorherigen Geschäftsjahr vorgenommen werden, die jedoch dann nicht mehr in das neue Geschäftsjahr übernommen werden. Derartige Fehler können auch durch schlichte manuelle Übertragungsfehler passieren, wenn z. B. Werte manuell von einer Software in die andere übernommen werden (z. B. bei Systemwechsel zum neuen Geschäftsjahr).

2.3.6.1.2 going-concern-Prinzip (§ 252 Absatz 1 Nummer 2 HGB)

Fortführungsprinzip

Das going-concern-Prinzip verlangt, dass das Unternehmen unter der Annahme der Fortführung über den Bilanzstichtag hinaus bewertet werden soll (Fortführungsprinzip). Aufgrund dessen kann die Bewertung der langlebigen Vermögensgegenstände in vereinfachter kalkulatorischer Form durchgeführt werden, denn die unmittelbare Verwertung ist nicht vorgesehen. Auf der Grundlage des going-concern-Prinzips werden die Werte der Anlagegüter nach Anwendung der planmäßigen Abschreibungen angesetzt. Dabei ist unerheblich, ob diese Werte am Markt realisiert werden können.

Zerschlagungsbilanz

Wird eine Bilanz jedoch angesichts einer bevorstehenden Liquidation des Unternehmens ausgestellt (Zerschlagungsbilanz), so gelten strengere Bewertungsgrundsätze. Hier muss sich die Wertbemessung am tatsächlichen Marktwert der Vermögensgegenstände orientieren. Die sogenannten Zerschlagungswerte können erheblich unter den nach planmäßigen Abschreibungen ermittelten Werten liegen, da im Zerschlagungsfall zum kurzfristigen Verkauf oft keine Alternative besteht und auf ein angemessenes Angebot nicht gewartet werden kann.

2.3.6.1.3 Stichtagsprinzip (§ 252 Absatz 1 Nummer 3 HGB)

Bilanzstichtag

Die Bilanz wird einheitlich auf einen Zeitpunkt erstellt. Alle Werte müssen sich streng auf diesen Zeitpunkt beziehen. Zur Verdeutlichung: eine offene Rechnung, die am 2.1. des neuen Geschäftsjahres bezahlt wurde, war am 31.12. des vorherigen Geschäftsjahres eine Forderung. Zum Abschluss ist streng auf die Verhältnisse am 31.12. abzustellen.

Dies gilt auch dann, wenn zum Zeitpunkt der Aufstellung der Bilanz, also gegebenenfalls mehrere Monate nach dem Bilanzstichtag erhebliche Wertveränderungen eingetreten sind.

2.3.6.1.4 Grundsatz der vorsichtigen Bewertung (§ 252 Absatz 1 Nummer 4 HGB)

Vorsichtsprinzip, Gläubigerschutz

Der Grundsatz der vorsichtigen Bewertung verhindert eine zu hohe Bewertung der Vermögensgegenstände. Das Vorsichtsprinzip impliziert bei den Vermögensgegenständen Werte anzusetzen, die mit hoher Wahrscheinlichkeit erzielt werden können, und bei

Schulden Werte anzusetzen, die mit hoher Wahrscheinlichkeit nicht überschritten, also im Zweifel eher unterschritten werden. Dieser Grundsatz dient in besonderer Weise dem Gläubigerschutz.

2.3.6.1.5 Prinzip der Periodenabgrenzung (§ 252 Absatz 1 Nummer 5 HGB)

Zeitpunkt der Leistungserstellung, des Leistungsverzehrs ausschlaggebend

Nach diesem Prinzip sind Aufwendungen und Erträge des Geschäftsjahres unabhängig von den Zeitpunkten der entsprechenden Zahlungen im Jahresabschluss zu berücksichtigen. Dies bedeutet beispielsweise, dass eine im alten Jahr erbrachte und erst im neuen Jahr abgerechnete Leistung einen Ertrag des alten Jahres darstellt. Die Zahlung im neuen Jahr stellt keinen Ertrag dar. Umgekehrt stellt eine Zahlung im alten Jahr auf eine Leistung, die erst im neuen Jahr erbracht wird, nicht im alten, sondern im neuen Jahr einen Ertrag dar. Entsprechend verhält es sich mit Aufwendungen.

Damit wird sichergestellt, dass der Zeitpunkt der Leistungserstellung bzw. des Leistungsverzehrs die zeitliche Zuordnung von Aufwendungen und Erträgen bestimmt, nicht aber der Zeitpunkt der Zahlung.

2.3.6.1.6 Grundsatz der Bewertungsstetigkeit (§ 252 Absatz 1 Nummer 6 HGB)

Gleiche Bewertungsmaßstäbe in aufeinanderfolgenden Geschäftsjahren

Bewertungsstetigkeit bedeutet, dass die Grundsätze der Bewertung in aufeinanderfolgenden Geschäftsjahren unverändert angewendet werden sollen. Damit wird sichergestellt, dass die Werte vergleichbar sind. Dies verbietet nicht, Bewertungsmaßstäbe, die sich als falsch oder ungeeignet erwiesen haben, abzuändern. Fehler sollen korrigiert werden.

Beispiel:

Ein Beispiel dafür ist die Änderung der Abschreibungsdauer für Immobilien im Sozial- und Gesundheitswesen. Bis zur Jahrtausendwende wurden die Immobilien von Einrichtungen der Branche über 50 Jahre abgeschrieben. Da die technischen Anforderungen an die Gebäude erheblich gestiegen sind, hat sich die wirtschaftliche Lebensdauer der Gebäude verkürzt. 33 Jahre oder 25 Jahre sind hier angemessene Werte.

Mit der Verringerung der Abschreibungsdauer erhöht sich die Abschreibungsrate von 1/50 = 2 % auf 1/33 = 3 % bzw. 1/25 = 4 % der Anschaffungs- oder Herstellungskosten. Bleiben alle anderen Größen gleich, verschlechtert sich also das Jahresergebnis.

Auf derartige Änderungen sollte in den Erläuterungen zum Jahresabschluss hingewiesen werden.

2.3.6.1.7 Imparitätsprinzip

Vorsichtsprinzip, Gläubigerschutz

Das Imparitätsprinzip kann als inhaltliche Zusammenfassung bereits genannter Prinzipien betrachtet werden. Es verlangt einen unterschiedlichen Umgang mit Chancen und Risiken aus der unternehmerischen Tätigkeit. Drohende Aufwendungen müssen erfasst werden (Rückstellungen). Wahrscheinliche Erträge dürfen nicht erfasst werden.

Dieses Prinzip spiegelt sich im Bilanzaufbau wieder. Auf der Aktivseite erscheint keine Position, unter der zu erwartende Erträge – also quasi-Forderungen – unterzubringen wären. Demgegenüber erscheinen wahrscheinliche (befürchtete) Aufwendungen als Rückstellungen auf der Passivseite. Vermögensgegenstände werden als eher zu gering, Schulden eher zu hoch bewertet. Auf diese Weise wird ein eher zu geringes Eigenkapital ausgewiesen. Die Firma rechnet sich also im Zweifel „ärmer" als sie tatsächlich dasteht.

2.3.6.1.8 Prinzip der nachträglichen Bilanzaufhellung

Verwertung von Erkenntnissen

Dieses Prinzip steht in engem Kontext zum Stichtagsprinzip. Nach dem Stichtagsprinzip werden die Vermögensgegenstände und Schulden auf den Stichtag bewertet. Dies bedeutet jedoch nicht, dass dabei nur das Wissen des Stichtages anzuwenden ist. Vielmehr müssen Erkenntnisse, die zwischen Bilanzstichstichtag und Aufstellung der Bilanz gewonnen werden, verwertet werden.

Dazu zwei Beispiele:

- Zum 31.12. erwies sich eine Forderung als durchaus werthaltig und der Schuldner als zahlungsfähig. Im April stellt sich jedoch heraus, dass er sich in einem Insolvenzverfahren befindet. Die Forderung ist auf den 31.12. mit dem Wissen aus April des Folgejahres – also niedriger als am 31.12. noch angenommen – zu bewerten.
- Ein Sozialunternehmen hat einen Zuschuss erhalten. Zum Jahreswechsel ging das Unternehmen davon aus, dass es den Zuschuss nach den Regeln des Zuwendungsgebers verausgabt hat. Später aber stellt sich heraus, dass bei der Beantragung Förderrichtlinien nicht beachtet wurden und der Zuschuss zurückgezahlt werden muss. Die Rückzahlungsverpflichtung stellt eine Schuld auf den 31.12. dar; selbst, wenn niemand im Unternehmen am 31.12. davon wissen konnte. Die Lage hat sich erst später „aufgehellt", was jedoch Rückwirkung auf den Abschlussstichtag hat.

2.3.6.1.9 Realisationsprinzip

Nur Erwirtschaftetes zählt

Das Realisationsprinzip steht in engem Zusammenhang mit dem Stichtagsprinzip. Es bedeutet, dass nur bis zum Stichtag erwirtschaftete – nicht etwa erhoffte – Gewinne erfasst werden dürfen.

2.3.6.2 Spezielle Bewertungsgrundsätze

2.3.6.2.1 Bewertung von Anlagegütern (§ 253 Absatz 3 HGB)

Gemildertes Niederstwertprinzip

Es gilt das sogenannte gemilderte Niederstwertprinzip. Dies bedeutet, dass Anlagegüter zu den Anschaffungs- oder Herstellungskosten gemindert um planmäßige Abschreibungen bewertet werden.

Dabei wird hingenommen, dass der im Jahresabschluss ausgewiesene Wert gegebenenfalls über dem Marktwert des Anlageguts liegen kann. Dies kann jedoch hingenommen werden, da ohnehin nicht beabsichtigt ist, das Anlagegut zu veräußern, weil es dem Geschäftsbetrieb auf Dauer auch über den Abschlussstichtag hinaus zur Verfügung stehen soll.

Dies erleichtert die praktische Betriebsführung sehr, weil der Wert der auf Dauer genutzten Anlagegüter (Immobilien, Geräte, Möbel, Fahrzeuge, etc.) von Anfang an auch für zukünftige Perioden feststeht. Eine Wertermittlung durch Vergleich mit dem Marktwert kann unterbleiben.

2.3.6.2.2 Abschreibungen

Erlaubte Wertminderung von Anlagegütern

Wie oben angedeutet werden die Anschaffungs- und Herstellungskosten von Anlagegütern um Abschreibungen vermindert. Dadurch werden die Anschaffungskosten auf die Geschäftsjahre, in denen das Anlagegut genutzt wird, verteilt.

Anlagegüter können bei Wertsteigerung nicht auf Marktpreise „zugeschrieben" (aufgewertet) werden. Der Wert, der sich aus Anschaffungs- und Herstellungskosten abzüglich der Abschreibungen ergibt, bleibt – zumindest nach Maßgabe des HGB – absolute Obergrenze für die Bewertung eines Anlagegutes.

Stille Reserve

Ergibt sich im Rahmen einer marktorientierten Betrachtung, dass Güter einen tatsächlich höheren Marktwert besitzen, so stellt der Differenzbetrag zwischen dem bilanzierten Wert und dem Marktwert eine sogenannte stille Reserve dar.

Bei Abschreibungen gelten steuerrechtliche Vereinfachungsregeln:

Orientierung am Steuerrecht

Obwohl die allermeisten Einrichtungen im Sozial- und Gesundheitswesen nicht ertragssteuerpflichtig sind, haben die steuerrechtlichen Regeln auch hier große Orientierungswirkung entfaltet. Es gelten zwei Regeln, unter denen ein Unternehmen wählen kann.

Dreistufige Gliederung:

- Anlagegüter unter 150 Euro (nach Abzug von Skonto und MwSt.) sind als geringwertige Wirtschaftsgüter unmittelbar im Jahr der Anschaffung abzuschreiben.
- Anlagegüter (abnutzbare bewegliche Wirtschaftsgüter, die einer selbständigen Nutzung fähig sind) ab 150 Euro und unter (kleiner oder gleich) 1.000 Euro (netto, nach Vorsteuer- und Skontoabzug) werden im Jahr gesammelt und sind unabhängig von ihrer individuellen Nutzungsdauer pauschal über 5 Jahre abzuschreiben.
- Anlagegüter über 1.000 Euro Anschaffungs- oder Herstellungskosten gelten nicht als geringwertige Wirtschaftsgüter und sind nach Maßgabe der individuellen Nutzungsdauer abzuschreiben.

Zweistufige Gliederung:

- Anlagegüter mit Netto-Anschaffungs- oder Herstellungskosten von bis zu 800 Euro (bis 31.12.2017 410 Euro) zzgl. MwSt können unmittelbar im Jahre der Anschaffung voll abgeschrieben werden.
- Güter mit einem höheren Wert werden nach Maßgabe der individuellen Nutzungsdauer abgeschrieben.

2.3.6.2.3 Bewertung des Umlaufvermögens (§ 253 Absatz 3 HGB)

Gegenstände des Umlaufvermögens werden höchstens zu Anschaffungs- oder Herstellungskosten und zu Marktpreisen bewertet, wenn diese Werte geringer ausfallen. Hier gilt das strenge Niederstwertprinzip. Demnach müssen Güter des Umlaufvermögens auf die Werte abgeschrieben werden, die tatsächlich zum Bilanzstichtag erzielt werden können. Es gilt also (in Excel-Schreibweise):

Strenges Niederstwertprinzip

Wert_zum_Bilanzstichtag = MIN(Anschaffungs- oder Herstellungskosten; Marktpreis)

Auch dies kann durch vereinfachende, kalkulatorische Verfahren erleichtert werden. Dies gilt zum Beispiel für Lagerbestände, deren Wert gegebenenfalls durch Veralterung der gelagerten Güter schnell schwindet. Für den Bereich des Sozial- und Gesundheitswesens ist die Anwendung des Niederstwertprinzips für die Bewertung von kurzfristigen Forderungen von Bedeutung. Hier sind Wertberichtigungen vorzunehmen, wenn Forderungen seit Längerem nicht beglichen wurden und Ausfälle zu befürchten sind.

2.3.6.2.4 Bewertung von Verbindlichkeiten und Rückstellungen

Verbindlichkeiten werden mit dem Erfüllungsbetrag bewertet.

Erfüllungsbetrag

Rückstellungen werden in Höhe des nach vernünftiger kaufmännischer Beurteilung notwendigen Erfüllungsbetrages angesetzt (vgl. § 253 Absatz 1 Satz 2 HGB). Dies bedeutet, dass bei der Bewertung von Rückstellungen auch Preiseffekte berücksichtigt werden dürfen. Diese schlagen insbesondere dann zu Buche, wenn zwischen dem Grund der Rückstellung und der Inanspruchnahme ein erheblicher Zeitraum liegt.

Berücksichtigung von Preiseffekten

Beispiel:

Für eine Einrichtung im Sozial- und Gesundheitswesen besteht die Verpflichtung, gemietete Räume, die für einen bestimmten Zweck hergerichtet wurden, zum Ende der Nutzung wieder in den ursprünglichen Zustand zurückzuversetzen. Im Rahmen des Jahresabschlusses sind die Beträge als Rückstellung anzusetzen, die zum voraussichtlichen Zeitpunkt des Rückbaus (also gegebenenfalls in mehreren Jahren) unter Berücksichtigung von Inflationseffekten zu veranschlagen sind.

2.4 Gewinn- und Verlustrechnung

2.4.1 Grundsätzliches

Die Gewinn- und Verlustrechnung (GuV) ist die zentrale Darstellung der Wirtschaftlichkeit eines Unternehmens: Hier wird festgestellt, ob ein Unternehmen Gewinn oder Verlust erzielt hat. Die GuV beschreibt rechnerisch detailliert die Veränderung des Eigenkapitals eines Unternehmens. Mehrungen des Eigenkapitals werden als Erträge, Minderungen des Eigenkapitals werden als Aufwendungen erfasst. Während die Bilanz

GuV: Zentrale Darstellung der Wirtschaftlichkeit

stichtagsbezogene Bestandsgrößen abbildet, finden wir in der Gewinn- und Verlustrechnung zeitraumbezogene Stromgrößen. Die Gewinn- und Verlustrechnung, erklärt demzufolge die Differenz des Eigenkapitals zwischen Beginn und Ende des Geschäftsjahres. Die Rechnung kann auch für kürzere oder längere Zeiträume durchgeführt werden.

Die Gewinn- und Verlustrechnung einer Organisation kann in Kontoform oder in Staffelform aufgestellt werden.

2.4.2 Die GuV in Kontoform

In der Kontoform werden Aufwendungen und Erträge gegenübergestellt.

Hierzu ein Beispiel:

Gewinn:	**352 EUR**		
Aufwendungen;	6.098 EUR	**Erträge:**	6.450 EUR
Personalaufwand	2.510 EUR	Leistungsentgelte	3.400 EUR
Honorare	1.400 EUR	Spenden	1.800 EUR
Raumkosten	980 EUR	Sonstige Erträge	1.250 EUR
Energiekosten	420 EUR		
Betreuungsaufwand	600 EUR		
Zinsen	120 EUR		
Sonstige Kosten	68 EUR		

2.4.3 Die GuV in Staffelform

In der Staffelform werden verschiedene Aufwendungen und Erträge zu Zwischenergebnissen verrechnet. Dies erfolgt über mehrere Stufen, die schließlich das Jahresergebnis ergeben.

Die Aufstellung der Gewinn- und Verlustrechnung in Kontoform ist leicht lesbar und zeigt auf einen Blick das Ergebnis. Die Analyse dieses Ergebnisses fällt jedoch recht schwer. Dies liegt daran, dass alle Aufwendungen und Erträge in einer Summe verrechnet werden.

Da jedoch bestimmte Aufwendungen notwendig sind, um bestimmte Erträge zu erzielen, macht es Sinn, die Aufwendungen und Erträge entsprechend zu gruppieren. Werden nun die Gruppenergebnisse analysiert, so ist festzustellen, in welchen Bereichen der Wertschöpfung die Ursache für das Jahresergebnis zu suchen ist.

Hier die einzelnen Stufen der Staffelform, die im Folgenden erläutert werden:

Grundformel der Staffelform

- \+ Betriebliche Erträge
- – Betriebliche Aufwendungen
- = Betriebsergebnis
- \+ Erträge Finanzbereich
- – Aufwendungen Finanzbereich
- = Finanzergebnis
- = EGT
- \+ außerordentliche Erträge
- – außerordentliche Aufwendungen
- = außerordentliches Ergebnis
- = Jahresergebnis
- \+ Entnahme aus Rücklagen
- – Zuführung zu Rücklagen
- = Bilanzgewinn

Abb. 12: Grundformel der Staffelform

2.4.3.1 Betriebsergebnis (operatives Ergebnis)

Die erste Stufe der Gewinn- und Verlustrechnung in Staffelform gruppiert die Aufwendungen und Erträge zum Betriebsergebnis. Folgerichtig werden hier die betrieblichen Aufwendungen von den betrieblichen Erträgen abgezogen.

Betriebsergebnis = Betriebliche Erträge – Betriebliche Aufwendungen

Was ist darunter zu verstehen?

Ergebnis aus dem betrieblichen Leistungsprozess

Betriebliche Erträge und Aufwendungen ergeben sich aus dem betrieblichen Leistungsprozess. Sie entstehen aus den Leistungen, mit denen der Zweck des Unternehmens verknüpft ist. Hier sind demnach den Erträgen die Entgelte aus Leistungen oder Verkaufserlöse des Unternehmens zuzuordnen.

Betriebliche Aufwendungen sind beispielsweise:

- Personalkosten
- Materialeinsatz
- Raumkosten
- Energie
- Abschreibungen
- Werbekosten

Erfolgsbewertung

Mit dem Betriebsergebnis wird der Erfolg im Kerngeschäft der Unternehmung bewertet. Das Betriebsergebnis zeigt an, inwieweit in diesem Bereich die Erträge die Aufwendungen übertroffen haben (positives Betriebsergebnis). Maßnahmen des Kostenmanagements (z. B. Preisanpassungen oder Änderungen im Personaleinsatz) wirken sich in der Regel unmittelbar auf das Betriebsergebnis aus.

IFRS, EBIT

In der internationalen Rechnungslegung wird das Betriebsergebnis als EBIT (Earnings before Interest and Taxes, deutsch: Gewinn vor Zinsen und Steuern) bezeichnet. Soweit das Unternehmen ein außerordentliches Ergebnis ermittelt (siehe Abschnitt 2.4.3.4) handelt es sich hier um das bereinigte EBIT.

Exkurs:

Im Zuge der Internationalisierung wurde es in den letzten Jahren notwendig, die Normen für die Aufstellung der Jahresabschlüsse anzugleichen. Im Rahmen des „International Accounting Standards Board" wurden daher Vorgaben für die Aufstellung international vergleichbarer Jahresabschlüsse, die IFRS/IAS (International Financial Reporting Standards), etabliert. Diese IFRS werden durch EU-Verordnungen für europäische Unternehmen verbindlich. In Deutschland wurde dies im Bilanzrechtsreformgesetz 2004 festgeschrieben. Die IFRS müssen von kapitalmarktorientierten Unternehmen (also Unternehmen, die Aktien oder Anleihen am Kapitalmarkt platzieren) angewendet werden. Andere Unternehmen haben Wahlrechte. Für steuerliche Zwecke bleibt nach wie vor der HGB-Abschluss vorgeschrieben.

2.4.3.2 Finanzergebnis

Ergebnis aus Kapitalanlage und -beschaffung

Im Finanzergebnis werden die Erträge und Aufwendungen aus dem Bereich von Kapitalanlage und Kapitalbeschaffung saldiert.

Zu den Erträgen aus dem Finanzbereich zählen unter anderem:

- Zinsen
- Gewinnausschüttungen (Dividenden)
- Kursgewinne

Zu den Aufwendungen aus dem Finanzbereich zählen z. B.:

- Zinsen
- Kursverluste
- Provisionen/Abschlussgebühren
- Bankgebühren

2.4.3.3 Ergebnis der gewöhnlichen Geschäftstätigkeit (EGT)

Das Ergebnis der gewöhnlichen Geschäftstätigkeit (EGT) saldiert nun die beiden zuletzt beschriebenen Gruppenergebnisse: das Betriebsergebnis und das Finanzergebnis. Es ergibt sich mithin:

EGT

Ergebnis der gewöhnlichen Geschäftstätigkeit (EGT)
= Betriebsergebnis +/– Finanzergebnis

Das EGT gibt Auskunft darüber, ob das Unternehmen, so wie es finanziert ist, bestehen kann. Da es das Finanzergebnis miteinbezieht, berücksichtigt es die wirtschaftlichen Verhältnisse des Unternehmers bzw. der Gruppe der Anteilseigner. Während das Betriebsergebnis darüber entscheidet, ob der Betrieb bestehen kann, entscheidet das Ergebnis der gewöhnlichen Geschäftstätigkeit darüber, ob der Betrieb in der Unternehmensstruktur, in die er eingebettet ist, bestehen kann.

Zur Verdeutlichung folgendes Beispiel:

Ein Krankenhaus weist ein positives Betriebsergebnis aus. Die Erträge aus den Krankenhausleistungen übersteigen die dafür notwendigen Aufwendungen. Das Finanzergebnis ist jedoch deutlich negativ. Der Krankenhausträger hat nur geringe Eigenmittel in die Einrichtung einbringen können, sodass das Krankenhaus hoch verschuldet ist.

Ein solches wirtschaftliches Problem ließe sich dadurch lösen, dass das Krankenhaus auf einen anderen – einen solventeren – Träger übergeht. Dieser könnte die Schulden – zumindest zum Teil – ablösen, sodass sich das Finanzergebnis verbessert; möglicherweise so, dass das EGT positiv ausfällt.

Und umgekehrt? Nehmen wir an, unser Krankenhaus schließt mit einem negativen Betriebsergebnis und einem positiven Finanzergebnis ab. Hier wird ein schlecht geführter Betrieb durch die Zinserträge des Eigentümers gestützt. Das EGT fällt aber auch hier negativ aus. Die Lösung dieses Problems kann nicht durch die Übertragung auf einen neuen Träger gelöst werden. Vermutlich würde sich auch nur schwer ein Interessent finden lassen. Hier muss beim Betriebsergebnis angesetzt werden, damit die betrieblichen Erträge die betrieblichen Aufwendungen wieder abdecken und das Unternehmen insgesamt Erfolg hat.

2.4.3.4 Außerordentliches Ergebnis

Einmalige Vorkommnisse

Im Unterschied zum EGT, von dem zu erwarten ist, dass es auch in der Zukunft reproduziert werden kann, gilt für das außerordentliche Ergebnis, dass dieses nur einmalig entsteht. Deshalb werden die Aufwendungen und Erträge, die auf einmalige, voraussichtlich nicht wiederkehrende und auf seltene Vorkommnisse zurückzuführen sind, als außerordentliches Ergebnis zusammengefasst. Hier entstehen die so genannten außerordentlichen Aufwendungen und Erträge. Folgende Merkmale sind hier wichtig:

- untypisch
- unregelmäßig
- unvorhersehbar
- kommt „einmal in 100 Jahren" vor

Beispiele für Situationen, in denen außerordentliche Aufwendungen und Erträge anfallen, sind:

- Katastrophen
- Enteignungen
- Stilllegungen
- Großsanierungen
- Aufgabe ganzer Geschäftszweige
- einmalige Spenden

Die Trennung eines außerordentlichen Ergebnisses vom Ergebnis der gewöhnlichen Geschäftstätigkeit ist deshalb wichtig, weil außerordentliche Effekte das Ergebnis sonst „verwässern" könnten. Dies ist in positive wie in negative Richtung denkbar.

Ermessensentscheidung

Was nun tatsächlich als außerordentlicher Einfluss anzusehen ist, ist Ergebnis einer Ermessensentscheidung – insbesondere deshalb, weil außerordentliche Ereignisse zum Teil einzigartig sind.

IFRS, EBIT

In der internationalen Rechnungslegung ist eine Abgrenzung des außerordentlichen Ergebnisses nicht vorgesehen, so dass das EBIT (siehe Abschnitt 2.4.3.1) als bereinigtes EBIT anzusehen ist, weil hier außerordentliche Effekte nicht enthalten sind. Unterbleibt die Ermittlung eines außerordentlichen Ergebnisses – wogegen gute Gründe anzuführen sind – oder lassen sich keine außerordentlichen Effekte ausmachen, so besteht zwischen dem Betriebsergebnis und dem EBIT nach IFRS kein Unterschied.

2.4.3.5 Jahresergebnis

Jahresergebnis = GuV-Ergebnis

Auf Grundlage der zuvor beschriebenen Schritte lässt sich also das Jahresergebnis wie folgt entwickeln:

Betriebsergebnis
+/– Finanzergebnis
+/– außerordentliches Ergebnis
= Jahresergebnis

Das Jahresergebnis entspricht dem Ergebnis der Gewinn- und Verlustrechnung in Kontoform.

2.4.3.6 Bilanzgewinn

Das Jahresergebnis lässt sich noch durch Auflösung von Rücklagen verbessern bzw. durch Einstellung von Beträgen in Rücklagen mindern. Wann sind solche Transaktionen sinnvoll?

Sinnvolle Rücklagenbildung

Die Bildung von Rücklagen erscheint sinnvoll, wenn Maßnahmen in Zukunft wirtschaftliche Mittel binden und diese Mittel im abgelaufenen Geschäftsjahr erwirtschaftet wurden. Die Bildung von Rücklagen setzt voraus, dass ein Überschuss erwirtschaftet wurde – ohne Gewinn keine Rücklage. Rücklagen in begrenztem Maße werden als Betriebsmittelrücklagen und darüber hinaus als einem Zweck gewidmete Rücklagen ausgewiesen. Typisch sind hier Rücklagen für längerfristige Instandhaltungsmaßnahmen oder Rücklagen für betriebliche Umstrukturierungen.

Rücklagen werden aufgelöst, wenn die Zwecke, für die sie gebildet wurden, erfüllt sind. Die Erfüllung des Zwecks hat in der Regel zu Aufwendungen geführt, wodurch das Jahresergebnis belastet wurde. Die Auflösung der Rücklage kompensiert diese Belastung gerade.

Die Bildung von Rücklagen mindert die entsprechende Position des Eigenkapitals, um gleichzeitig das GuV-Ergebnis zu erhöhen. Die Auflösung führt zum gegenteiligen Effekt: die Minderung der Rücklagen führt zur Verbesserung des GuV-Ergebnisses. Bezogen auf das gesamte Eigenkapital handelt es sich also um ein Nullsummenspiel. Die entscheidende und gewünschte Auswirkung zeigt sich in der Korrektur des Jahresergebnisses zum Bilanzergebnis.

Jahresergebnis
– Einstellung in Rücklagen
+ Auflösung von Rücklagen
= Bilanzgewinn

Wie oben aufgeführt knüpft der Begriff Bilanzgewinn am Jahresergebnis an und stellt eine Verbindung zu den Rücklagen in der Bilanz her. Der Bilanzgewinn fällt höher aus als das Jahresergebnis, wenn per Saldo Rücklagen aufgelöst werden; umgekehrt fällt der Bilanzgewinn geringer als das Jahresergebnis aus, wenn mit Teilen des Jahresergebnisses mehr Rücklagen gebildet als aufgelöst werden.

Korrektur des Jahresergebnisses

Die Korrektur des Jahresergebnisses zum Bilanzgewinn spielt insbesondere in gemeinnützigen Unternehmen eine bedeutende Rolle. Die Jahresabschlüsse zahlreicher Organisationen sind so gestaltet, dass Gewinne vollständig den Rücklagen zugeführt werden. Diese Organisationen stellen dadurch einerseits dar, dass sie dem Gewinnausschüttungsverbot folgen; andererseits wird dem betriebswirtschaftlich nicht vorgebildeten Leser des Jahresabschlusses der wirtschaftliche Erfolg des Unternehmens nicht unmittelbar sichtbar.

2.4.3.7 Interpretation des Betriebsergebnisses

Das Jahresergebnis eines Unternehmens kann auf verschiedene Art und Weise zustande kommen.

Positives Betriebsergebnis

Gehen wir zunächst von einem positiven Betriebsergebnis aus. In diesem Fall kann es trotzdem noch zu einem negativen Jahresergebnis kommen, wenn das Finanzergebnis negativ ausfällt und der daraus resultierende Verlust das positive Betriebsergebnis übersteigt. Gleiches gilt für ein negatives außerordentliches Ergebnis, das den Saldo aus Betriebsergebnis und Finanzergebnis übersteigen kann.

Negatives Betriebsergebnis

Umgekehrt kann ein negatives Betriebsergebnis durch ein positives Finanzergebnis oder ein positives außerordentliches Ergebnis ausgeglichen werden. In diesem Fall können wir interpretieren, dass das Unternehmen sich einen an sich nicht tragfähigen Betrieb auf Grund seiner Finanzstruktur oder außerordentlicher Einflüsse leisten kann.

Ergebnis der gewöhnlichen Geschäftstätigkeit

Betrachten wir nun das Ergebnis der gewöhnlichen Geschäftstätigkeit. Ein hier positives Ergebnis kann sowohl durch ein positives Betriebsergebnis und ein positives Finanzergebnis als auch durch Kompensation eines negativen Ergebnisses in einem Bereich durch ein positives Ergebnis im anderen Bereich erzielt werden. Ein guter Betrieb kann ungünstig finanziert sein, ein schlechter Betrieb kann in einem finanzwirtschaftlich günstigen Umfeld stehen.

Außerordentliche Effekte

Insbesondere in Krisensituationen spielen außerordentliche Effekte eine gewichtige Rolle. Unredliche Manager werden eher bestrebt sein, außerordentliche Effekte positiver Art im Bereich des Betriebsergebnisses oder des Finanzergebnisses zuzuordnen, um glauben zu machen, das Unternehmen werde auf gesunder Grundlage betrieben. Umgekehrt ergibt sich die Tendenz, wirtschaftliche negative Effekte dem außerordentlichen Bereich zuzuordnen, um glauben zu machen, dass das Unternehmen im Grunde gesund ist und nur besondere Effekte zu dem negativen Ergebnis geführt haben. Dies zeigt, dass die Ergebnisse interessengeleitet beeinflusst werden können. Ein Geschäftsführer, der etwa ein schlechtes Ergebnis argumentativ verbessern möchte, wird versucht sein, ein hohes negatives außerordentliches Ergebnis zu zeigen. Dies geschieht, um deutlich zu machen, dass das schlechte Ergebnis auf Effekte zurückzuführen ist, die sich so nicht wiederholen werden. Umgekehrt wird ein sehr erfolgreicher Geschäftsführer geneigt sein, durch den Ausweis außerordentlicher Erträge ein gutes Ergebnis auf außerordentliche Effekte zurückzuführen, damit der Eigentümer nicht von ihm erwartet, dass er dasselbe gute Ergebnis auch in Zukunft erwirtschaftet.

Fazit:

Die Darstellung der Gewinn- und Verlustrechnung in Staffelform unterliegt in großem Maße der Bilanzpolitik. Der Leser eines derartigen Rechenwerkes ist also gut beraten, die Zuordnung der verschiedenen Positionen zu hinterfragen.

2.5 Analyse von Jahresabschlüssen

Bilanzbewertung

Ein Jahresabschluss erhält seine Aussagekraft erst durch Hinterfragen und Analysieren. Bilanzbewertungen geschehen häufig im Rahmen von Bankenratings (Kreditwürdigkeitsprüfungen), im Rahmen der Due-Dilligence-Prüfung (der gegenseitigen Prüfung der wirtschaftlichen Situation) bei Fusionen oder Unternehmenskäufen, aber auch durch Eigentümer oder Träger zur Beurteilung des Managements.

Die zentralen Fragen hierbei sind:

- Was steckt hinter den einzelnen Positionen?
- Welches Gesamtbild ergibt die Bilanz?
- Welche Chancen/Bedrohungen/Konsequenzen sind aus der Bilanz ablesbar?

Wir möchten an dieser Stelle einen kleinen Einblick in die Gedankenwelt der Jahresabschlussanalyse geben.

2.5.1 Bilanzpolitik

Legale Spielräume

Ein Jahresabschluss kann im Rahmen der Bewertungsspielräume und -wahlrechte „gestaltet" werden. Dies ist ein völlig legales Vorgehen, denn es gibt innerhalb dieser Spielräume kein „richtig" oder „falsch".

Gestaltung von Sachverhalten

Die einfachste Form der Gestaltungsspielräume ist die Gestaltung von Sachverhalten, z. B. durch Mieten statt Kaufen: Um den Kapitalbedarf zu verringern, werden Anlagegüter gemietet. Der Kapitalbedarf sinkt, die Kredite sinken, aber – keine Wirkung ohne Nebenwirkung – der Mietaufwand steigt, die Abschreibungsmöglichkeiten sinken.

Wahlrecht und Spielräume innerhalb des Jahresabschlusses

Die große Kunst der Gestaltung ist jedoch die Nutzung von Wahlrechten und Spielräumen innerhalb des Jahresabschlusses. Es gibt Spielräume beim Ansatz von bestimmten Bilanzpositionen (Aktivierungs- oder Passivierungsspielräume). Insbesondere die Bewertung von Immobilien, von Forderungen oder von teilfertigen Leistungen sowie von Zuschüssen mit Endabrechnung (Abschlagszahlung oder bereits Erlös?) bieten hier gute Ansatzpunkte.

Formelle Bilanzpolitik

Mit der Gliederungstiefe der Bilanz können die Informationen verschieden differenziert werden. Dies ist dann die formelle Bilanzpolitik.

2.5.2 Vorgehensweise der Jahresabschlussanalyse

Die Analyse eines Jahresabschlusses ist schwer zu „lernen"; hierzu gehören viel Einzelwissen um einzelne Positionen der Bilanz, aber insbesondere Erfahrung sowie eine Portion „gesunden Menschenverstands" und Misstrauen.

Schema Jahresabschlussanalyse

Ein Rahmenschema einer solchen Beurteilung könnte in folgender Vorgehensweise bestehen:

Rahmenschema Jahresabschlussanalyse

Schritt 1: Diskussion einzelner Positionen (siehe 2.5.2.1)

Im ersten Schritt werden die einzelnen Bilanzpositionen für sich diskutiert:

- Ist diese Position allgemein auffällig (wenig Eigenkapital, hohes Eigenkapital, hoher Forderungsbestand, viel außerordentliche Erlöse)? Diese Fragen sind mit viel gesundem Menschenverstand und anhand von Erfahrungswerten abzuleiten.
- Ist diese Position für dieses Arbeitsfeld auffällig (z. B. eine ambulante Einrichtung mit viel Immobilien, Personalkosten, die deutlich niedriger sind als der übliche Stand erwarten lässt)? Diese Fragen sind meist nur mit etwas Kenntnis des Arbeitsfeldes zu stellen.

- Gibt es bei manchen Positionen Bewertungsspielräume und wie könnten die hier ausgenützt worden sein? Sollte vor dem Hintergrund der konkreten Fragestellung, aus der die Jahresabschlussanalyse resultiert, eine andere Bewertung erfolgen? Hier ist es sinnvoll, für die eigene Analyse den ausgewiesenen Wert zu verändern.

Schritt 2: Gesamteindruck des Jahresabschlusses (siehe 2.5.2.2)

In diesem Schritt wird versucht, sich einen Gesamteindruck über den Jahresabschluss zu verschaffen. Dabei gibt es hier am wenigsten „Rezepte". Typische Fragen können hier sein:

- Wie stark ist das Vermögen gebunden?
- Wie stark ist die Eigenkapitalbasis, wie hoch die Schulden?
- Wie hoch ist das EGT im Vergleich zum Jahresergebnis?

Schritt 3: Kennzahlenanalyse (siehe 2.5.2.3)

Im Rahmen der Kennzahlenanalyse werden Bilanzkennzahlen herangezogen, mit der ein Unternehmen beurteilt werden kann. Aus diesen Kennzahlen können der Gesamteindruck objektiviert oder weitere Erkenntnisse gewonnen werden.

Dieses Vorgehen soll nun beispielhaft anhand der Haus Lindenhof gGmbH gezeigt bzw. vertieft werden:

2.5.2.1 Die Analyse der Einzelpositionen

Bilanz der Lindenhof gGmbH zum 31.12.2016

Aktiva			**Passiva**		
A. Anlagevermögen			**A. Eigenkapital**		
I. Immaterielle Vermögensgegenstände	4.780 EUR	4.780 EUR	I. Gezeichnetes Kapital	100.000 EUR	
II. Sachanlagen			II. zweckgebundene Rücklagen	804.553 EUR	
1. Grundstücke	126.743 EUR		III. Jahresüberschuss	157.984 EUR	1.062.537 EUR
2. Gebäude	2.187.542 EUR				
3. Anlagen, Betriebs- und Geschäftsausstattung	382.661 EUR	2.696.946 EUR	**B. Sonderposten**		
			1. Sonderposten aus Investitionszuschüssen	208.885 EUR	208.885 EUR

Aktiva			**Passiva**		
B. Umlaufvermögen					
I. Vorräte			**C. Rückstellungen**		
1. Roh-, Hilfs- und Betriebsstoffe	8.450 EUR	8.450 EUR	1. Rückstellungen für nicht genommenen Urlaub	25.502 EUR	25.502 EUR
II. Forderungen und sonstige Vermögensgegenstände					
1. Forderungen auf Lieferungen und Leistungen	46.145 EUR		**D. Verbindlichkeiten**		
2. Sonstige Vermögensgegenstände	47.777 EUR	93.922 EUR	1. Verbindlichkeiten aus Lieferungen und Leistungen	155.376 EUR	
III. Kassenbestand, Guthaben bei Kreditinstituten			2. Verbindlichkeiten ggü. Kreditinstituten	1.806.873 EUR	1.962.249 EUR
1. Guthaben bei Kreditinstituten	432.921 EUR				
2. Kassenbestand	19.834 EUR	452.755 EUR			
C. Rechnungsabgrenzung	4.678 EUR	4.678 EUR	**E. Rechnungsabgrenzung**	2.358 EUR	2.358 EUR
Summe Aktiva		**3.261.531 EUR**	**Summe Passiva**		**3.261.531 EUR**

Lindenhof gGmbH **Gewinn- und Verlustrechnung für das Geschäftsjahr 2016**		
Umsatzerlöse	1.919.371 EUR	
Zuweisungen und Zuschüsse der öffentlichen Hand	74.000 EUR	
Erträge aus der Auflösung von Sonderposten	29.300 EUR	
Sonstige betriebliche Erträge	449.215 EUR	2.471.886 EUR
Materialaufwand	–95.036 EUR	
bezogene Leistungen	–3.634 EUR	–98.670 EUR
Rohertrag		2.373.216 EUR
Abschreibungen auf Anlagevermögen	–224.449 EUR	
Personalaufwand	–1.991.086 EUR	–2.215.535 EUR
Betriebsergebnis		**157.681 EUR**
Zinsen und ähnliche Erträge	7.017 EUR	
Zinsen und ähnliche Aufwendungen	–4.559 EUR	
Finanzergebnis		**2.458 EUR**
Ergebnis der gewöhnlichen Geschäftstätigkeit		**160.139 EUR**
Spenden	3.245 EUR	
Abgänge des Anlagevermögens	–5.400 EUR	
außerordentliches Ergebnis		**–2.155 EUR**
Jahresüberschuss/Jahresfehlbetrag		**157.984 EUR**

Im Haus Lindenhof könnten wir diskutieren:

- Immaterielle Vermögensgegenstände sind häufig kein sehr sicherer Wert. Würden beispielsweise die EDV-Lizenzen im Falle einer Insolvenz der Firma noch irgendwie verkäuflich sein? Diese Position ist ein „eher flüchtiges" Anlagegut.
- Grundstücke und Immobilien sind eine beliebte Spielwiese für Bewertungen. Immobilien sind mit dem fortgeschriebenen Wert bewertet, der meist unter dem Marktwert liegt. Allerdings sind manche Immobilien auch nicht verkäuflich, etwa Spezialimmobilien oder denkmalgeschützte Immobilien in ländlicher Umgebung. Dies können wir aus der Bilanz nicht lesen.
- Im Geschäftsleben sind Forderungen aus Lieferungen und Leistungen normal. Ein hoher Bestand kann jedoch auch auf schlechtes Forderungsmanagement hindeuten. Bei den Forderungen ist zu überlegen, ob diese überhaupt noch einzubringen sind. Dies können wir nicht unmittelbar aus der Bilanz lesen, hierfür kann jedoch der Anhang und Lagebericht Hinweise liefern.
- Liquidität, d. h. die Bestände an Geld (Kasse, Bankguthaben), ist für den Betrieb wichtig, um laufend zahlungsfähig zu bleiben. Zuviel Liquidität ist jedoch unwirtschaftlich.

- Die Höhe des Stammkapitals ist ein Indiz dafür, wie stark der Eigentümer/Träger in das Unternehmen investiert hat. Bei einer GmbH ist die Mindestsumme 25.000 Euro.
- Ein Jahresüberschuss erfreut uns, ein Jahresdefizit natürlich nicht.
- Die Rückstellungen geben ebenfalls einige Spielräume. Steuerlich ist die Rückstellungsbildung stark eingeschränkt, insofern ist selten davon auszugehen, dass Rückstellungen überhöht sind. Sorge macht eher, ob für die schlummernden Risiken auch wirklich Rückstellungen gebildet wurden.
- In der GuV sollte die Zuordnung der Zuschüsse hinterfragt werden: Sind diese wirklich laufende Zuschüsse? Wenn sie einmalig sind, sollten sie eher außerordentlich gebucht werden. Immer wieder finden sich hier auch Zuschüsse des Trägers, also des Eigentümers (also etwa wenn die Caritas einer angeschlossenen Caritaseinrichtung einen Zuschuss gibt). Solche Zuschüsse sind natürlich keine „echten" Erträge, sondern im Prinzip ein vorgezogener Verlustausgleich. Dies gehört formal zwar in die GuV, sollte jedoch für eine realistische Bewertung wieder herausgenommen werden.
- Bei Organisationen, die nicht ausdrücklich nach Handelsrecht abschließen (also Vereine), ist die Frage nach der richtigen und ausreichenden Bemessung von Abschreibungen meist sehr ergiebig.
- Auf der Aufwandsseite sollte auch immer hinterfragt werden, ob alle tatsächlichen Aufwendungen auch kalkuliert sind und nicht z. B. kostenlos überlassene Räumlichkeiten nicht als Aufwand auftauchen. Unter kaufmännischen Aspekten müsste dieser Werteverbrauch auch dokumentiert werden.

2.5.2.2 Gesamteindruck

Grundstruktur der Bilanz

Beim Gesamteindruck einer Bilanz wird die Grundstruktur der Bilanz angesehen, die dann später durch einzelne Bilanzkennzahlen untermauert und verfeinert werden kann. Der Gesamteindruck im Haus Lindenhof könnte wie folgt beschrieben werden:

- Die Einrichtung hat Substanz, denn sie verfügt über eigenes Vermögen (Immobilien); es ist nicht eine reine Betreibergesellschaft. Dies erzeugt eine gewisse Stabilität.
- Die Immobilie ist in hohem Maße kreditfinanziert (eine Verbindlichkeit ist als Verbindlichkeit ggü. Kreditinstituten ausgewiesen). Die Immobilie selber ist also noch nicht solide finanziert.
- Insgesamt verfügt das Unternehmen doch über eine recht solide Eigenkapitalbasis. Das geringe Stammkapital überrascht, doch die hohen Rücklagen zeigen, dass auch in den vergangenen Jahren Überschüsse erzielt worden sind.
- Die Überschüsse dieses Jahres sind hoch in Relation zu den Rücklagen. Das könnte daran liegen, dass es sich entweder um eine junge Einrichtung handelt oder es in den letzten Jahren steil bergauf ging.
- Das Haus Lindenhof ist stark von Umsatzerlösen geprägt und damit wenig abhängig von Trägerzuschüssen oder öffentlichen Zuschüssen. Die hohen sonstigen betrieblichen Erträge bringen eine gewisse Unsicherheit, da wir nicht wissen, was dahintersteckt.
- Der Überschuss wurde im EGT erzielt, also regelmäßig, und ist nicht etwa durch einmalige Einflüsse oder Verkäufe von Anlagevermögen erzielt worden.

2.5.2.3 Kennziffern zur Jahresabschlussanalyse

Kennziffern

Kennziffern zur Jahresabschlussanalyse setzen zwei oder mehrere Positionen des Jahresabschlusses miteinander in Beziehung. Durch ihre Konkretisierung in „Ziffern" ermöglichen sie einen Vergleich zwischen Abschlüssen verschiedener Unternehmen oder auch eine konkrete Einstufung, wie etwa beim Bankenrating (Kreditwürdigkeitsprüfung).

Die Kennziffern sind nicht normiert und die exakte Berechnungsweise kann sich von Bewerter zu Bewerter unterscheiden. Im Folgenden sollen die wichtigsten Grundformen entlang des Beispiels dargestellt werden.

2.5.2.3.1 Die Eigenkapitalquote

Anteilsgröße an der Bilanzsumme

Eine zentrale Kennzahl ist die Eigenkapitalquote. Die Eigenkapitalquote gibt an, wie groß der Anteil des Eigenkapitals am gesamten Unternehmenswert (Bilanzsumme) ist:

$$Eigenkapitalquote = \frac{Eigenkapital}{Gesamtkapital}$$

Eine hohe Eigenkapitalquote zeigt an, dass das Unternehmen wenig von Kreditgebern abhängig ist. Es hat einen potenten Träger im Hintergrund (hohes gezeichnetes Kapital) oder es hat in der Vergangenheit gut gewirtschaftet (hohe Rücklagen). Eine Eigenkapitalquote von über 30 Prozent ist als durchaus positiv zu beurteilen.

Die Sonderposten aus Investitionszuschüssen sollten zu 50 Prozent zum Eigenkapital gerechnet werden.

Beispiel: Haus Lindenhof

Für das Haus Lindenhof ergibt sich dann folgende Eigenkapitalquote:

Eigenkapital	1.062.537 EUR
50 % der Sonderposten	104.443 EUR
Summe	1.166.980 EUR
: Bilanzsumme	3.261.531 EUR
Eigenkapitalquote	**0,36**

2.5.2.3.2 Die Anlagenintensität

Vermögensstruktur

Eine andere Kennzahl beschäftigt sich mit der Vermögensstruktur:

$$Anlagenintensität = \frac{Anlagevermögen}{Gesamtvermögen}$$

Eine hohe Anlagenintensität bedeutet zum einen, dass das Unternehmen über „Substanz" bzw. Werte verfügt. Solche Unternehmen sind durch Schwankungen im Betriebsergebnis in der Regel nicht sofort existentiell betroffen. Gleichzeitig birgt hohes Anlagevermögen auch eine gewisse Inflexibilität. Anlagen sind nicht sofort veräußerbar; sie müssen ausgelastet werden.

Eine hohe Anlagenintensität wird sich meist in hohen Abschreibungen und damit hohen Fixkosten in der GuV widerspiegeln.

Ein möglicher Fehlschluss aus der Anlagenintensität kann sein zu vermuten, dass eben einfach zu wenig Umlaufvermögen (z. B. zu wenig Liquidität) vorhanden sei. Insofern ist hier stets ein zweiter Blick notwendig.

Beispiel: Haus Lindenhof

Für das Haus Lindenhof kommen wir zu folgender, doch recht hoher Anlagenintensität:

I. Immaterielle Vermögensgegenstände	4.780 EUR
II. Sachanlagen	2.696.946 EUR
Summe	2.701.726 EUR
: Bilanzsumme	3.261.531 EUR
Anlagenintensität	**0,83**

2.5.2.3.3 Der Anlagendeckungsgrad

Die Überlegungen zur Vermögens- und Kapitalstruktur lassen sich in eine Frage überführen: Ist ausreichend langfristig gebundenes Kapital im Unternehmen vorhanden, um das langfristig gebundene Anlagevermögen zu finanzieren? Ist also z. B. das Gebäude durch Eigenkapital abgesichert und nicht durch kurzfristige Kredite?

Ausreichend langfristig gebundenes Kapital vorhanden?

Diese Überlegung wird häufig mit der so genannten „goldenen Finanzierungsregel" umschrieben: Demnach sollen Vermögensbindung und Finanzierungsfristen gleich sein.

Goldene Finanzierungsregel

In eine Kennzahl wird diese Überlegung durch den Anlagendeckungsgrad gebracht:

$$\textbf{\textit{Deckungsgrad A}} = \frac{\textit{Eigenkapital}}{\textit{Anlagevermögen}}$$

$$\textbf{\textit{Deckungsgrad B}} = \frac{\textit{Eigenkapital + langfristiges Fremdkapital}}{\textit{Anlagevermögen}}$$

Der Deckungsgrad B wird auch häufig als Kennzahl zur Prüfung der „goldenen Bilanzregel" herangezogen. Ist der Deckungsgrad B höher als 1, so sind alle langfristigen Anlagen auch durch langfristig verfügbares Kapital abgedeckt.

Beispiel: Haus Lindenhof

Der Deckungsgrad B errechnet sich beim Haus Lindenhof wie folgt:

Eigenkapital	1.062.537 EUR
Sonderposten	208.885 EUR
Hypothekenkredite	1.806.873 EUR
Summe langfristiges Kapital	3.078.295 EUR
Immaterielle Vermögenswerte	4.780 EUR
Sachanlagen	2.696.946 EUR
Summe Anlagevermögen	2.701.726 EUR
Deckungsgrad B	**1,14**

Hypothekenkredite und der 50-prozentige Anteil „Fremdkapital" an den Sonderposten können durchaus als langfristiges Fremdkapital angesehen werden.

2.5.2.3.4 Die Analyse der Liquidität

Liquidität ist die Zahlungsfähigkeit eines Unternehmens. Sie sichert die Möglichkeit zur laufenden Teilnahme am Wirtschaftsleben. Mangelnde Liquidität kann ein Unternehmen blockieren, selbst wenn es ansonsten eine hervorragende Kapital- oder Vermögensstruktur hat.

Liquiditätsgrade

Die Liquidität wird in drei Liquiditätsgraden gemessen:

Liquidität 1. Grades $\dfrac{\textit{liquide Mittel}}{\textit{kurzfristige Verbindlichkeiten}}$

Liquidität 2. Grades $\dfrac{\textit{liquide Mittel + Forderungen + kurzfristige}}{\textit{kurzfristige Verbindlichkeiten}}$

Liquidität 3. Grades $\dfrac{\textit{Gesamtes Umlaufvermögen}}{\textit{kurzfristige Verbindlichkeiten}}$

Die zentrale Liquiditätskennziffer ist die Liquidität 2. Grades. Sie sollte nicht unter 1 sinken.

Beispiel:

Für das Haus Lindenhof könnte dies wie folgt errechnet werden:

Forderungen	46.145 EUR
Guthaben und Kassenbestand	452.755 EUR
Summe Liquidität	498.900 EUR
kurzfristige Verbindlichkeiten	155.376 EUR
Liquidität 2. Grades	**3,21**

Allerdings begrenzt eine statische Liquiditätsbetrachtung rein aus den Bilanzdaten aussagekräftig, denn hier kann aufgrund der Informationen nicht berücksichtigt werden, welche Zahlungseingänge und -ausgänge in den nächsten Wochen oder Monaten zu erwarten sind. Aus Managementsicht sollte daher zusätzlich ein Liquiditätsplan erstellt werden. Dazu kann folgendes Schema verwendet werden:

Schema Liquiditätsplan

Schema Liquiditätsplan
Guthaben + Kassenbestand
+ erwartete Zahlungseingänge
– erwartete Zahlungsausgänge
– kurzfristig fällige Verbindlichkeiten
= Liquidität 1. Grades (in Geldeinheiten)
+ kurzfristige Kreditlinie
= Liquidität 2. Grades

2.5.2.3.5 Die Kapitalrentabilität

Während die Kennziffern, die sich auf die Bilanz beziehen, eher die Stabilität und Struktur des Unternehmens beschreiben, gehen die Kennziffern, die sich auf die Gewinn- und Verlustrechnung beziehen, eher auf die Leistungsfähigkeit und Dynamik eines Unternehmens ein. Im Mittelpunkt steht dabei zunächst die Analyse der Rentabilität.

Gesamtkapitalrendite

Eine mögliche Kennziffer ist die Gesamtkapitalrendite:

$$Gesamtkapitalrendite = \frac{Jahresergebnis}{Gesamtkapital}$$

oder

$$Gesamtkapitalrendite = \frac{EGT}{Gesamtkapital}$$

Sie zeigt an, ob sich das eingesetzte Kapital durch die unternehmerische Tätigkeit vermehrt oder verbraucht. Eine negative Gesamtkapitalrendite zeigt an, dass das Unternehmen nicht nachhaltig arbeitet. Es spricht viel dafür, unter diesem Aspekt statt dem gesamten Jahresergebnis auch nur das Ergebnis der gewöhnlichen Geschäftstätigkeit heranzuziehen, weil dieses regelmäßig zu erwarten ist.

Beispiel:

Für das Haus Lindenhof bedeutet dies:

Jahresüberschuss	157.984 EUR
Gesamtkapital	3.261.531 EUR
Gesamtkapitalrentabilität	**0,048**

Eine Kapitalrentabilität von 4,8 Prozent sichert auf jeden Fall den Kapitalerhalt. Ein Vergleich mit anderen Anlageformen (z. B. Bundesanleihen) ist möglich, es sollte dann jedoch auch noch ein (kalkulatorischer) Risikoabschlag für die unternehmerische Tätigkeit erfolgen. Wird das allgemeine unternehmerische Risiko auf 2 Prozent geschätzt, dann ist der Vergleichszins zu anderen Anlagen 4,8 % – 2 % = 2,8 %.

2.5.2.3.6 Die Umsatzrentabilität

Fähigkeit zur Erzielung von Überschüssen aus Leistungserträgen

Diese zuvor beschriebene Kennzahl geht implizit davon aus, dass Kapital ein Engpassfaktor ist. Die Fähigkeit, aus den Leistungserträgen und Umsätzen eines Unternehmens Überschüsse zu erzielen, wird dagegen mit der Umsatzrentabilität gemessen:

$$Umsatzrentabilität = \frac{Betriebsergebnis}{Umsatz}$$

Hier wurden bewusst die außerordentlichen Erträge ausgeklammert, da sie eindeutig nicht mit dem Umsatz zusammenhängen.

Beispiel:

Für das Haus Lindenhof ergibt sich:

Betriebsergebnis	157.681 EUR
Betriebliche Erträge	2.471.886 EUR
Umsatzrentabilität	**0,064**

Zu den Umsätzen können bei Sozialunternehmen auch laufende Betriebskostenzuschüsse der öffentlichen Hand sowie die Auflösung der Sonderposten aus Investitionszuschüssen gerechnet werden. Sie sind eine Form der Vergütung für Leistungen.

2.5.2.3.7 Die Analyse des Cashflow

Ein Indikator für die finanzielle Leistungsfähigkeit eines Unternehmens ist der Cashflow. Der Cashflow gibt den aus den laufenden Aktivitäten resultierenden finanziellen Überschuss wieder.

Innenfinanzierung

Der Cashflow ist ein wichtiges Maß für die Kraft zur Selbstfinanzierung (Innenfinanzierung) eines Unternehmens. Er wird häufig auch als Maßgröße zur Bestimmung der Schuldentilgungsfähigkeit eines Unternehmens herangezogen.

Der Cashflow kann aus der Gewinn- und Verlustrechnung wie folgt ermittelt werden:

Schema Cashflow-Ermittlung

Ermittlung des Cashflows
Jahresüberschuss/ -defizit
+ Abschreibungen
+ Rückstellungsbildung
+ Zuführung zu Sonderposten
– Rückstellungsauflösung
– Auflösung von Sonderposten
= Cashflow

Zur Ermittlung des Jahresergebnisses wurden in der Gewinn- und Verlustrechnung Aufwendungen ohne Auszahlung abgezogen. Dies waren jeweils Kosten, die einen Werteverbrauch abbilden sollten, jedoch nicht zum Abfluss von Zahlungsmitteln führten. Diese Kosten können beim Cashflow wieder zum Jahresergebnis dazu gerechnet werden. Umgekehrt müssen natürlich Erträge ohne Einzahlung wieder abgezogen werden.

Beispiel:

Für das Haus Lindenhof könnte der Cashflow wie folgt berechnet werden:

Jahresüberschuss/Jahresfehlbetrag	157.984 EUR
Abschreibungen auf Anlagevermögen	224.449 EUR
– Auflösung von Sonderposten	–29.300 EUR
Cashflow	**353.133 EUR**

Wir lesen in der Bilanz zwar, dass Rückstellungen vorhanden sind. Jedoch finden wir keine eigene Position zur Rückstellungsbildung oder -auflösung. Wir nehmen daher zur Vereinfachung an, dass in der betrachteten Periode keine Bewegung in den Rückstellungen war. In der Praxis werden Bewegungen in der Rückstellung oft nicht in der GuV ausgewiesen; sie müssen aus dem Anhang oder aus der Differenz zu Vorjahreswerten geschlossen werden.

Dem Haus Lindenhof bleibt am Ende des Jahres ein Geldzufluss (Cashflow) von 353.133 Euro. Dieser kann z. B. zur Tilgung der Schulden oder für neue Investitionen eingesetzt werden.

2.5.2.3.8 Die Schuldentilgungsfähigkeit

Abbau von Schulden

Die Schuldentilgungsfähigkeit informiert über die Fähigkeit, aus dem erwirtschafteten Cashflow Schulden abbauen zu können.

Soll aus dem Cashflow die Fähigkeit zur Schuldentilgung errechnet werden, gilt folgende Formel:

$$\textit{Schuldentilgungsfähigkeit} = \frac{\textit{Cash-Flow}}{\textit{Verbindlichkeiten}}$$

Am Beispiel des Hauses Lindenhof würde wie folgt gerechnet:

Verbindlichkeiten	1.962.249 EUR
Cashflow	353.133 EUR
Schuldentilgungsfähigkeit in Jahren	5,56

Würde der gesamte Cashflow dafür eingesetzt, die Kredite abzutragen, dauerte dies im Haus Lindenhof 5,56 Jahre. Eine kurze Schuldentilgungsdauer ist natürlich besser als eine lange.

Diese Kennzahl kann noch detaillierter berechnet werden, indem etwa die aktuelle Liquidität von den Krediten abgezogen wird (Netto-Verbindlichkeiten) oder die Rückstellungen zu den Verbindlichkeiten hinzugezählt werden.

2.5.2.3.9 Stille Rücklagen und stille Risiken

Spannend ist stets die Frage, ob in einer Bilanz noch „stille Rücklagen" oder – das Gegenteil – „stille Risiken" verborgen sind. Sie sind in der Bilanz nicht ausgewiesen, sind jedoch in Zukunft zu erwarten. Diese stillen Rücklagen oder Risiken sind dem Management manchmal bekannt, manchmal auch nicht. Sie können in der Regel nur durch eine erneute Bewertung von Positionen erfolgen.

Das Wesen sei kurz am Beispiel des Hauses Lindenhof erläutert:

Beispiel: Haus Lindenhof

Das Gebäude des Hauses Lindenhof steht mit 2.696.946 EUR in der Bilanz. Bei einer Vor-Ort-Besichtigung des Gebäudes sehen wir jedoch, dass es in hervorragendem Zustand ist, die Einrichtung jederzeit anderweitig nutzbar wäre und die Lage hervorragend ist. Am Markt dürfte dafür jederzeit für das Gebäude 5.000.000 EUR zu erzielen sein. Es ergibt sich dann eine stille Rücklage von:

5.000.000 EUR – 2.696.946 EUR = 2.303.054 EUR.

Umgekehrt könnte es sein, dass das Gebäude nicht mehr den aktuellen Heimstandards entspricht und dringend sanierungsbedürftig ist und außerdem noch Ansprüche am Gebäude bestehen, die in der Bilanz (durchaus nachlässig) nicht ausgewiesen wurden (z. B. aus Behindertentestamenten).

Vom Bilanzwert von 2.696.946 EUR ziehen wir einen (über die Abschreibungen hinausgehenden) Sanierungsbedarf von 1.000.000 EUR sowie Ansprüche aus Behindertentestamenten von 500.000 EUR.

Wir haben also ein stilles Risiko von 1.500.000 EUR.

3. Finanzplanung und Kapitalflussrechnung

Integrierte Finanz- und Liquiditätsplanung

Der Zusammenhang zwischen Bilanz und Gewinn- und Verlustrechnung wird im Folgenden nochmal in Form einer integrierten Finanz- und Liquiditätsplanung dargestellt. Sie bildet die Finanzströme des Unternehmens zusammengefasst ab und bringt Umsatzprozess („Finanzierung der Leistungserstellung") und Kapital in einen Zusammenhang. Aus ihm können Wirtschaftlichkeit, Liquidität und Finanzierung im Zeitverlauf abgelesen werden.

Deutscher Rechnungslegungsstandard

Die Form der Finanzplanung ist angelehnt an die Kapitalflussrechnung im Sinne des Deutschen Rechnungslegungsstandards Nr. 21.

Exkurs:

Die Deutschen Rechnungslegungs-Standards (DRS) werden vom Deutschen Rechnungslegungs Standards Committee e. V. (DRSC) entwickelt. Dieses vom Bundesministerium der Justiz beauftragte Gremium entwickelt Empfehlungen (Standards) zur Anwendung der Grundsätze über die Konzernrechnungslegung. Die Standards werden im Bundesanzeiger veröffentlicht; sie können auch über die Homepage des DRSC abgerufen werden (www.drsc.de). Werden diese Standards bei der Rechnungslegung angewendet, wird die Beachtung der die Konzernrechnungslegung betreffenden Grundsätze ordnungsmäßiger Buchführung vermutet (§ 342 Absatz 2 HGB).

3.1 Allgemeines Schema eines Finanzplans

Elemente des Finanzplans

Ein Finanzplan umfasst folgende Elemente:

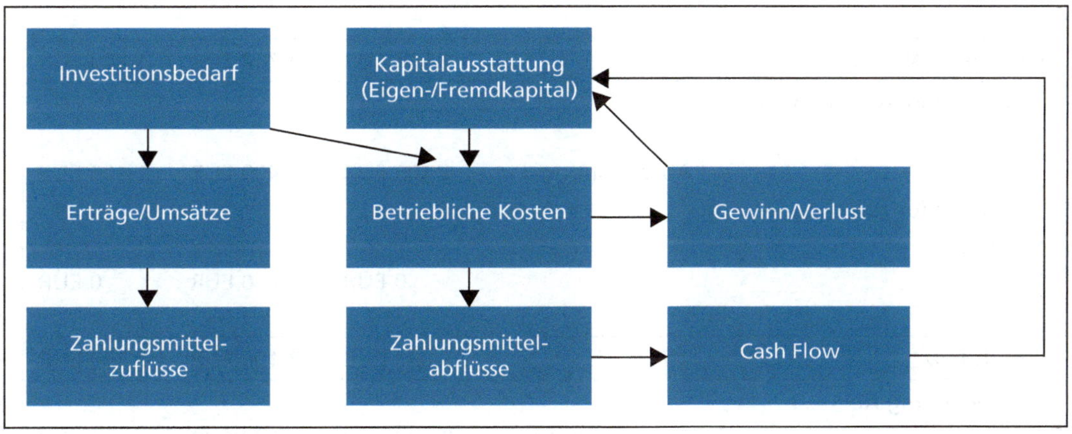

Abb. 13: Elemente des Finanzplans

In der ersten Ebene wird der Investitionsbedarf und die Kapitalausstattung, gewissermaßen die „Bilanzebene" dargestellt.

In der zweiten Ebene folgen dann die Erträge und Kosten durch die Leistungserstellung, die die „GuV"-Ebene darstellt. Resultat ist ein Gewinn oder Verlust, der im Folgejahr dem Eigenkapital zugeschlagen wird.

In der dritten Ebene werden dann die reinen Zahlungsströme dargestellt. Ergebnis ist der Cashflow, der dann für Investitionen, für Tilgung oder Liquiditätsaufbau verwendet werden kann.

Machen wir uns das am Beispiel einer Investition in einen Platz in einer stationären Wohneinrichtung deutlich.

Beispiel: Jugendhilfeeinrichtung Amazone

Die Jugendhilfeeinrichtung Amazone kalkuliert jeden Platz mit 70.000 EUR Baukosten (Grundstück wird kostenlos gestellt).

Es entstehen Erträge von 100 EUR täglich pro Platz, also 36.500 EUR pro Jahr. Es entstehen Personalkosten (30.000 EUR pauschal), das Gebäude wird über 50 Jahre abgeschrieben und über einen Kredit mit 5 Prozent pro Jahr finanziert. Eigenkapital steht keines zur Verfügung.

Ein Finanzplan könnte dann wie folgt aussehen:

		Jahr 1	Jahr 2	Jahr 3
Vermögen				
	Immobilie	70.000 EUR	68.600 EUR	67.200 EUR
	Bankkonto	0 EUR	1.000 EUR	1.100 EUR
Kapitalausstattung	Eigenkapital	0 EUR	1.600 EUR	1.700 EUR
	Fremdkapital	70.000 EUR	68.000 EUR	66.000 EUR
Erträge		36.500 EUR	36.500 EUR	36.500 EUR
Aufwand				
	Personal	30.000 EUR	30.000 EUR	30.000 EUR
	Abschreibungen	1.400 EUR	1.400 EUR	1.400 EUR
	Zinsen	3.500 EUR	3.400 EUR	3.300 EUR
	Summe	34.900 EUR	34.800 EUR	34.700 EUR
Gewinn / Verlust		**1.600 EUR**	**1.700 EUR**	**1.800 EUR**
nicht zahlungswirksamer Aufwand				
	Abschreibungen	1.400 EUR	1.400 EUR	1.400 EUR
nicht zahlungswirksame Erträge				
		0 EUR	0 EUR	0 EUR
Cashflow		**3.000 EUR**	**3.100 EUR**	**3.200 EUR**
Verwendung für				
	Tilgung Kredit	2.000 EUR	2.000 EUR	2.000 EUR
	Aufbau Liquidität	1.000 EUR	1.100 EUR	1.100 EUR

Es wird zunächst der Investitionsbedarf (Immobilie) ermittelt und die Kapitalausstattung sichergestellt (Kredit). Dann werden die Erträge (Leistungsentgelte) ermittelt sowie der Aufwand. Hierzu gehören (in dem vereinfachten Beispiel) die Personalkosten, die Abschreibungen (Immobilie: 50 Jahre) und die Zinsen für den Kredit (5 % × 70.000 EUR).

In der folgenden Liquiditätsrechnung wird nun der Cashflow ermittelt. Hierzu werden aus dem Gewinn/Verlust die nicht zahlungswirksamen Aufwendungen dazu addiert und die nicht zahlungswirksamen Erträge abgezogen. Es ergibt sich ein

Cashflow, der dann verwendet werden kann. In unserem Fall entscheidet sich die Einrichtung, den Kredit mit 2.000 EUR jährlich zu tilgen und den Rest für den Aufbau von Liquidität (Zuführung zum Bankkonto) einzusetzen. Dies ist eine Managemententscheidung (oder rechtlich aufgrund der Kreditbedingungen gegeben), kein rechnerisches Ergebnis.

Folgende Änderungen ergeben sich demnach für das Folgejahr: Das betriebswirtschaftliche Ergebnis (Gewinn/Verlust) wird dem Eigenkapital zugeschlagen. Die Abschreibungen mindern das Anlagevermögen. Der Kredit wird getilgt und das Bankkonto befüllt.

Die Fortschreibung des Ergebnisses ins nächste Jahr lässt sich so darstellen:

		Jahr 1	Jahr 2
Vermögen			
	Immobilie	70.000 EUR	68.600 EUR
	Bankkonto	0 EUR	1.000 EUR
Kapitalausstattung	Eigenkapital	0 EUR	1.600 EUR
	Fremdkapital	70.000 EUR	68.000 EUR
Erträge		36.500 EUR	36.500 EUR
Aufwand			
	Personal	30.000 EUR	30.000 EUR
	Abschreibungen	1.400 EUR	1.400 EUR
	Zinsen	3.500 EUR	3.400 EUR
	Summe	34.900 EUR	34.800 EUR
Gewinn / Verlust		**1.600 EUR**	**1.700 EUR**
nicht zahlungswirksamer Aufwand			
	Abschreibungen	1.400 EUR	1.400 EUR
nicht zahlungswirksame Erträge			
		0 EUR	0 EUR
Cashflow		**3.000 EUR**	**3.100 EUR**
Verwendung für			
	Tilgung Kredit	2.000 EUR	2.000 EUR
	Aufbau Liquidität	1.000 EUR	1.100 EUR

Übrigens, zur Beruhigung: Es ist kein Rechen- oder Denkfehler, wenn sich das Ergebnis im Laufe der Zeitperioden ändert, auch wenn sich Umsatz- und Betriebskosten nicht ändern. Grund sind schlichtweg die Finanzierungskosten: Durch die Tilgung sinken die Finanzierungskosten, dadurch verbessert sich der Cashflow, dadurch verbessert sich die Tilgungsfähigkeit etc.

Fazit:

Die Finanzierung allgemein und der Cashflow speziell sind nicht neutral im Hinblick auf das wirtschaftliche Ergebnis.

3.2 Differenzierung der Cashflows

Unterschiedliche Cashflows

Für eine genauere Betrachtung ist es sinnvoll, die Liquiditätsplanung weiter zu differenzieren. Hier dargestellt wurde bisher der „Cashflow aus Umsatzprozess", also der laufende Cashflow des Unternehmens.

Darüber hinaus können auch Cashflows entstehen aus dem Verkauf von Anlagegütern; umgekehrt kann Liquidität gebunden werden durch Investitionen. Es ist sinnvoll, einen eigenen Cashflow aus Investitionstätigkeit abzubilden.

Weiterhin kann Cashflow aus Kreditaufnahmen und ähnlichen Finanzierungstätigkeiten entstehen. Im Gegenzug ist die Kredittilgung oder die feste Anlage von Liquidität in Finanzanlagen eine Form der Liquiditätsbindung. Dies wird durch den Cashflow aus Finanzaktivitäten dargestellt.

Gesamt-Cashflow = freier Cashflow

Alle Cashflows zusammen ergeben einen Gesamt-Cashflow, den wir im Folgenden als „freien Cashflow" bezeichnen, d. h. ein Cashflow, der nach allen schon geplanten Aktivitäten noch zur Verfügung steht. Er kann dann zum Liquiditätsaufbau genutzt werden – oder bei der Steuerung von großen Unternehmen zur Abführung an die Unternehmenszentrale.

= Gewinn/Verlust (kaufmännisch)
+ Abschreibungen, nicht zahlungswirksamer Aufwand
– nicht zahlungswirksame Erträge
= Cashflow aus Umsatzprozess
+ Liquiditätszuflüsse aus Abgängen von Investitionen
– Liquiditätsabflüsse aus Investitionstätigkeit
= Cashflow aus Investitionstätigkeit
+ Liquiditätszuflüsse aus Finanzierungsaktivität (insbesondere Kreditaufnahme)
– Liquiditätsabflüsse aus Finanzierungsaktivität (insbesondere Tilgung)
= Cashflow aus Finanzierungstätigkeit
Summe Cashflows = Freier Cashflow

Abb. 14: Verschiedene Cashflows

Es empfiehlt sich, die Cashflows weiter zu differenzieren je nach Verbindlichkeit und Dringlichkeit der Dispositionen, z. B. zunächst die vertraglich vereinbarten Tilgungen oder die dringend notwendigen Erhaltungsinvestitionen, dann die freiwilligen Tilgungen oder zusätzlichen Investitionen. So wird dann von oben nach unten der Cashflow „immer freier".

Bauen wir das gleich in unser Beispiel ein:

Weiterführung des Beispiels: Jugendhilfeeinrichtung Amazone

Nehmen wir an, dass jedes Jahr zusätzliche Investitionen von 500 EUR erforderlich sind. Weiterhin wurde vertraglich mit der Bank eine feste jährliche Tilgung von 1.200 EUR vereinbart. Weiterhin besteht die Möglichkeit der Sondertilgung. Zur Liquiditätssicherung könnte jederzeit ein Überziehungskredit aufgenommen werden (wird aber nicht benötigt).

		Jahr 1	Jahr 2	Jahr 3
Vermögen				
	Immobilie	70.000 EUR	69.100 EUR	68.190 EUR
	Bankkonto	0 EUR	500 EUR	1.100 EUR
Kapitalausstattung	Eigenkapital	0 EUR	1.600 EUR	1.690 EUR
	Fremdkapital	70.000 EUR	68.000 EUR	66.000 EUR
Erträge		36.500 EUR	36.500 EUR	36.500 EUR
Aufwand	Personal	30.000 EUR	30.000 EUR	30.000 EUR
	Abschreibungen	1.400 EUR	1.410 EUR	1.420 EUR
	Zinsen	3.500 EUR	3.400 EUR	3.300 EUR
	Summe	34.900 EUR	34.810 EUR	34.720 EUR
Gewinn / Verlust		**1.600 EUR**	**1.690 EUR**	**1.780 EUR**
nicht zahlungswirksamer Aufwand	Abschreibungen	1.400 EUR	1.410 EUR	1.420 EUR
nicht zahlungswirksame Erträge		0 EUR	0 EUR	0 EUR
Cashflow aus Umsatzprozess		**3.000 EUR**	**3.100 EUR**	**3.200 EUR**
Liquiditätszuflüsse aus Investitionen		0 EUR	0 EUR	0 EUR
Liquiditätsabflüsse aus Investitionen	Zwischen-investition	500 EUR	500 EUR	500 EUR
Cashflow aus Investitionstätigkeit		**–500 EUR**	**–500 EUR**	**–500 EUR**
Liquiditätszuflüsse aus Finanzierung	Kreditaufnahme	0 EUR	0 EUR	0 EUR
Liquiditätsabflüsse aus Finanzierung	vereinbarte Tilgung	1.200 EUR	1.200 EUR	1.200 EUR
Cashflow aus Finanzierungstätigkeit		**–1.200 EUR**	**–1.200 EUR**	**–1.200 EUR**
Freier Cashflow		**1.300 EUR**	**1.400 EUR**	**1.500 EUR**
Verwendung für	Sondertilgung Kredit	800 EUR	800 EUR	800 EUR
	Aufbau Liquidität	500 EUR	1.100 EUR	1.100 EUR

Bitte beachten: Die Liquidität baut sich jetzt nur noch langsam auf, mit 500 EUR pro Jahr. Dafür findet regelmäßig eine Wertsteigerung der Anlagegüter (Zwischeninvestition) statt. Die Zwischeninvestition muss natürlich auch neu abgeschrieben werden(!); die Rechnung hierfür sieht so aus:

70.000 EUR : 50 Jahre + 500 EUR : 50 Jahre + 500 EUR : 50 Jahre usw.

3.3 Investitionen und Investitionszeitpunkte

Die hier dargestellte Finanzplanung setzt als ersten Zeitpunkt bereits getätigte Investitionen an. Diese Form der Finanzplanung ist gut geeignet, um den finanziellen Verlauf eines laufenden Unternehmens darzustellen und z. B. die Wirkungen von Umsatzschwankungen oder Kredithöhen abzubilden.

Sie ist unscharf im Hinblick auf den Start von Unternehmen (Vorbereitungs- und Anlaufphasen) oder Investitionszeitpunkte.

Integration von Investitionen in den Finanzplan

Um dies abzubilden sollten die Investitionen direkt in den Finanzplan mit integriert werden:

Zum Zeitpunkt der Investition findet also ein Mittelabfluss (Investition wird bezahlt) statt. Die Investition wird durch eine Kreditaufnahme (Mittelzufluss) finanziert. Operativ passiert zum Investitionszeitpunkt noch nichts. Oder aber: Wir rechnen im Investitionsjahr bereits mit Anlaufkosten für die Einrichtung (also Teile des Personals sind notwendig, um die Investition zu steuern, den Bau zu planen etc.).

Wir modifizieren also unser Beispiel nun und nehmen Folgendes an:

Beispiel: Jugendhilfeeinrichtung Amazone

Im Jahr 1 entstehen noch keine Umsätze, es sind jedoch 5.000 EUR Personalkosten erforderlich (Projektplanung, Vorlaufkosten). Der Kredit wird zu Beginn des Jahres aufgenommen. Die Finanzierungskosten sind für das ganze Jahr zu zahlen. Die Investition passiert zum Halbjahr (Mittelabfluss) und dementsprechend ist die Abschreibung auch nur auf ein halbes Jahr zu rechnen. Zwischeninvestitionen und Tilgung setzen erst im zweiten Jahr ein.

Vorsorglich, weil wir Schlimmes ahnen, vereinbaren wir mit der Bank die Möglichkeit eines Überziehungskredits.

Nun könnte das Beispiel wie folgt aussehen (Zur Verdeutlichung und damit das Ganze in der Rechenlogik stimmt wurde vor das Jahr 1 ein fiktives Jahr 0 geschaltet):

		Jahr 0	**Jahr 1**	**Jahr 2**
Vermögen				
	Immobilie	0 EUR	70.000 EUR	69.300 EUR
	Bankkonto	0 EUR	0 EUR	–8.500 EUR
Kapitalausstattung	Eigenkapital	0 EUR	0 EUR	–9.200 EUR
	Fremdkapital		70.000 EUR	70.000 EUR
Erträge			0 EUR	36.500 EUR
Aufwand	Personal	0 EUR	5.000 EUR	30.000 EUR
	Abschreibungen	0 EUR	700 EUR	1.400 EUR
	Zinsen	0 EUR	3.500 EUR	3.500 EUR
	Summe	0 EUR	9.200 EUR	34.900 EUR
Gewinn / Verlust		**0 EUR**	**–9.200 EUR**	**1.600 EUR**

		Jahr 0	Jahr 1	Jahr 2
nicht zahlungswirksamer Aufwand	Abschreibungen	0 EUR	700 EUR	1.400 EUR
nicht zahlungswirksame Erträge		0 EUR	0 EUR	0 EUR
Cashflow aus Umsatzprozess		**0 EUR**	**–8.500 EUR**	**3.000 EUR**
Liquiditätszuflüsse aus Investitionen		0 EUR	0 EUR	0 EUR
Liquiditätsabflüsse aus Investitionen	Investitionen	70.000 EUR	0 EUR	500 EUR
Cashflow aus Investitionstätigkeit		**–70.000 EUR**	**0 EUR**	**–500 EUR**
Liquiditätszuflüsse aus Finanzierung	Kreditaufnahme	70.000 EUR	0 EUR	0 EUR
Liquiditätsabflüsse aus Finanzierung	vereinbarte Tilgung	0 EUR	0 EUR	1.200 EUR
Cashflow aus Finanzierungstätigkeit		**70.000 EUR**	**0 EUR**	**–1.200 EUR**
Freier Cashflow		**0 EUR**	**–8.500 EUR**	**1.300 EUR**
Verwendung für	Sondertilgung Kredit		0 EUR	800 EUR
	Aufbau Liquidität		0 EUR	500 EUR
Deckung durch	Überziehungskredit		8.500 EUR	0 EUR

Wir sehen nun, dass im Investitionsjahr der freie Cashflow negativ wird. An sich ist dies ein Zeichen schlechter Planung – wir hätten ja mit geeigneter Finanz- und Liquiditätsplanung dies vorhersehen können und dann schon vorsorglich Kredit aufnehmen können. Weil wir das aber jetzt erst gelernt haben, müssen wir also nun den negativen freien Cashflow durch einen Überziehungskredit abfangen (das Bankkonto wird negativ).

Wir könnten anhand des Finanzplans nun beobachten, wann das Bankkonto wieder positiv wird und unser Liquiditätsproblem beseitigt wird. Hier nicht abgebildet, aber in der Praxis zu berücksichtigen, ist der höhere Zins, der üblicherweise für Überziehungskredite zu zahlen ist.

3.4 Die Informationen aus dem Finanzplan

Finanzplan als zentrales Informationsinstrument

Nach diesen „wunderbaren" Rechnungen stellt sich nun die Frage, welchen Informationswert ein solcher Finanzplan hat. Der Finanzplan ist ein zentrales Informationsinstrument und gleichzeitig auch ein Steuerungsinstrument, in dem Managemententscheidungen abgebildet werden können.

Liquiditätskonten

Aus den Bankkonten bzw. alternativ hierzu den „Liquiditätskonten", die die Liquidität puffern sollen, kann der aktuelle Stand an flüssigen Mitteln angezeigt werden. Hier zeigen sich insbesondere Liquiditätsprobleme, die durch eine mangelnde Ausstattung mit liquiden Mitteln eines Unternehmens zu Beginn der Planungszeiträume entstehen. Hier zeigen sich aber auch die Liquiditätsprobleme, die durch negative Cashflows über die Jahre hinweg entstehen. Die Steuerung der Liquiditätsausstattung sollte so sein, dass diese Konten nie negativ werden.

Eigenkapital

Das Eigenkapital zeigt die kumulierten (angehäuften) wirtschaftlichen Ergebnisse an sowie die ausreichende Anfangs-Eigenkapitalausstattung. Grundsätzlich sollte das Eigenkapital nie negativ werden. Negatives Eigenkapital ist bei Kapitalgesellschaften ein Insolvenzgrund (Überschuldung). Steigendes Eigenkapital zeigt wirtschaftliche Stabilität und Selbstfinanzierungsfähigkeit (Finanzierung aus früheren Überschüssen) an.

Fremdkapitalentwicklung

Die Fremdkapitalentwicklung zeigt an, wie schnell der Kredit abgebaut wird (oder ob zusätzlicher Kreditbedarf entsteht). Bei unserer Darstellung ist nachteilig, dass auch der Überziehungskredit beim Bankkonto ein Kredit ist und nicht dem Fremdkapital direkt zugeordnet ist.

Wenn Investitionen und Kapital ausgeglichen sind, ist die betriebswirtschaftliche Finanzierungsfrage gelöst.

Ertrags- und Aufwandspositionen

Bei den Ertrags- und Aufwandspositionen gibt es die Möglichkeit, Umsatzschwankungen abzubilden sowie die Einflüsse von Kostenschwankungen und Kostenmanagement.

Die Kostenpositionen bei einer Normalauslastung (nicht bei Unter- oder Überauslastung) sollten den erzielbaren Erträgen entsprechen. Dies ist letztlich auch die Basis für die Entgeltkalkulation.

Zinsen

Speziell die Position Zinsen zeigt an, wie stark die Belastung durch Fremdfinanzierung ist und inwiefern das wirtschaftliche Ergebnis durch Finanzierungskosten beeinflusst wird.

Cashflow aus Umsatzprozess

Der Cashflow aus Umsatzprozess zeigt an, ob aus dem Umsatz liquide Mittel übrig bleiben oder ob die Erbringung der sozialen Dienstleistung ein „Cashfresser" ist und somit ein chronisches Liquiditäts- und Finanzierungsproblem entstehen wird.

Cashflow zu Investitions- und Finanzierungsaktivitäten

In den Cashflows zu Investitions- und Finanzierungsaktivitäten können Managemententscheidungen abgebildet werden. Bei Investitionsaktivitäten können z. B. Ersatzzeitpunkte für Investitionen „durchgespielt" werden oder die finanziell optimalen Zeitpunkte für Erweiterungsbauten. Bei den Finanzierungsaktivitäten können z. B. unterschiedliche Kredite mit unterschiedlichen Zinsen und Laufzeiten abgebildet und dementsprechend disponiert werden. Insbesondere können hier auch rechtliche Bindungen aufgezeigt werden, etwa Fälligkeiten von Darlehen.

Freier Cashflow als entscheidende Managementgröße

Der freie Cashflow ist letztendlich die entscheidende Managementgröße: Hier bildet sich der Überschuss an liquiden Mitteln eines Unternehmens oder einer Organisationseinheit ab. Dies ist der Betrag, mit dem neue Investitionen, Quersubventionierung etc. in freier Managemententscheidung getätigt werden können.

3.5 Die Differenzierung der Liquiditätsplanung

Die integrierte Finanz- und Liquiditätsplanung, die wir bisher gesehen haben, ist für eine langfristige Finanzplanung geeignet. Für eine differenzierte Liquiditätsplanung, die unter Umständen in der Unternehmenskrise taggenau geführt werden muss, ist diese Form der Liquiditätsplanung zu unscharf.

Wir haben bisher die Liquidität indirekt ermittelt, indem wir aus dem wirtschaftlichen Ergebnis den Cashflow durch Zurechnungen und Abzüge errechnet haben. Implizit war hier die Annahme, dass Erträge und Kosten im jeweiligen Jahr auch zahlungswirksam werden, also z. B. Umsatzerlöse auch im jeweiligen Jahr bezahlt werden, in dem die Kosten entstehen.

Typische Abweichungen von dieser Regel (vermutlich gibt es kurzfristig mehr Abweichungen als Regeln) sind beispielsweise:

- Leistungen werden erst später bezahlt
- Zuflüsse entstehen durch Forderungseinzug
- Es werden Einmalzahlungen für ein ganzes Jahr/einen ganzen Monat fällig
- Es werden Vorräte für einen längeren Zeitraum gekauft.

Direkte Ermittlung des Cashflows = sofortige Ermittlung aller Zahlungseingänge

In diesem Fall empfiehlt sich eine Liquiditätsplanung mit der direkten Ermittlung des Cashflows, d. h. es wird nicht zuerst das wirtschaftliche Ergebnis ermittelt und hieraus der Cashflow, sondern es werden sofort alle Zahlungseingänge abgebildet.

Dies könnte etwa wie folgt aussehen:

		Jahr 1	Jahr 2	Jahr 3
Erträge		36.500 EUR	36.500 EUR	36.500 EUR
Aufwand				
	Personal	30.000 EUR	30.000 EUR	30.000 EUR
	Abschreibungen	1.400 EUR	1.410 EUR	1.420 EUR
	Zinsen	3.500 EUR	3.400 EUR	3.300 EUR
		34.900 EUR	34.810 EUR	34.720 EUR
Gewinn / Verlust		**1.600 EUR**	**1.690 EUR**	**1.780 EUR**
Liquiditätszuflüsse	Zahlungen aus Umsätzen	20.000 EUR	40.000 EUR	49.500 EUR
Liquiditätsabflüsse	Personal	24.000 EUR	36.000 EUR	24.000 EUR
	Abschreibungen	0 EUR	0 EUR	0 EUR
	Zinsen	3.500 EUR	3.500 EUR	3.400 EUR
Cashflow aus Umsatzprozess		**-7.500 EUR**	**500 EUR**	**22.100 EUR**

Die Verknüpfung mit der Bilanz ist zwar möglich (z. B. Erträge, die nicht bezahlt wurden, werden als steigende Forderungen notiert). Dies macht das System jedoch sehr komplex und zielt nicht auf den Kern-Informationsgehalt des detaillierten Liquiditätsplans:

Ziel: Erkennen von Liquiditätsengpässen

Es geht darum, Liquiditätsengpässe zu erkennen und abzudecken. So entsteht z. B. aus dem Umsatzprozess im ersten Jahr ein Engpass, der dann im dritten Jahr mehr als ausgeglichen wird. Dies kann z. B. durch kurzfristige Kreditaufnahme für zwei Jahre (möglichst nicht länger) ausgeglichen werden (Cashflow aus Finanzierung, hier nicht abgebildet).

Zentrales Steuerungselement in einer Unternehmenskrise

Ein solcher Liquiditätsplan kann in einer Unternehmenskrise bei drohender Zahlungsunfähigkeit das zentrale Steuerungsinstrument werden. Es geht darum, jeden Tag neu zu planen und z. B. den Tag der Gehaltszahlungen durch eine geeignete Liquiditätsspritze zu überstehen. Dies ist natürlich kein langfristiges, geschweige denn strategisches Steuerungsinstrument.

Liquiditätssteuerung kann zur Senkung der Finanzierungskosten beitragen, etwa wenn die Liquiditätspläne verschiedener Organisationseinheiten (also „Freie Cashflows" der einzelnen Organisationseinheiten) zu einem Gesamt-Cashflow eines Konzerns zusammengespielt werden und ein gemeinsamer Liquiditätspool geschaffen wird. Hierdurch können Kosten der Fremdfinanzierung vermieden werden.

4. Grundlagen der kaufmännischen Buchhaltung

Wir haben nun den Aufbau und die Interpretation des Jahresabschlusses kennengelernt. Die Entstehung der Bilanz sowie der Gewinn- und Verlustrechnung ist Resultat der Buchhaltung und folgt einem genauen, gesetzlich vorgegebenen Schema. Dieses Schema soll nun im Folgenden dargestellt werden.

4.1 Grundtypen von Buchungen

Zum Verständnis des kaufmännischen Rechnungswesens ist es erforderlich, die Veränderungen, die sich aus einer wirtschaftlichen Betätigung ergeben, in das Schema von Bilanz und Gewinn- und Verlustrechnung einordnen zu können.

Veränderungen = Geschäftsvorfälle

Diese Veränderungen nennen wir Geschäftsvorfälle. Hierbei kommen uns die einfache Grundstruktur und die Bilanzgleichung sehr entgegen; denn unter diesen Randbedingungen ist die Schar an zulässigen Transaktionen sehr begrenzt.

Bilanzgleichung muss erfüllt sein

Bei jeder Buchung im Sinne der doppelten kaufmännischen Buchführung muss die Bilanzgleichung erfüllt sein. Die Bilanz ist also stets ausgeglichen. Das bedeutet, dass die Summe der Aktivposten der Summe der Passivposten entspricht. Aus dieser systembedingten Tatsache ergeben sich nur genau vier Grundtypen von Buchungen:

Grundtypen von Buchungen

Buchungsarten	Auswirkung in der Bilanz	
	Aktiva	**Passiva**
Aktivtausch	Konto 1 – x Konto 2 + x	
Passivtausch		Konto 1 – x Konto 2 + x
Aktiv-Passiv-Mehrung	Konto 1 + x	Konto 2 + x
Aktiv-Passiv-Minderung	Konto 1 – x	Konto 2 – x

Wie die Tabelle zeigt, sind im Rechnungswesen nur Transaktionen denkbar, bei denen nach je zwei Bewegungen die Bilanz ausgeglichen bleibt. Es gilt demnach vor und nach jedem Geschäftsvorfall:

$$\sum Aktiva = \sum Passiva$$

Anhand einiger Beispiele kann dies verdeutlicht und eingeübt werden:

Anschaffung eines KFZ (Barkauf)	Aktivtausch
Aktivminderung: weniger Zahlungsmittel (Bank) Aktivmehrung: mehr Anlagevermögen (Fahrzeuge)	
Der Posten Zahlungsmittel verringert sich, das Anlagevermögen vermehrt sich. Die Bilanzsumme verändert sich nicht. Ein Aktivposten wird mit einem anderen in gleicher Höhe getauscht.	

Eingang einer Rechnung für Kfz-Reparatur	**Passivtausch**
Passivminderung: – Eigenkapital (Aufwand für KFZ-Instandhaltung) Passivmehrung: + Verbindlichkeiten (Verbindlichkeiten aus Lieferungen und Leistungen)	
Das Eigenkapital verringert sich, die Verbindlichkeiten steigen. Die Bilanzsumme bleibt gleich. Ein Passivposten wird mit einem anderen in gleicher Höhe getauscht.	

Auszahlung eines Darlehens auf das Girokonto	**Aktiv-Passiv-Mehrung**
Aktivmehrung: + Zahlungsmittel (Bank) Passivmehrung: + Verbindlichkeiten (Darlehen)	
Die Zahlungsmittel und die Verbindlichkeiten steigen. Die Bilanzsumme steigt in gleicher Höhe.	

Abschreibung einer Büromaschine	**Aktiv-Passiv-Minderung**
Aktivminderung: – Anlagevermögen (Betriebs- und Geschäftsausstattung) Passivminderung: – Eigenkapital (Aufwand Abschreibungen)	
Das Anlagevermögen und das Eigenkapital verringern sich. Die Bilanzsumme verringert sich in gleicher Höhe.	

Barkauf von Brötchen	**Aktiv-Passiv-Minderung**
Aktivminderung: – Zahlungsmittel (Kasse) Passivminderung: – Eigenkapital (Aufwand Lebensmittel)	
Die Zahlungsmittel und das Eigenkapital verringern sich. Die Bilanzsumme verringert sich in gleicher Höhe.	

Begleichung einer bereits gebuchten Lieferanten-rechnung	**Aktiv-Passiv-Minderung**
Aktivminderung: – Zahlungsmittel (Bank) Passivminderung: – Verbindlichkeiten (Verbindlichkeiten aus Lieferung und Leistungen)	
Die Zahlungsmittel und die Verbindlichkeiten verringern sich. Die Bilanzsumme verringert sich in gleicher Höhe.	

Kauf von Ware auf Ziel	**Aktiv-Passiv-Mehrung** (wenn die Ware unmittelbar als Verbrauchsmaterial erfasst wird → **Passivtausch)**
Aktivmehrung: + Umlaufvermögen (Vorräte) Passivmehrung: + Verbindlichkeiten (Verbindlichkeiten aus Lieferungen und Leistungen) andere Betrachtung: Passivminderung: – Eigenkapital (Materialeinsatz) Passivmehrung: + Verbindlichkeiten (Verbindlichkeiten aus Lieferungen und Leistungen)	
Das Umlaufvermögen und die Verbindlichkeiten steigen. Die Bilanzsumme steigt in gleicher Höhe. Oder: Das Eigenkapital steigt, die Verbindlichkeiten steigen. Die Bilanzsumme bleibt gleich.	

Klient zahlt Kostenbeitrag für Unterbringung	**Aktivtausch** (wenn Begleichung einer Rechnung); sonst **Aktiv-Passiv-Mehrung**
Aktivminderung: – Forderungen (Forderungen aus Lieferungen und Leistungen) Aktivmehrung: + Zahlungsmittel (Kasse) andere Betrachtung: Aktivmehrung: + Zahlungsmittel (Kasse) Passivmehrung: + Eigenkapital (Erträge aus Unterkunft und Verpflegung)	
Die Forderungen sinken, die Zahlungsmittel steigen. Die Bilanzsumme bleibt gleich. Es handelt sich um einen Tausch zweier Aktivposten. Oder: Die Zahlungsmittel und das Eigenkapital steigen. Die Bilanzsumme steigt in gleicher Höhe.	

Sozialleistungsträger zahlt Pflegesatzrechnung	**Aktivtausch**
Aktivminderung: – Forderungen (Forderungen aus Lieferungen und Leistungen) Aktivmehrung: + Zahlungsmittel (Bank)	
Die Forderungen verringern sich, die Zahlungsmittel steigen. Die Bilanzsumme bleibt konstant.	

Verkauf eines gebrauchten Pflegebettes gegen bar	**Aktivtausch**
Aktivminderung: – Anlagevermögen (Betriebs- und Geschäftsausstattung)	
Aktivmehrung: + Zahlungsmittel (Kasse)	
Das Anlagevermögen verringert sich, die Zahlungsmittel steigen. Die Bilanzsumme verändert sich nicht. Ein Aktivposten wird mit einem anderen in gleicher Höhe getauscht.	

Wir schreiben eine Pflegesatzrechnung	**Aktiv-Passiv-Mehrung**
Aktivmehrung: + Forderungen (Forderungen aus Lieferungen und Leistungen)	
Passivmehrung: + Eigenkapital (Erträge aus Pflegeleistungen)	
Die Forderungen und das Eigenkapital steigen. Die Bilanzsumme steigt in gleicher Höhe.	

Zahlung einer Darlehensrate (hier nur Tilgung)	**Aktiv-Passiv-Minderung**
Aktivminderung: – Zahlungsmittel (Bank)	
Passivminderung: – Verbindlichkeiten (Darlehen)	
Die Zahlungsmittel und die Verbindlichkeiten verringern sich. Die Bilanzsumme nimmt in gleicher Höhe ab.	

4.2 Vom Jahresabschluss zur Eröffnung der Buchhaltung

In jedem neuen Geschäftsjahr wird der verdichtete Jahresabschluss – bestehend aus Bilanz und Gewinn- und Verlustrechnung – auf Konten der Buchhaltung verteilt, um dann zum Abschluss des Geschäftsjahres wieder auf diese beiden Konten verdichtet zu werden.

Schema Bilanz als Konto

Die Bilanz ist als Konto wie folgt schematisch darstellbar.

Aktiva	**Passiva**

Schema GuV als Konto

Auch die Gewinn- und Verlustrechnung ist als Konto darstellbar.

Aufwand	**Ertrag**

Jahresabschluss einer sozialen Einrichtung, der Abschluss ist in Kontenform dargestellt:

Beispiel: Abschluss in Kontenform

Bilanz:

Aktiva			Passiva
Grundstück	100.000 EUR	Eigenkapital	650.000 EUR
Gebäude	500.000 EUR	Jahresüberschuss	50.000 EUR
Betriebsausstattung	150.000 EUR	Sonderposten	25.000 EUR
Fahrzeuge	50.000 EUR	Rücklagen	30.000 EUR
Geringwertige Wirtschaftsgüter	20.000 EUR	Instandhaltungsrücklage	20.000 EUR
		Langfristiges Darlehen	200.000 EUR
Lebensmittelvorräte	10.000 EUR	Taschengeldverwahrung	5.000 EUR
Forderungen	25.000 EUR	Sonstige Verbindlichkeiten	20.000 EUR
Bank	100.000 EUR		
Kasse	45.000 EUR		
Summe Aktiva	1.000.000 EUR	Summe Passiva	1.000.000 EUR

GuV:

Aufwendungen			Erträge
Löhne	500.000 EUR	Erträge, Pflegeleistungen	500.000 EUR
Abschreibungen	40.000 EUR	Erträge Klienten, Selbstzahler	175.000 EUR
Mieten	25.000 EUR	Globalzuschüsse Stadt	25.000 EUR
Energie	15.000 EUR		
Beiträge	5.000 EUR		
Zinsen	20.000 EUR		
Verwaltungsaufwand	45.000 EUR		
Jahresüberschuss	50.000 EUR		
Summe	700.000 EUR		700.000 EUR

Aus diesem Jahresabschluss wird die Buchführung eröffnet. Dabei gelten folgende Regeln:

Regeln zur Buchführung

1. Alle Anfangsbestände der Aktivkonten eröffnen auf der linken Seite eines Finanzbuchhaltungskontos.
2. Alle Anfangsbestände der Passivkonten eröffnen auf der rechten Seite eines Finanzbuchhaltungskontos.
3. Alle Unterkonten der Gewinn- und Verlustrechnung eröffnen mit 0 Euro.

Eröffnungsbuchungen

Dies führt zu folgenden Eröffnungsbuchungen: („EB-Wert" bedeutet hier „Eröffnungsbilanz-Wert")

Grundstücke

EB-Wert	100.000 EUR		

Gebäude

EB-Wert	500.000 EUR		

Betriebsausstattung

EB-Wert	150.000 EUR		

Fahrzeuge

EB-Wert	50.000 EUR		

geringwertige Wirtschaftsgüter

EB-Wert	20.000 EUR		

Lebensmittelvorräte

EB-Wert	10.000 EUR		

Forderungen

EB-Wert	25.000 EUR		

Bank

EB-Wert	100.000 EUR		

Kasse

EB-Wert	45.000 EUR		

Eigenkapital

		EB-Wert	650.000 EUR

Sonderposten

		EB-Wert	25.000 EUR

Rücklagen

		EB-Wert	30.000 EUR

Instandhaltungsrücklage

	EB-Wert 20.000 EUR

langfristige Darlehen

	EB-Wert 200.000 EUR

Taschengeldverwahrung

	EB-Wert 5.000 EUR

sonstige Verbindlichkeiten

	EB-Wert 20.000 EUR

Löhne

Abschreibungen

Mieten

Energie

Beiträge

Zinsen

Verwaltungsaufwand

Erlöse Kostenträger

Erlöse Klienten

Globalzuschüsse Stadt

4.3 Der Buchungssatz

Der Buchungssatz dient dazu, die Veränderungen, die sich durch Buchungen ergeben, darzustellen und anzuweisen. Dazu sind immer mindestens zwei Konten notwendig. Die Konten sind in jeweils eine linke und eine rechte Seite aufgeteilt, die je nach Buchung angesprochen werden. Elementar ist, dass bei jeder Buchung immer eine linke und eine rechte Seite angesprochen werden.

Sprachregelung

Zum Verständnis des Buchungssatzes ist es wichtig, zu verstehen (besser gesagt hinzunehmen), dass es sich bei den Begriffen „Soll" und „Haben" um eine Sprachregelung handelt, die sich gerade nicht erschließt, wenn der Lernende versucht, den beiden Worten eine Bedeutung beizumessen[2]

Sprachregelung:

links = Soll	rechts = Haben

Soll und Haben für jedes Konto

Das Schema von Soll und Haben wird in der Buchhaltung nicht nur auf die Ergebnisrechnungen (Bilanz und Gewinn- und Verlustrechnung), sondern auf jede Position, also jedes Konto angewendet. Für jedes Konto wird nun aufgrund dessen Position im Jahresabschluss definiert, auf welcher Seite Zugänge bzw. Mehrungen und auf welcher Seite Abgänge bzw. Minderung aufgetragen werden.

Aus den oben beschriebenen Buchungsarten und der Vereinbarung über die Eröffnung von Konten ergibt sich nun Folgendes:

Aktivseite der Bilanz

Konten der Aktivseite der Bilanz
Hier werden • Zugänge auf der linken Seite, also im Soll, und • Abgänge auf der rechten Seite, also im Haben gebucht.

Passivseite der Bilanz

Konten der Passivseite der Bilanz
Hier werden • Zugänge auf der rechten Seite, also im Haben, und • Abgänge auf der linken Seite, also im Soll gebucht.

2 Zum Verständnis kann es deshalb am Anfang hilfreich sein, wenn Sie das Wort „Soll" durch „Mumpf" und das Wort „Haben" durch „Hurz" ersetzen. So laufen Sie nicht in die gedankliche Falle, den Worten „Soll" und „Haben" eine Bedeutung im Sinne von „das brauchen wir, das steht uns zu" bzw. „das haben wir" zuzuordnen. Aber letztendlich erweisen sich alle derartigen „Eselsbrücken" als brüchig. Am besten ist es, Sie verwenden stets die gebräuchliche Sprachregelung.

Die Konten der Gewinn- und Verlustrechnung werden dabei wie Konten der Passivseite der Bilanz behandelt, weil die Gewinn- und Verlustrechnung die Veränderungen des Eigenkapitals – als einer Position der Passivseite – darstellt.

Die oben genannten Festlegungen verdeutlicht die folgende Bilanztabelle:

Bilanztabelle

Aktiva		**Passiva**	
links	rechts	links	rechts
Soll	Haben	Soll	Haben
+	–	–	+
Zugang	Abgang	Abgang	Zugang

Es lässt sich nun leicht überprüfen, ob bei den oben beschriebenen Arten von Geschäftsvorfällen immer genau einmal die Sollseite und genau einmal die Habenseite jeweils eines Kontos angesprochen ist [und nicht etwa zweimal die Soll- oder Habenseite]. Am einfachsten wird der Zusammenhang klar, wenn die Buchungsarten in das aufgestellte Schema eingetragen werden:

Bilanzschema

Aktiva		**Passiva**	
links	rechts	links	rechts
Soll	Haben	Soll	Haben
I	–	–	+
Zugang	Abgang	Abgang	Zugang
Aktivtausch			
X	X		
		Passivtausch	
		X	X
Aktiv-Passiv-Mehrung			
X			X
Aktiv-Passiv-Minderung			
	X	X	

Die Anweisung, nach der ein Geschäftsvorfall in die Bücher eingetragen wird, heißt Buchungssatz.

Aufbau eines Buchungssatzes

Ein Buchungssatz hat folgenden Aufbau:

<Sollkonto>	an[3]	<Habenkonto>	<Betrag>

[3] Widerstehen Sie auch hier der Versuchung das Wort „an" mit Bedeutung zu füllen, indem Sie sich überlegen, dass hier etwa Mittel von A nach B transferiert würden. Nehmen Sie das Wort „an" als reines Treffwort, dass in einer anderen Sprache, in der auch Laute zugelassen sind, als Pfiff oder als Klatschen in die Hände vereinbart sein könnte.

Leitfragen

Diese Fragen sind zu klären, damit ein Buchungssatz gebildet werden kann:

1. Welche Positionen im Jahresabschluss (Konten) werden durch den Geschäftsvorfall berührt?
2. Sind es Aktiv- oder/und Passivkonten?
3. Liegt ein Zugang (+) oder Abgang (–) auf dem Konto vor?
4. Wie lautet demnach der Buchungssatz?

Anwendungsbeispiel

Zur Verdeutlichung soll nun der erste Geschäftsvorfall der kleinen Übung von Abschnitt 4.1 zur Darstellung der Ableitung eines Buchungssatzes aus den oben genannten Leitfragen herangezogen werden.

Anschaffung eines KFZ (Barkauf)		**Aktivtausch**
Aktivminderung:	weniger Zahlungsmittel (Bank)	
Aktivmehrung:	mehr Anlagevermögen (Fahrzeuge)	

Dazu die Leitfragen:

1. Welche Positionen im Jahresabschluss (Konten) werden durch den Geschäftsvorfall berührt?
   → Bank und Fahrzeuge
2. Sind es Aktiv- oder/und Passivkonten?
   → Bank Aktivkonto, Fahrzeuge Aktivkonto
3. Liegt ein Zugang (+) oder Abgang (–) auf dem Konto vor?
   → Bank Abgang, Fahrzeuge Zugang
4. Wie lautet demnach der Buchungssatz?
   → Fahrzeuge an Bank

In der Praxis hilft ein Kontierungsstempel, der auf die Belege gedruckt wird, um den Buchungssatz übersichtlich zu erfassen:

Konto	**Soll**	**Haben**
Gebucht:		

Der oben genannte Geschäftsvorfall würde ausgehend von einem Kaufpreis in Höhe von 25.000 Euro wie folgt erfasst:

Konto	Soll	Haben
Fahrzeuge	25.000 EUR	
Bank		25.000 EUR
Gebucht:		

Beispiel für mehrzeilige Buchungen:

Konto	Soll	Haben
Rückstellung	3.800 EUR	
Bank		3.500 EUR
Erträge aus Auflösung von Rückstellungen		300 EUR
Gebucht:		

4.4 Kontenrahmen

Ordnung nach Nummern

Konten werden im Rechnungswesen nicht nach ihrem Namen, sondern nach Nummern geordnet und der Einfachheit halber auch so angesprochen.

Eigene Struktur im Sozial- und Gesundheitswesen

In der Praxis des Sozial- und Gesundheitswesens hat sich ein Kontenrahmen etabliert, der von dem sogenannten Industriekontenrahmen oder dem von der DATEV herausgegebenen Standardkontenrahmen abweicht. Der im Sozial- und Gesundheitswesen gebräuchliche Kontenrahmen folgt einem sehr übersichtlichen Gliederungsprinzip. Dabei repräsentieren die Stellenwerte der Ziffern der Kontonummer die Gliederungsebenen.

Aufbau der Kontonummer und inhaltliche Zuordnung	
erste Ziffer:	Kontenklasse
zweite Ziffer:	Kontengruppe
dritte Ziffer:	Kontenuntergruppe
usw.	

1. Ziffer = Kontenklasse

Der ersten Ziffer, die wir als Kontenklasse bezeichnen, kommt damit bereits eine Leitfunktion zu. Deshalb ist es wichtig zu verstehen, welche Position im Jahresabschluss welche führende Ziffer bei der Kontonummer verlangt. Umgekehrt ist zu erkennen, welche erste Ziffer der Kontonummer auf welche Position im Jahresabschluss hindeutet.

Nummer der Kontenklasse	Bedeutung
0	Anlagevermögen
1	Umlaufvermögen
2	Eigenkapital und Aussonderungen
3	Verbindlichkeiten
4	Erträge sozialer Geschäftsbetrieb
5	sonstige Erträge
6	Aufwendungen sozialer Geschäftsbetrieb
7	sonstige Aufwendungen
8	Eröffnungs- und Abschlusskonten

Werden diese Ziffern in das Schema von Bilanz und Gewinn- und Verlustrechnung eingetragen, so ergibt sich folgende, recht übersichtliche Darstellung:

Bilanz:

Aktiva	Passiva
0	2
1	3

GuV:

Aufwand	Ertrag
6	4
7	5

Konten, die mit Nr. 8 beginnen, finden sich nicht im Jahresabschluss wieder, da sie die jeweiligen Eröffnungs- und Abschlusskonten beinhalten.

4.5 Dokumentation des Buchens

Doppelte Erfassung

In der Finanzbuchhaltung werden alle Geschäftsvorfälle doppelt erfasst: im Grundbuch und im Hauptbuch.

Grundbuch

Im sogenannten Grundbuch werden die Geschäftsvorfälle in zeitlicher Reihenfolge aufgeschrieben. Es enthält in schematischer Form die Buchungssätze. Das Grundbuch wird auch Journal oder Primanota genannt. Es kann folgenden Aufbau haben:

Lfd. Nr.	Datum	Beleg-Nr.	Soll-konto	Haben-konto	Betrag	Text

Hauptbuch

Daneben existiert das Hauptbuch. Dieses bringt eine Aufzeichnung in eine sachliche Ordnung. Hier werden die Geschäftsvorfälle auf die Konten geschrieben. Die Aufzeichnungen werden in der Praxis auf Kontenblättern dargestellt.

T-Konten

Für Lehrzwecke steht an der Stelle des Hauptbuchs eine Liste von Geschäftsvorfällen mit der entsprechenden Kontierung. Die Buchungen werden auf sogenannten T-Konten durchgeführt.

Amerikanisches Journal

Ein praxisgerechteres Mittel zur Führung einer kleinen Buchführung ist das sogenannte amerikanische Journal. Dabei werden die Geschäftsvorfälle zeilenweise aufgeschrieben und unmittelbar auf einem breitem Blatt, das für jedes Konto zwei Spalten (Soll/Haben) vorhält, angeordnet. Das amerikanische Journal erfüllt also die Funktionen von Grund- und Hauptbuch in einer einzigen Darstellung. Bei manueller Führung einer Buchhaltung ergibt sich beim Umgang mit einem Journal der Vorteil, dass Übertragungsfehler zwischen Haupt- und Grundbuch ausgeschlossen sind. Dieser offensichtliche Vorteil wird jedoch insbesondere bei Buchhaltungen mit umfangreichem Kontenrahmen durch mangelnde Übersichtlichkeit „erkauft", da für jedes Konto zwei Spalten belegt und deshalb für jede Buchung pro Zeile nur zwei Spalten beschrieben werden. Trotz dieser Nachteile ist die Arbeit mit einem solchen Journal ein guter Ansatz, die Führung eines kaufmännischen Rechnungswesens zu erlernen.

Buchhaltungssysteme

Größere Unternehmen führen eine elektronische Buchhaltung mit professionellen Buchhaltungssystemen, in denen Grundbuch und Hauptbuch in einer Datenbank gespeichert sind.

4.6 Spezielle Buchungstransaktionen

Neben der Aufzeichnung eines einfachen Buchungssatzes auf einem Konto ergeben sich weitere Transaktionen.

4.6.1 Zusammengesetzte Buchungssätze

Zusammengesetze Buchungssätze

Bisher haben wir Buchungen von einem Konto auf ein anderes Konto betrachtet. Es ist allerdings auch möglich, dass mehrere Konten von einem Geschäftsvorfall berührt werden. Dabei kommt es zu zusammengesetzten Buchungssätzen. Betrachten wir dies nun an einem Beispiel:

Beispiel: Stadtwerke

Die Stadtwerke buchen in einer Summe einen Betrag in Höhe von 600 EUR ab. Darin ist enthalten 450 EUR für Gas und 150 EUR für Wasser. Wie ist vorzugehen?

Die oben genannten vier Fragen führen zu folgendem Ergebnis:

1. Welche Konten werden durch den Geschäftsvorfall berührt?

1400	Bank
6720	Gas
6700	Wasser

2. Sind es Aktiv- oder/und Passivkonten?

1400	Bank	Aktivkonto
6720	Gas	Passivkonto (Aufwand)
6700	Wasser	Passivkonto (Aufwand)

3. Liegt ein Zugang (+) oder Abgang (-) auf dem Konto vor?

1400	Bank	Aktivkonto	Abgang
6720	Gas	Passivkonto (Aufwand)	Abgang
6700	Wasser	Passivkonto (Aufwand)	Abgang

4. Wie lautet demnach der Buchungssatz?

Gas	450 EUR	
Wasser	150 EUR	
	an	Bank 600 EUR

Auf dem Kontierungsstempel wird dies wie folgt verzeichnet:

Konto	Soll	Haben
Gas	450 EUR	
Wasser	150 EUR	
Bank		600 EUR
Gebucht:		

Es werden drei Konten angesprochen. Im amerikanischen Journal werden demnach drei Spalten beschrieben (zwei Spalten auf der Soll- und eine Spalte auf der Habenseite).

4.6.2 Umbuchungen

Zu den speziellen Buchungstransaktionen gehören auch die Umbuchungen. In diesen Fällen werden schon einmal gebuchte Beträge auf andere Konten gebucht.

Betrachten wir die Umbuchungen an einem Beispiel:

Beispiel:

Anhand eines Fahrtenbuches ergibt sich, dass in einem Jahr von 25.000 gefahrenen Kilometern 2.000 Kilometer für eine Freizeitmaßnahme eingesetzt wurden. Auf dem Konto „laufende KFZ-Kosten" sind bisher 10.000 EUR aufgelaufen. Dies soll dadurch transparent gemacht werden, dass der auf Freizeiten entfallende Anteil der Fahrtkosten vom Konto

6830 laufende KFZ-Kosten

auf

6610 Freizeitmaßnahmen

umgebucht wird.

Es wird zunächst der anteilige Betrag errechnet:

10.000 EUR · 2.000 km ÷ 25.000 km = 800 EUR.

Hier sind also zwei Passivkonten betroffen. Deshalb wird ein Passivtausch durchgeführt.

Der Abgang von Eigenkapital auf dem Passivkonto (Freizeitmaßnahmen) steht im Soll und der Zugang an Eigenkapital auf dem Passivkonto (Fahrzeughaltung) steht im Haben. Der Buchungssatz lautet demnach:

Freizeit an Fahrzeughaltung 800 EUR

4.6.3 Stornierungen

Korrektur fehlerhafter Buchungen

Fehler passieren überall. Daher muss es auch Möglichkeiten geben, um fehlerhafte Buchungen zu korrigieren. Dies ist durch Umbuchungen oder Buchungen mit Negativbetrag möglich. Durch eine Umbuchung sind zwar die Salden der Konten berichtigt. Diese Buchung führt jedoch dazu, dass die Umsätze (Summen von Soll und Haben) „künstlich" erhöht werden, denn der Umsatz auf dem falschen Konto war ja unberechtigt. Daher lassen einige Buchhaltungssysteme auch Buchungen mit einem Negativbetrag als Stornierung zu. Es bietet sich ein Verfahren an, welches in der klassischen Form der Buchführung nicht vorgesehen ist, jedoch in der Praxis insbesondere bei EDV-Finanzbuchhaltungen angewandt wird. Dieses Verfahren führt dazu, das die Umsätze auf den Konten stimmen.

Beispiel:

Ein Gehaltsvorschuss an den Mitarbeiter Schmitz in Höhe von 200 EUR ist versehentlich auf dem Konto „6300 Beihilfen an Personal" verbucht worden. Richtig wäre „1629 Forderungen Mitarbeiter".

Dies kann nun auf zwei Arten storniert werden:

Umbuchung:

Der Buchungssatz lautet dann: Forderungen Mitarbeiter an Beihilfen Personal 200 EUR

Die Salden sind berichtigt, aber die Umsätze werden dadurch erhöht, da der Umsatz von 200 EUR auf dem Konto Beihilfen fehlerhaft war.

Buchung mit Negativbetrag:

Hier wird wie folgt gebucht:

Stornobuchung: Beihilfe Mitarbeiter	an Kasse	–200 EUR
korrekte Buchung: Forderungen Mitarbeiter	an Kasse	200 EUR

Auf dem Konto Beihilfen ist durch die Fehlbuchung keine Umsatzerhöhung entstanden, der Fehler ist bereinigt.

4.7 Abschluss von Konten

Konten des Jahresabschlusses

Nach Ablauf eines Geschäftsjahres mündet die Finanzbuchhaltung in einen Jahresabschluss, der – wie wir wissen – aus Gewinn- und Verlustrechnung und Bilanz besteht. Die beiden Ergebnisse werden auf zwei Konten geführt. Dabei handelt es sich um

- das Schlussbilanzkonto
- das Gewinn- und Verlustrechnungskonto.

Kontoabschluss

Dies bedeutet, dass alle Konten auf eines der beiden Konten verdichtet werden. Dieser Vorgang wird als Kontoabschluss bezeichnet. Bei diesem Vorgang wird auf dem abzuschließenden Konto ein Saldo von 0 Euro geschaffen. Die Summe, die notwendig ist, um auf 0 Euro abzuschließen wird auf das Schlussbilanzkonto oder das GuV-Rechnungskonto übertragen. Dies geschieht in vier Schritten:

Kontoabschluss in 4 Schritten

Schema: Kontoabschluss

Schritt 1: Summieren der betragsmäßig größeren Seite

Bei manueller Buchführung ergibt sich diese Seite in aller Regel aus der Kontenbezeichnung. Entsprechend der Position in Bilanz und GuV ist hier also zu summieren:

Konto	„größere" Seite
Aktivkonto	Soll
Passivkonto	Haben
Aufwandskonto	Soll
Ertragskonto	Haben

Schritt 2: Ermittlung des Saldos

Diese Summe aus dem ersten Schritt ist von der Summe der betragsmäßig niedrigeren Seite abzuziehen.

Der sich ergebende Differenzbetrag ist der Saldo.

Schritt 3: Verbuchen des Saldos

Der Saldo wird auf der betragsmäßig niedrigeren Seite aufgetragen.

Als Ergebnis ergibt sich auf dem abzuschließenden Konto, dass dieses ausgeglichen ist. Denn die Summen von Soll und Haben auf diesem Konto sind gleich. Die Buchhaltung ist jedoch noch nicht ausgeglichen, weil der zweite Teil der Buchung noch fehlt.

Es bleibt zu entscheiden, zu welchem der beiden Abschlusskonten das Konto abgeschlossen werden soll.

Schritt 4: Gegenbuchung aus dem Abschlusskonto

Damit die Buchhaltung stimmt, muss der Saldo des abgeschlossenen Kontos entweder auf dem Schlussbilanzkonto oder auf dem GuV-Konto der gegenüberliegenden Seite aufgetragen werden. Wenn der Saldo auf dem abgeschlossenen Konto im Soll aufgetragen wurde, muss dieser auf dem Gegenkonto im Haben aufgetragen werden und umgekehrt.

Hierzu ein Beispiel:

Das Konto Freizeitmaßnahmen soll zum Gewinn- und Verlustkonto angeschlossen werden. Das Konto umfasse folgende Buchungen:

Freizeitmaßnahmen

Soll	Haben	Text
500 EUR		Spielmaterial
675 EUR		Schreibmaterial
625 EUR		Verpflegung
175 EUR		Fahrtkosten
25 EUR		Videofilme
	250 EUR	Schreibmaterial Verwaltungsanteil

Das Konto wird nun wie folgt abgeschlossen.

1. Die Sollseite ist auf dem Aufwandskonto erwartungsgemäß die betragsmäßig höhere. Die Summe der Sollbuchungen beträgt 2.000 Euro.
2. Die Differenz zur Summe der Habenbuchungen beträgt 1.750 Euro (2.000 EUR – 250 EUR). Es ist also wie folgt abzuschließen.
3. Freizeitmaßnahmen

Soll	Haben	Text
500 EUR		Spielmaterial
675 EUR		Schreibmaterial
625 EUR		Verpflegung
175 EUR		Fahrtkosten
25 EUR		Videofilme
	250 EUR	Schreibmaterial Verwaltungsanteil
	1.750 EUR	Gewinn und Verlust

4. Das Gewinn- und Verlustkonto nimmt nun den Saldo des abgeschlossenen Kontos wie folgt auf:

   GuV

Soll	Haben	Text
1.750 EUR		Freizeitmaßnahmen

Damit ist die Buchhaltung ausgeglichen, denn erst jetzt stimmt die Summe aller Sollbuchungen mit der Summe aller Habenbuchungen überein. Auch steht der Saldo jetzt auf der intuitiv „richtigen" Seite, denn wir erwarten, dass Aufwendungen als Vorgänge, die einen Abgang von Eigenkapital darstellen, auf der Sollseite erscheinen.

Entsprechend wird beim Abschluss der Buchhaltung mit allen Konten verfahren.

5. Kameralistik und das Rechnungswesen der öffentlichen Haushalte

Öffentliche Körperschaften stellen für sich einen Haushaltsplan auf. Dieser wird in der Regel durch das jeweilige Parlament oder Selbstverwaltungsgremium verabschiedet. Der aufgestellte Haushalt stellt dann eine rechtliche Verpflichtung der jeweiligen Verwaltung dar, diesen Haushalt umzusetzen. *Haushaltsplan*

Öffentliche Einrichtungen und Verwaltungen verfügen damit über ein gänzlich anderes Verfahren des Rechnungswesens, das in seiner Reinform „Kameralistik" genannt wird. Es geht über ein reines Rechnungswesen hinaus, umfasst auch den Prozess der Haushaltserstellung und des Haushaltsvollzugs, das Haushaltsverfahren. *Kameralistik*

Für den reinen Bereich des Rechnungswesens hat sich die Kameralistik inzwischen zur „Doppik" weiterentwickelt und zahlreiche Elemente der doppelten Buchhaltung integriert. *Doppik*

Manche Sozialunternehmen werden in der Rechtsform einer öffentlichen Körperschaft geführt und unterliegen damit kameralistischen Buchführungspflichten. Für Sozialunternehmen in freier Trägerschaft ist die Kenntnis der Kameralistik sinnvoll, um die Unterschiede zum Haushaltsdenken der öffentlichen Sozialleistungsträger herstellen zu können. Weiterhin haben sich zahlreiche Sozialunternehmen aus historischen Gründen an die Logik der öffentlichen Haushaltsplanung angelehnt. *Sozialunternehmen*

5.1 Rechtliche Grundlagen

Die wichtigsten rechtlichen Grundlagen für die öffentliche Haushaltsführung sind das Grundgesetz (GG, Artikel 110 ff.), das Haushaltsgrundsätzegesetz (HGrG), die Bundeshaushaltsordnung (BHO) sowie die Verfassungen und Haushaltsordnungen der Länder, denen auch die Kommunen unterliegen. *Öffentliche Haushaltsführung*

Die rechtlichen Grundlagen sind sehr umfassend und detailreich. Das Haushaltsverfahren ist Teil des demokratischen Systems. So soll der Haushalt durch ein Parlament oder Selbstverwaltungsgremium (z. B. Stadtrat) beschlossen werden können. Er soll sicherstellen, dass die Verwaltung den Haushalt auch wie gewünscht umsetzt und damit das mit dem Haushalt verbundene politische Programm umsetzt. Der Haushalt muss letztlich eine Kontrollmöglichkeit der Haushaltsführung bieten, die sowohl eine politische Kontrolle als auch eine Kontrolle der Rechnungsprüfungsämter auf Verstöße gegen die Grundlagen der Haushaltsführung beinhaltet. *Haushaltsverfahren = Teil des demokratischen Systems*

Jeder Haushaltsplan wird letztlich als eigenes Gesetz verabschiedet (Haushaltsgesetz bzw. Haushaltssatzung einer Kommune). *Verwaltung*

Einen Haushaltsplan erstellen demnach alle Bundes- und Landesverwaltungen, die Kommunen sowie die öffentlichen Körperschaften. Öffentliche Unternehmen in privatrechtlicher Rechtsform hingegen unterliegen den kaufmännischen Pflichten zum Rechnungswesen.

Auch Kirchen und Körperschaften kirchlichen Rechts bedienen sich häufig der Kameralistik. Für sie gelten ihre eigenen kirchlichen Haushaltsgesetze, die sich jedoch häufig an den öffentlichen Haushaltsgesetzen anlehnen. *Kirchen*

5.2 Grundprinzipien des öffentlichen Haushalts

Schauen wir uns einige Grundprinzipien des öffentlichen Haushalts an, mit denen es gelingen kann, das kamerale Denken besser zu verstehen. Für eine umfassende Darstellung dieser Prinzipien fehlt hier der Raum; hier sollte weiterführende Literatur herangezogen werden[4].

5.2.1 Planungsorientierung

Haushaltsplan

Der Haushaltsplan dient der Feststellung des Finanzbedarfs für die Aufgaben der jeweiligen Verwaltung (§ 2 HGrG). Er stellt also nicht einen möglichst hohen Überschuss, sondern einen Aufgabenkatalog, dessen Erfüllung durch den Haushaltsplan ermöglicht werden soll in den Mittelpunkt. Das öffentliche Rechnungswesen ist insofern stark planungsorientiert, während das kaufmännische Rechnungswesen ergebnis- bzw. abschlussorientiert ist.

5.2.2 Wirtschaftlichkeit und Sparsamkeit

Grundsätze der Wirtschaftlichkeit und Sparsamkeit

Nur durch diese Logik erschließen sich auch die Begriffe „Wirtschaftlichkeit" und „Sparsamkeit" (§ 6 HGrG): Die gegebenen Aufgaben sollen durch wirtschaftlichen und sparsamen Mitteleinsatz erfüllt werden; es geht also nicht darum „Wirtschaftlichkeit" im Sinne eines möglichst hohen Umsatzes oder einer hohen Rendite zu erzielen.

5.2.3 Haushaltsdeckung

Haushaltskonsolidierung

Der öffentliche Haushalt ist auf den Ausgleich des Haushalts gerichtet: Jeder Haushalt muss insgesamt Einnahmen und Ausgaben zur Deckung bringen. Der öffentliche Haushalt orientiert sich dabei an Einnahmen und Ausgaben. So kann beispielsweise auch die Schuldenaufnahme oder der Verkauf von Vermögenswerten zur Haushaltsdeckung führen, wobei dies mittlerweile mit dem Ziel der Haushaltskonsolidierung eingeschränkt wird. Vor dem Hintergrund des Ziels des Haushaltsplans ist dies auch verständlich: Es soll erklärt werden, wie Ausgaben gedeckt werden sollen.

5.2.4 Einnahmen und Ausgaben

Ausgleich von Einnahmen und Ausgaben

Der öffentliche Haushalt ist demzufolge auf Einnahmen und Ausgaben gerichtet, nicht auf Erträge und Aufwendungen wie im kaufmännischen Rechnungswesen.

Tilgung, Investitionen und die Anschaffung von Vermögenswerten sind demnach Ausgaben, Schuldenaufnahme, Verkauf von Anlagen oder die Auflösung von Finanzanlagen sind Einnahmen. Diese werden in einem öffentlichen Haushalt auch ebenso wie andere Haushaltstitel ausgewiesen und haben keinen besonderen Charakter. In der Regel finden sie sich im Einzelplan „Allgemeine Finanzwirtschaft" des Finanzministeriums bzw. der Stadtkämmerei.

---

[4] z. B. Brümmerhoff, Dieter, Finanzwissenschaften, 9. Aufl., Oldenbourg Verlag, 2007, S. 151 ff., Westermeier, Antonius, Wiesner, Herbert, Das staatliche Haushalts-, Kassen- und Rechnungswesen, R.v.Decker, 2012.

Die Konzentration auf Einnahmen und Ausgaben ist ein wesentlicher Kritikpunkt an der Funktionsfähigkeit des öffentlichen Rechnungswesens: Es wird so kaum möglich, die „tatsächlichen" Kosten öffentlicher Leistungen zu kalkulieren. Einmal erfolgte Investitionen tauchen in den Haushaltsplänen der Folgejahre nicht mehr auf; es gibt keine Rückstellungen oder andere kalkulatorische Kostenarten.

Keine Kalkulation der tatsächlichen Kosten möglich

Mittlerweile hat sich bei der öffentlichen Hand das Denken in kalkulatorischen Größen stärker durchgesetzt. So werden bei den meisten Kalkulationen von Investitionsförderung eben auch Abschreibungen, Eigenkapitalverzinsung und Instandhaltungspauschalen berücksichtigt, wenngleich es auch hier immer wieder Rückschläge gibt und die Rede von „tatsächlichen Kosten" im Sinne von tatsächlich zahlungswirksamen Kosten eines Jahres ist[5].

Neues Denken in kalkulatorischen Größen

Dies wird in Zukunft wohl insbesondere relevant bei der Diskussion um Risikozuschläge bei Leistungsentgelten insbesondere vor dem Hintergrund einer stärkeren Wahlfreiheit und Personenzentrierung. Durch Wahlfreiheit entsteht immer das Risiko, dass Angebote vorgehalten werden, die dann nicht abgerufen werden. Dass Dienstleistungen zudem nicht lagerfähig sind, ist die Gefahr des Verfalls vorgehaltener Angebote besonders hoch und sie wird zudem noch gesteigert, wenn im Rahmen der Personenzentrierung (etwa im durch das Bundesteilhabegesetz ab 1. Januar 2018 eingeführte „neuen" SGB IX) Gruppensettings aufgelöst werden, die hier einen gewissen Puffer darstellen. Kaufmännisch ist in so einem Fall das Risiko der Unterauslastung in die Leistung einzukalkulieren – also letztlich zahlt z. B. der Fluggast auch die leeren Sitzplätze mit bzw. der Lebensmittelkäufer auch die verdorbene oder gestohlene Ware. Dies geschieht durch kalkulatorische Risikozuschläge. Diese sind jedoch aufgrund des Haushaltsdenkens noch lange keine Selbstverständlichkeit.

Kalkulatorische Risikozuschläge

5.2.5 Keine Bilanz

In einem kaufmännischen Haushalt gibt es (in der einfachen Form) keine Bestandsrechnung in Form einer Bilanz.

Investitionen werden in dem Jahr der Anschaffung voll umfänglich als Ausgaben gebucht, tauchen dann jedoch nicht mehr als Aufwand auf. Es werden keine Abschreibungen gebildet.

Investitionen, Abschreibungen

Eine Ausnahme sind die Bereiche, für die Gebühren kalkuliert werden: Hier können Abschreibungen einkalkuliert werden. Da es jedoch keine Bilanz gibt, wird nicht deutlich, wofür die Abschreibungen gebildet werden und ob sie auch in der Organisation in irgendeiner Form verbleiben. Die Abbildung von Abschreibungen ist insofern eines der Kernelemente der Reform des öffentlichen Haushaltswesens.

Bei den verschiedenen Übergangsformen zwischen Kameralistik und kaufmännischen Abschlüssen ist die Bildung von Abschreibungen und die Erstellung einer Bilanz daher einer der großen, entscheidenden Schritte.

---

5 Vgl. etwa das Urteil des Bundessozialgerichts vom 8.9.2011, B 3 P 2/11 R; hierzu auch: Bachert, Robert und Schellberg, Klaus: Die Folgen für Bewohner und Träger sind gravierend, in: Care Konkret 33/34 vom 17.08.2012.

Rücklagen

Hierbei muss insbesondere auf die Position „Zuführung zu Rücklagen" bzw. „Entnahme aus Rücklagen" hingewiesen werden: Rücklagen sind im öffentlichen Haushaltsdenken Finanzanlagen (Vermögenswerte), eine „Entnahme aus Rücklagen" kann insofern eine Abhebung von Konten sein. Die „Rücklage" im öffentlichen Denken findet sich gewissermaßen auf der Aktivseite der Bilanz (die es so im öffentlichen Haushalt nicht gibt), sie würde im kaufmännischen Denken in Form von Bankkonto, Finanzanlagen o. ä. auftreten. Eine Rücklage im kaufmännischen Denken findet sich auf der Passivseite der Bilanz und ist in der Regel aufgelaufener Gewinn früherer Jahre (Gewinnrücklage).

Die Aussage einer Geschäftsführung „dafür haben wir Rücklagen gebildet" sollte insofern immer genau überprüft werden: Handelt es sich wirklich um Rücklagen im bilanztechnischen Sinne, die in „schlechten Zeiten" abgeschmolzen werden können, oder ist es eine Rücklage im kameralistischen Sinne? Dann kann dies schlichtweg das „goldene Sparbuch" sein, bei dem nicht klar ist, ob es nicht für ganz andere Zwecke (z. B. Wiederbeschaffung) gebildet wurde.

5.2.6 Jährlichkeit

Verfallen von nicht benötigten Positionen

Der Haushaltsplan wird jährlich erstellt, in manchen Fällen in Form eines Doppelhaushalts für zwei Jahre. Er stellt das Handlungsprogramm für die Planungsperiode dar, daher verfallen in der Regel am Ende des Jahres auch nicht benötigte Haushaltspositionen. Eine Übertragung von nicht genützten Haushaltsmitteln in Folgejahre ist möglich, jedoch nicht der Regelfall.

„Dezemberfieber"

Durch die Jährlichkeit (und die unten gleich besprochene sachliche Mittelbindung) entsteht auch immer wieder das „Dezemberfieber", das mittlerweile eher zum Oktober- oder Novemberfieber geworden ist. Verwaltungen geben die Restmittel, die zum Ende des Jahres verfallen würden, noch für die im Haushalt festgelegten Zwecke kurzfristig aus. Sie befürchten, dass ansonsten im Folgejahr ihre Haushaltsansätze gekürzt werden, da die Mittel ja nicht benötigt wurden. Für freie Träger kann dies bedeuten, dass zum Jahresende kurzfristig noch Projekte „angefordert" werden, für die dann bis zum Jahresende noch der „Mittelabfluss" erfolgen muss.

5.2.7 Mittelbindung („sachliche Spezialisierung")

Aufgabenzuordnung der Mittel

Die Haushaltsmittel werden den jeweiligen Aufgaben zugeordnet und sind dann auch hieran gebunden. In der Regel können Haushaltsmittel nicht zwischen den einzelnen Haushaltspositionen übertragen werden, denn dies würde ja den Charakter eines „Handlungsprogramms" verletzen. Wenn die gegenseitige Deckungsfähigkeit von Haushaltspositionen festgelegt ist, kann eine Übertragung erfolgen.

5.3 Aufbau eines Haushaltsplans

Plan-Ist-Rechnung

Ein Haushaltsplan ist grundsätzlich als eine Plan-Ist-Rechnung aufgebaut. Es werden die Plandaten („Soll", „Ansatz") ausgewiesen und hierüber beschlossen. Es werden informativ zur besseren Orientierung die Planwerte des Vorjahres sowie die Ist-Werte einzelner Vorjahre ausgewiesen, etwa wie folgt:

Einzelplan 4 Soziale Sicherung **Unterabschnitt 4609 Einrichtungen der Jugendarbeit**					
Titel	**Bezeichnung**	**Ansatz 2017**	**Ansatz 2016**	**Ergebnis 2015**	**Vermerk**
7099	Zuschüsse für laufende Zwecke an Vereine / Verbände	2.000 EUR	1.900 EUR	1.700 EUR	Deckungsfähig mit 7180
...					

Einzelpläne für jedes Ressort

Der Haushaltsplan besteht aus Einzelplänen für jedes Ressort einer Regierung oder jedem Amt einer Kommune. In jedem Einzelplan finden sich dann einzelne Einnahme-/ Ausgabearten, die Haushaltstitel. Die Gliederung findet sich in Gruppierungsplänen (analog des Kontenrahmens), die zumindest auf Bundesebene anschlussfähig an die volkswirtschaftliche Gesamtrechnung ist.

Die Einzelpläne müssen nicht ausgeglichen sein. Die Einzelpläne schließen in der Regel mit einem „Saldo" ab, etwa so:

Einzelplan 4 Soziale Sicherung **Unterabschnitt 4609 Einrichtungen der Jugendarbeit**					
Titel	**Bezeichnung**	**Ansatz 2017**	**Ansatz 2016**	**Ergebnis 2015**	**Vermerk**
	Abgleich Unterabschnitt 4609				
	Einnahmen	5.000 EUR	5.000 EUR	5.370 EUR	
	Ausgaben	127.000 EUR	127.000 EUR	131.370 EUR	
	Abgleich	–122.000 EUR	–122.000 EUR	–126.000 EUR	

Gesamtplan

Alle Einzelpläne werden in einem Gesamtplan zusammengestellt. Dieser Gesamtplan muss dann insgesamt ausgeglichen sein. Ausgeglichen heißt in diesem Zusammenhang, dass der Saldo bei 0 Euro liegt.

Defizitäre Einzelpläne

Aus sachlogischen Gründen sind die meisten Einzelpläne finanziell defizitär, es gibt also mehr Ausgaben als Einnahmen. Die Einnahmen der einzelnen Ministerien oder Ämter sind eher gering (Gebühreneinnahmen, Kostenerstattungen, Teilnehmerbeiträge). Der Haushaltsausgleich erfolgt dann erst durch den Abgleich mit dem Einzelplan der allgemeinen Finanzwirtschaft (bzw. des jeweiligen Finanzministeriums), in dem die Steuereinnahmen oder bei Kommunen diversen Zuweisungen und Schlüsselzuweisungen gebucht werden.

Kommunale Haushaltspläne

In den kommunalen Haushaltsplänen werden die Haushaltspläne in zwei Haushaltspläne gegliedert, den Verwaltungshaushalt und den Vermögenshaushalt. Der Verwaltungshaushalt bildet die laufenden Einnahmen und Ausgaben ab, der Vermögenshaushalt die einmaligen, investiven Ausgaben und Einnahmen – die Zuführung zu Vermögenswerten und die Abflüsse von Vermögenswerten. Der Vermögenshaushalt ist insofern keine Bilanz (Bestandsrechnung) im kaufmännischen Sinne, sondern eine Kapitalflussrechnung.

Der Haushaltsplan im engeren Sinne wird ergänzt durch weitere Angaben, insbesondere den Stellenplan und die mittelfristige Finanzplanung.

5.4 Das Haushaltsverfahren

Der öffentliche Haushalt dient der Steuerung der Finanzmittel in Verwaltungen, die gesetzliche Aufgaben erfüllen und einer öffentlichen Kontrolle unterliegen. Daher ist das Haushaltsverfahren ein zentrales Element des Haushaltsrechts. An dieser Stelle soll es jedoch nur in kurzen Zügen als Hintergrundwissen dargestellt werden.

5.4.1 Bedarfsanmeldung

Budgetinitiative durch die Verwaltung

Das Haushaltsverfahren beginnt mit Bedarfsanmeldungen der jeweiligen Verwaltungseinheiten. Die Budgetinitiative geht insofern in der Regel von der Verwaltung, also nicht dem jeweiligen Entscheidungsgremium aus. Faktisch werden in der Regel die Vorjahreswerte als Anhaltspunkt genommen und fortgeschrieben.

Verstetigung der Ausgaben

Diese Verstetigung der einmal angesetzten Ausgaben ist einer der zentralen Kritikpunkte am Haushaltsverfahren. Durch andere Methoden, etwa Produkthaushalte, Programmbudgets o. ä. soll die Haushaltsaufstellung von der „historischen" Sichtweise gelöst werden und stärker analytisch erfolgen können (siehe auch Kapitel 7 Plan-Kostenrechnung).

5.4.2 Haushaltsentwurf

Haushaltsberatung

Hieraus wird ein Haushaltsentwurf der Verwaltung erstellt, der dem jeweiligen Entscheidungsgremium vorgelegt wird. Es folgen dann die Haushaltsberatungen und die Verabschiedung des Haushaltsplans. Dieser erhält dann verbindlichen Charakter.

Beschluss und Mittelbewilligung

Hierbei ist zu berücksichtigen, dass jede sachliche Entscheidung eines Gremiums noch des Haushaltsbeschlusses und der damit verbundenen Mittelbewilligung bedarf, z. B. wenn eine Kommune beschließt, die örtlichen Vereine und Verbände zu fördern. Die Verwaltung wird von sich aus bei der Erstellung des Entwurfs zwar die Mittel für die Förderung einplanen, jedoch ist das Entscheidungsgremium bei der Bewilligung der Haushaltsmittel hieran grundsätzlich nicht gebunden. Natürlich wird das Entscheidungsgremium in der Regel bestrebt sein, konsistent zu handeln und eingegangene rechtliche Verpflichtungen zu berücksichtigen.

Umgekehrt bedeutet die Mittelbewilligung im Haushaltsplan noch keinen sachlichen Beschluss. Wenn also z. B. der Stadtrat Mittel für die Renovierung des Jugendhauses im Haushalt bereitstellt, besteht dadurch keine Verpflichtung, die Renovierung auch durchzuführen. Hierzu bedarf es noch der sachlichen Beschlüsse. Durch den Haushaltsplan entsteht auch keine rechtliche Verpflichtung nach außen.

5.4.3 Verabschiedeter Haushalt

Der verabschiedete Haushalt bekommt dann Rechtscharakter und wird anschließend durch die Verwaltung ausgeführt („vollzogen"). Bei Körperschaften, die einer Aufsicht unterliegen (etwa kreisangehörige Kommunen), muss der Haushalt von der Aufsichtsbehörde noch genehmigt werden. Für den Vollzug des Haushalts ist in der Regel ein „Haushaltsbeauftragter" (z. B. der Kämmerer einer Kommune) zuständig, der diese Aufgaben dann weiter an die jeweiligen Haushaltsstellen delegiert. **Rechtscharakter**

5.4.4 Buchungen

Die laufende Buchhaltung der öffentlichen Hand ist eine „Soll-Ist-Rechnung", die hier sehr vereinfacht dargestellt wird: **Soll-Ist-Rechnung**

Die Buchung in der einfachen Kameralistik geht dann wie folgt:

Zuschüsse für laufende Zwecke an Vereine/Verbände	**Reste-Soll**	**Soll**	**Ist**	**Rest**
Anordnung	0 EUR	2.000 EUR		
Auszahlung			500 EUR	
Rest				1.500 EUR

Mit der Anordnung wird die jeweilige Kasse befugt, über die Mittel zu verfügen. Diese kommen dann zur Auszahlung.

Es verbleibt ein Rest, der noch zur Auszahlung zur Verfügung steht. Am Ende des Jahres verbleibt dieser Rest als „Haushalts-Rest" (Ausgabereste = nicht getätigte Ausgaben, Einnahmereste = nicht realisierte Einnahmen). Diese können – sofern eine Übertragbarkeit in die Folgeperiode vorgesehen ist – als Reste-Soll übernommen werden. **Ausgabereste**

5.4.5 Über- und außerplanmäßige Ausgaben

Im Laufe des Haushaltsvollzugs kann es dann zu überplanmäßigen Ausgaben kommen. Dies ist der Fall, wenn Ausgaben, die im Grunde geplant waren, der Höhe nach nicht reichen (z. B. die steigenden Kosten für Baumaßnahmen oder für Jugendhilfe). **Geplante Ausgaben reichen nicht**

Ein anderer Fall liegt vor bei außerplanmäßigen Ausgaben, also Ausgaben, die nicht geplant waren (z. B. die unerwartet notwendige Renovierung des Jugendhauses). **Nicht geplante Ausgaben**

Wenn ein Ausgleich im Rahmen des Haushalts durch Minderausgaben an anderer Stelle nicht möglich ist, kann es einen Nachtragshaushalt geben, der beantragt und beschlossen werden muss. **Nachtragshaushalt**

5.4.6 Haushaltssperre

Nachträgliche Begrenzung bei Haushaltsgefährdung

Eine Haushaltssperre bedeutet, dass nachträglich die Ausführung des Haushaltsplans begrenzt wird. Die Haushaltssperre wird verhängt, wenn der Haushaltsausgleich gefährdet erscheint. Je nach Umfang der Haushaltssperre werden nicht nur begonnene Projekte gestoppt, sondern auch laufende Projekte unterbrochen. Pflichtaufgaben (z. B. die meisten Sozialleistungen) sind hiervon nicht betroffen.

5.4.7 Haushaltsrechnung

Ist-Ergebnis

Am Ende einer Periode wird dann das Ist-Ergebnis der Haushaltswirtschaft errechnet, also in welchem Umfang die im Haushaltsplan festgelegten Ansätze („Soll") in der Praxis eingehalten wurden.

5.4.8 Haushaltskontrolle

Rechnungsprüfung

Integraler Bestandteil des Haushaltsverfahrens ist die Rechnungsprüfung. Hierzu sind eigene Rechnungsprüfungsbehörden (Rechnungsprüfungsamt, -hof, -verband) eingerichtet. Sie überprüfen sowohl die Ordnungsmäßigkeit als auch die Einhaltung der Haushaltsgrundsätze, insbesondere die Wirtschaftlichkeit.

Wirtschaftlichkeitsprüfung

Bei der Wirtschaftlichkeitsprüfung wird dabei untersucht, ob die Maßnahmen nicht auch mit geringerem Personal- oder Sachaufwand oder auf andere Weise wirksamer hätten erfüllt werden können.

Die Überprüfung der Wirtschaftlichkeit erfolgt dabei in der Regel anhand von Verfahrensüberprüfungen, also etwa ob Vergleichsangebote eingeholt oder Wirtschaftlichkeitsuntersuchungen durchgeführt wurden. So mahnte beispielsweise der rheinland-pfälzische Landesrechnungshof an, dass bei Tagesstätten für psychisch behinderte Menschen keine Entgeltverhandlungen durchgeführt wurden und dadurch „gesetzliche Vorgaben zur Erschließung von Wirtschaftlichkeitsreserven und zur Förderung des Wettbewerbs nicht umgesetzt (wurden)[6].

Inhaltliche Überprüfung

Allerdings kann hier auch eine inhaltliche Überprüfung erfolgen, also z. B. tatsächlich Preisvergleiche angestellt oder Maßnahmen gefordert werden.

5.5 Entwicklungslinien

Reformansätze

Die hier dargestellte einfache Kameralistik wird derzeit durch verschiedene Reformansätze in Richtung kaufmännischer Buchführung weiterentwickelt.

Kritikpunkte an der Kameralistik

Im Zentrum stehen dabei die Kritikpunkte an der Kameralistik:

- Insbesondere die Konzentration auf Zahlungsströme statt auf Kosten und Leistungen macht den tatsächlichen Werteverbrauch nicht transparent.
- Die Feststellung eines „Ergebnisses" ist nicht oder nur schwer möglich, der Schwerpunkt der Haushaltsrechnung liegt auf dem „Finanzierungserfolg", also ob der Haushaltsausgleich möglich war.

---

[6] Rechnungshof Rheinland-Pfalz, Jahresbericht 2012, Punkt 20, Landtagsdrucksache 16/850.

- Es fehlt eine Vermögensrechnung, die insbesondere die Investitionen und die Verschuldung transparent macht.
- Durch die „Fortschreibungsmethode“ bei der Haushaltsplanung werden oft die zugrundeliegenden inhaltlichen Programme (also z. B. das „Mengengerüst“) nicht transparent.
- Durch einzelne Haushaltsgrundsätze (Jährlichkeit, Mittelbindung) werden paradoxe Steuerungseffekte erzielt.

5.5.1 Einfache Kameralistik, erweiterte Kameralistik, Doppik

Abweichungsmöglichkeiten von der kameralen Buchführung

Daher wurde im Haushaltsgrundsätzegesetz 2009 die Möglichkeit geschaffen, von der rein kameralen Buchführung abzuweichen. Hier gibt es verschiedene Optionen, die jede Körperschaft für sich entscheiden muss. Die Möglichkeiten bestehen in der Beibehaltung der einfachen Kameralistik, der Anwendung einer erweiterten Kameralistik und der Anwendung der Doppik.

Hierbei wird einerseits die Gliederungssystematik des Haushalts weiterentwickelt (nach bisherigen Gruppierungsplänen, nach Verwaltungskontenrahmen oder nach Produkten).

Doppik

Bei der Einführung der Doppik wird wie bisher ein Haushaltsplan (genannt Finanzplan) erstellt. Es wird zudem eine Bilanz erstellt (was auch die Einführung einer doppelten Buchführung erfordert). Letztlich wird eine Ergebnisrechnung, das Pendant zur Gewinn- und Verlustrechnung, eingeführt. Da nach wie vor im Rahmen der öffentlichen Haushalte geplant werden muss, steht der Ergebnisrechnung auf der Planseite ein Wirtschaftsplan gegenüber.

5.5.2 Grundanforderung bleibt gleich

Haushaltswirtschaft bleibt

Nicht verändert wird der Grundcharakter des öffentlichen Haushalts, der auf einer Planung und der Entscheidung über einen Haushaltsplan (in welcher Form auch immer) durch ein Entscheidungsgremium beruht. Ebenso bleibt unverändert, dass letztlich die Finanzierungsfrage als grundsätzliche politische Entscheidung abgebildet werden muss. Die „staatliche Doppik“ (§ 1a HGrG) lehnt sich insofern zwar im Rechnungswesen und Bewertungsvorschriften an die handelsrechtlichen Vorschriften an. Es bleibt jedoch grundsätzlich eine Haushaltswirtschaft, bei der die Planung im Rahmen von Haushaltsplänen im Mittelpunkt steht („doppische Haushalte“, „Produkthaushalte“).

5.5.3 Zwischenformen

Eigenbetriebe, Anstalten des öffentlichen Rechts

Eine Sonderform innerhalb der öffentlichen Hand nehmen die öffentlichen Unternehmen wahr, die z. B. als Eigenbetriebe oder als Anstalten des öffentlichen Rechts geführt werden. Dies sind öffentliche Körperschaften, die jedoch von der Art ihrer Tätigkeit eher auf eine wirtschaftsähnliche Tätigkeit gerichtet sind. Hierzu gehören z. B. kommunale Anbieter von Sozialleistungen oder kommunale Servicegesellschaften.

Wirtschaftsplan, kaufmännischer Abschluss

Hier wird in der Regel zu Beginn des Jahres ein Wirtschaftsplan erstellt, der den eventuell notwendigen Zuschuss des öffentlichen Haushalts definiert. Der Wirtschaftsplan wird von einem Werksausschuss oder Verwaltungsrat beschlossen, in dem auch Vertreter der jeweiligen „Eigentümer" (öffentliche Körperschaften) sitzen. Im Übrigen arbeiten diese Organisationen jedoch eigenständig. Sie erstellen demnach einen kaufmännischen Abschluss.

Sonderhaushalte

Weitere Zwischenformen sind z. B. „selbstabschließende" Haushalte oder „Sonderhaushalte", die eigene Haushalte für einzelne Einrichtungen (etwa die kirchliche Kindertagesstätte) vorsehen, deren Überschuss oder Zuschussbedarf jedoch über den ordentlichen Haushalt ausgeglichen wird.

5.6 Bedeutung für die Sozialwirtschaft

Die Bedeutung des öffentlichen Haushaltswesens für die Sozialwirtschaft ergibt sich insbesondere aus zwei Aspekten:

Öffentliche Körperschaft

Zum einen wird ein Teil der Träger der Sozialwirtschaft in Form von öffentlichen Körperschaften geführt und für sie ist die Kameralistik oder die Doppik ihre Form des Rechnungswesens.

Finanzierung durch öffentliche Sozialleistungsträger

Viel wichtiger ist für weite Bereiche der Sozialwirtschaft jedoch das Umschalten zwischen den Systemen und Vermittlung zwischen den Systemen. Die Berührungspunkte sind hier insbesondere die Finanzierung durch öffentliche Sozialleistungsträger und die damit verbundene Ausstrahlwirkung sowie der immer noch stattfindende Übergang zwischen den Rechnungssystemen bei einzelnen Organisationen.

Haushaltslogik

Insbesondere aber wird mit der „Haushaltslogik" eine andere Steuerungslogik des Unternehmens verbunden. Während das kaufmännische Denken grundsätzlich von einem eigenverantwortlichen Unternehmer ausgeht, der am Ende des Tages das wirtschaftliche Ergebnis seines Handelns sehen will, geht das Haushaltsdenken von einem festen (gesetzlich gegebenen) Aufgabenkatalog aus, für dessen Durchführung einer Verwaltung Mittel bewilligt werden. Ein Unternehmen, das vom Vorstand oder Aufsichtsgremium mit Haushaltsplänen gesteuert wird, sieht die Geschäftsführung wohl eher in Form eines ausführenden Angestellten.

Dies mag durchaus auch in mancher Hinsicht berechtigt sein. Auch Sozialunternehmen in freier Trägerschaft gehören meist einem Verein oder einer Institution, die primär an ideellen, sozialen Zielen Interesse hat. Dennoch gehen durch den Verzicht auf das kaufmännische Denken die Vorteile der Flexibilität und Steuerungsfähigkeit verloren.

5.7 Vergleich von öffentlichem Haushalt und kaufmännischem Abschluss

Dieser Vergleich soll anhand eines Beispiels dargestellt werden:

Beispiel Kindertagesstätte

Die Kindertagesstätte St. Benjamin wird von einer Kirchengemeinde betrieben. Für die Kindertagesstätte wird ein eigener Haushaltsplan vorgelegt („selbstabschließender Haushalt"), der wie folgt aussieht:

	Ansatz 2016	Ist 2015
Schlüsselzuweisung	4.450,00 EUR	4.450,00 EUR
Zweckgebundene Zuweisungen und Umlagen von Kirchengemeinden	18.400,00 EUR	18.400,00 EUR
Zuschüsse von Ländern	58.540,00 EUR	51.921,31 EUR
...		
Entnahme aus Rücklagen, Fonds, Stiftungen	0 EUR	11.689,43 EUR
Anteilsbetrag des ordentlichen Haushalts		12.000,00 EUR
Summe Einnahmen	192.710,00 EUR	221.535,10 EUR
Pädagogisches Personal, Jugendleitung	127.700,00 EUR	130.484,22 EUR
Reinigungspersonal	10.400,00 EUR	9.748,36 EUR
...		
Mietzins	18.400,00 EUR	18.400,00 EUR
Beschaffung Gebrauchsgegenstände	650 EUR	1.657,37 EUR
Zuführung zu Rücklagen, Fonds	16.810,00 EUR	29.619,13 EUR
Zuführung zum ordentlichen Haushalt	0 EUR	0 EUR
Erwerb von beweglichen Sachen	2.500,00 EUR	5.281,96 EUR
Tilgungsausgaben	0 EUR	2.556,46 EUR
Summe Ausgaben	192.710,00 EUR	221.535,10 EUR
Saldo	0,00 EUR	0,00 EUR

Wirtschaftlichkeitsbeurteilung

Wenn nun die Wirtschaftlichkeit dieser Kindertageseinrichtung beurteilt werden soll, bietet der Haushaltsplan auf den ersten Blick keinen Ansatzpunkt. Vielmehr ist der Saldo eben 0 Euro, wogegen eine Gewinn- und Verlustrechnung einen klaren Ergebnisausweis machen würde.

Um eine Wirtschaftlichkeitsbeurteilung durchzuführen, müsste zunächst die Perspektive geklärt werden: Die kaufmännische Rechnung geht immer von einer vergangenheitsbezogenen Ist-Betrachtung aus. Wir können also die Sollspalte außer Acht lassen.

Im Übrigen sollten wir auch nicht als „Wirtschaftlichkeit" den Vergleich von Ist und Soll ansehen, denn Planerfüllung ist kein Garant für Wirtschaftlichkeit.

Nun gilt es, den Haushalt so zu bereinigen, dass er Erträge und Aufwand widerspiegelt und nicht Einnahmen und Ausgaben. Hier werden wir auf folgende Positionen stoßen:

- Zweckgebundene Zuweisungen von Kirchengemeinden: Dies sind Zuweisungen der Kirchengemeinde (also der „Eigentümerin") an ihr Unternehmen, gewissermaßen ein vorweggenommener Verlustausgleich. Dies ist eine Einnahme, aber kein Ertrag.
- Entnahme aus Rücklagen: Dies ist die Abhebung von Konten oder anderen Finanzanlagen zum Zweck, also kein Ertrag. Ob diese Rücklagen z. B. für die neue Heizung gebildet wurden oder aber für den Defizitausgleich der Kindertagesstätte, kann hier nicht beurteilt werden.
- Der Anteilsbetrag des ordentlichen Haushalts ist ebenfalls eine Haushaltszuweisung aus dem ordentlichen Kirchenhaushalt, ähnlich der Zuweisung von Kirchengemeinden. Es ist ebenfalls eine Form des vorweggenommenen Verlustausgleichs.
- Auf der Ausgabenseite finden sich dann die umgekehrten Positionen, also Zuführung zu Rücklagen etc., dies ist analog kein Aufwand, nur Ausgabe.
- Der Erwerb von beweglichen Sachen ist im Sinne des kaufmännischen Denkens kein Aufwand, wenn die Grenzen für die Aktivierung in der Bilanz überschritten werden. Dies lässt sich hier nicht abschließend beurteilen.
- Allerdings fehlen Abschreibungen, sowohl für die Immobilie als auch für die beweglichen Sachen (die auch früher schon angeschafft wurden). Im Haushalt sind nur Ausgaben, kein kalkulatorischer Aufwand abgebildet. Um Abschreibungen zu ermitteln, müssten jedoch die Anlagegüter erst inventarisiert werden.
- Tilgungsausgaben vermindern den Kredit, sind also kein Aufwand, sondern nur Auszahlung und würden daher ebenfalls nicht in einer Gewinn- und Verlustrechnung auftauchen.

Insgesamt kann also aus einem öffentlichen Haushalt nur näherungsweise eine Wirtschaftlichkeitsbeurteilung im kaufmännischen Sinne erfolgen.

6. Kostenrechnung – Kostenarten-, Kostenstellen-, Kostenträgerrechnung

Wir wissen aus den vorigen Kapiteln nun, wie ein Jahresabschluss erstellt und analysiert wird. Auch die Grundlagen der kaufmännischen Buchhaltung sind uns bekannt. Im folgenden Kapitel betrachten wir nun die Kosten- und Leistungsrechnung.

Stufen der Kostenrechnung

Die Kostenrechnung orientiert sich an folgendem Prozessschema:

Stufen der Kostenrechnung
• Die erste Stufe ist die Kostenartenrechnung, in der die einzelnen Kostenarten (Personalkosten, Materialkosten, Abschreibungen etc.) erfasst und zusammengefasst werden. • In der zweiten Stufe wird die Kostenstellenrechnung durchgeführt, bei der die Kostenarten verursachungsgerecht auf die einzelnen Kostenstellen aufgeteilt werden, wobei aufgrund der Struktur sozialer Organisationen insbesondere die Verteilung der Gemeinkosten auf die Kostenstellen im Vordergrund steht. • In der letzten, der dritten Stufe werden die Kosten auf die einzelnen Produkte oder Dienstleistungen verteilt, auf die so genannten Kostenträger. Dies ist die Kostenträgerrechnung.

Und nochmal auf einen Blick:

Ablaufschritt	Frage	Erläuterung
Kostenarten-Rechnung	„Welche?"	Welche Kosten sind angefallen?
Kostenstellen-Rechnung	„Wo?"	An welchen Stellen sind die Kosten angefallen?
Kostenträger-Rechnung	„Wofür?"	Für welche Produkte oder Dienstleistungen sind Kosten angefallen?

6.1 Kosten und Leistungen

Einordnung bei Strom- und Bestandsgrößen

Bevor die Ausgestaltung des Prozessschemas thematisiert wird, sind die Begriffe „Kosten" und „Leistungen" zu klären. Sie sind als Endpunkte einer Kette von Begriffen aus dem betrieblichen Rechnungswesen zu sehen. Die Begriffe „Kosten" und „Leistungen" sollen deshalb in das System der in Abschnitt 2.2 erläuterten Strom- und Bestandsgrößen eingeordnet werden.

Das dort aufgestellte Schema wird nun um eine Stufe erweitert:

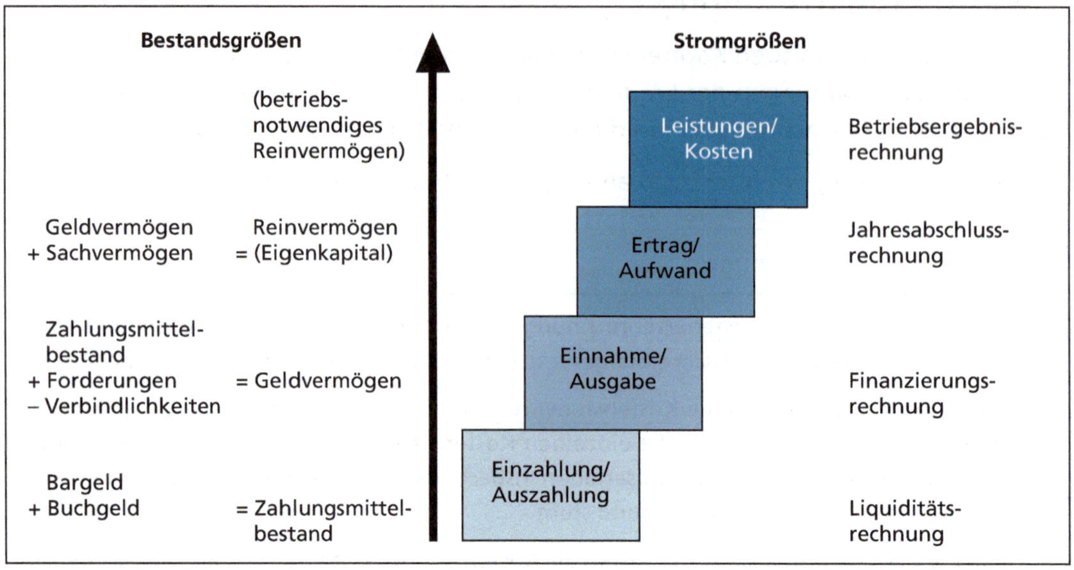

Abb. 15: Übersicht Bestandsgrößen – Stromgrößen

Stufenweise Betrachtung

Im Abschnitt 2.2.2 wurde gezeigt, dass sich der Blick auf das Unternehmen auf den ersten drei Stufen (von unten nach oben) erweitert. Vom Begriff des Zahlungsmittelbestandes bis zum Reinvermögen treten von Stufe zu Stufe jeweils weitere Aspekte hinzu: Während auf der untersten Stufe nur die Liquidität in den Blick genommen wird, wird die Betrachtung auf der zweiten Stufe auf die Finanzierung erweitert, weil hier Forderungen und Verbindlichkeiten berücksichtigt werden. Auf der dritten Stufe wird das Sachvermögen hinzugerechnet, wodurch alle (wesentlichen) Aspekte des Jahresabschlusses zusammengetragen sind.

Überschneidungen und Erweiterungen

Auf der nun hinzugefügten vierten Stufe wird die Ebene der Kosten und Leistungen hinzugefügt. Wie bei den vorhergehenden Ebenen bestehen auch bei dieser Stufe Überschneidungen und Erweiterungen zur vorhergehenden Ebene.

Die Begriffe Kosten und Leistungen erweitern die Betrachtung der Gewinn- und Verlustrechnung, um zum Betriebsergebnis eines Unternehmens oder einer Organisationseinheit zu gelangen. Mithin ist der Saldo aus Kosten und Leistungen der Betriebserfolg.

Worin unterscheidet sich nun der in der Gewinn- und Verlustrechnung festgestellte Erfolg von dem hier definierten Betriebserfolg? Zunächst ist darauf hinzuweisen, dass – wie die Grafik zeigt – weite Überschneidungen zwischen den beiden Begriffsebenen bestehen. In der Praxis bedeutet dies, dass die Daten der Finanzbuchhaltung die Grundlagen für die Kosten- und Leistungsrechnung darstellen.

In sehr vielen Unternehmen werden die Daten ohne jede Korrektur übernommen. Mancher wird einwenden, dass die Korrektur von Daten der Finanzbuchhaltung gar Manipulation darstellt. Um dies zu klären, sind die Randstellen des Übergangs von der dritten zur vierten Stufe des Schemas interessant:

6.1.1 Aufwendungen, die keine Kosten, und Erträge, die keine Leistung darstellen

Zunächst gibt es Aufwendungen, die nicht als Kosten gelten können, bzw. Erträge, die nicht als Leistungen gewertet werden können, da sie nicht in hinreichend engem Zusammenhang zum Betriebserfolg stehen. Die Entscheidung, welche Aufwendungen und Erträge zu dieser Gruppe zählen, ist kaum zu objektivieren. Deshalb ist es gut, dass der Gesetzgeber sich hier einer Regelung enthalten hat.

Außerordentliche Aufwendungen, Erträge

Meist werden außerordentliche Aufwendungen und außerordentliche Erträge hierzu zählen. Es handelt sich also häufig bei diesen Posten um selten auftretende Ereignisse, die mit der unmittelbaren Betriebsleistung, dem „Alltagsgeschäft" nicht in Verbindung zu bringen sind. Als Beispiel sind hier außergewöhnliche Schadensereignisse oder nicht erwartete und so nicht wiederkehrende Zuwendungen zu nennen.

Ordentliche Aufwendungen

Aber auch ordentliche Aufwendungen können in diese Kategorie fallen. Dazu könnten zum Beispiel Aufwendungen für Dienstwagen der Führungskräfte oder für Spenden zählen.

Kein Betrag zum Betriebserfolg

Bei beiden Tatbeständen kann leicht argumentiert werden, dass diese zum Betriebserfolg keinen Beitrag leisten.

Ordentliche Erträge

Auch ordentliche Erträge können aus der Leistungsrechnung ausgeschlossen werden. Hier sind etwa Zinserträge zu nennen. Auch für diese Erträge ist keine Leistung erbracht worden, die mit dem Betriebszweck eines Unternehmens im Sozial- und Gesundheitswesen in Verbindung steht. Jede Führung wird hier aber eine eigene begründete Entscheidung treffen.

6.1.2 Kosten, die keine Aufwendungen, und Leistungen, die keine Erträge darstellen

Nun betrachten wir das Phänomen umgekehrt: Es können Kosten, die keine Aufwendungen sind, und Leistungen, die keine Erträge sind, ermittelt werden.

Kalkulatorische Kosten

Dabei handelt es sich um alle Arten von kalkulatorischen Kosten. Als Beispiel sei hier die kalkulatorische Miete für im Betriebsvermögen befindliche Betriebsräume genannt. Im Bereich der Leistungen sind Werte denkbar, die keine Erträge sind. So können bestimmte Rabatte den Erträgen wieder hinzugerechnet werden, um zu einer gleichmäßigen Bewertung der erbrachten Leistungen zu gelangen. Vor dem Hintergrund kaufmännischer Vorsicht erscheint es jedoch ratsamer mit kalkulatorischen Kosten anstatt mit kalkulatorischen Leistungen zu arbeiten.

6.2 Die Datenvorbereitung/Auswertung/technische Lösungen

Datenaufbereitung notwendig

Wie im vorangegangenen Abschnitt 6.1 beschrieben, können die Daten der Buchhaltung nicht ohne Weiteres für die Kostenrechnung verwendet werden, da die Kosten eines Unternehmens oft nicht den Aufwendungen entsprechen oder nicht in derselben Periode angefallen sind. Dieselbe Diskrepanz gilt für Leistungen im Verhältnis zu Erträgen sowie für Kosten im Verhältnis zu Aufwendungen. Die Daten müssen also weiter aufbereitet werden.

Den Prozess der Datenaufbereitung zeigt die folgende Grafik:

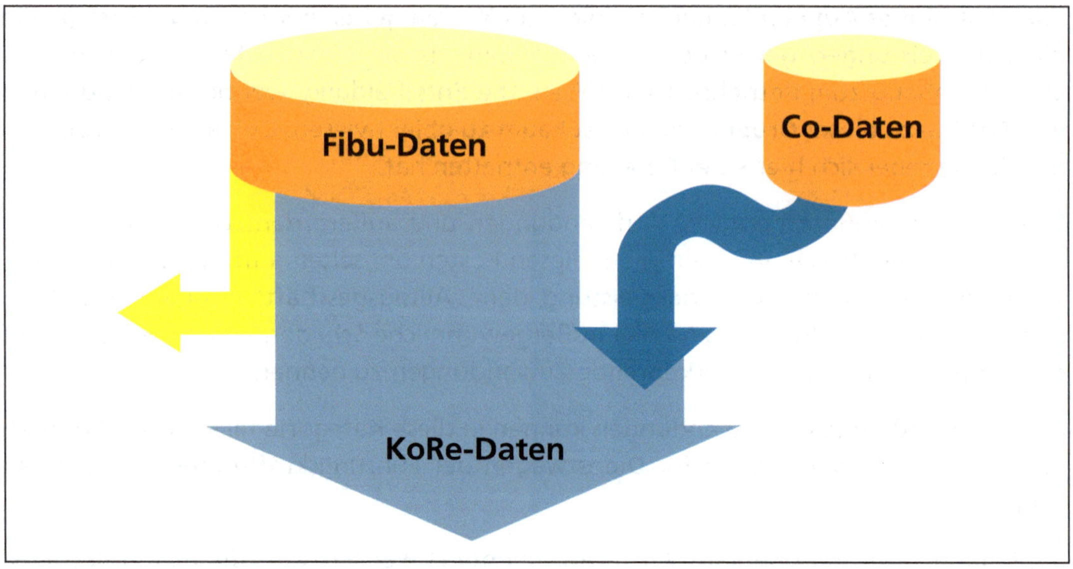

Abb. 16: Prozess der Datenaufbereitung

Die Grafik zeigt, dass der größte Teil der Daten, die in der Kostenrechnung verarbeitet werden, Daten der Finanzbuchhaltung (Fibu) – genauer Buchungen der Gewinn- und Verlustrechnung – sind. Ein kleiner Teil der Daten der Finanzbuchhaltung bleibt in der Kostenrechnung unberücksichtigt (Pfeil nach links). Ein wiederum kleiner Datenbestand – erfolgsrelevante Daten, die nicht in der Gewinn- und Verlustrechnung erscheinen (Co-Daten = Controlling-Daten) – wird der Kostenrechnung hinzugefügt (KoRe-Daten).

Schema Datenübernahme

Ob Daten der Finanzbuchhaltung in die Kostenrechnung übernommen werden oder nicht oder ob weitere Daten, die nicht aus der Finanzbuchhaltung stammen, hinzugefügt werden, wird nach folgendem Schema entschieden. Die Tabelle systematisiert die Fälle:

		Leistungen bzw. Kosten	
		ja	**nein**
Aufwendungen bzw. Erträge	**ja**	übernehmen	ausblenden
	nein	hinzufügen (Co-Daten)	./.

Auf den ersten Blick erscheint die Form der Aufbereitung der Daten wie eine Manipulation des „richtigen" Ergebnisses des Unternehmens. Um gerade dies zu verhindern, sollte eine Veränderung des Ergebnisses der Gewinn und Verlustrechnung nur mit „guten Gründen" vorgenommen werden.

Gute Gründe

„Gute Gründe" zeichnen sich dadurch aus, dass diese weitreichend im Unternehmen geteilt werden und dass das auf dieser Grundlage errechnete Betriebsergebnis deshalb als handlungsleitender Ausweis des betrieblichen Erfolgs betrachtet wird. Es geht bei der Korrektur der Daten der Finanzbuchhaltung also weniger um die Kategorie „richtig" oder „falsch", sondern vielmehr um die Kategorie „akzeptiert" oder „abgelehnt". Weiter unten finden Sie Beispiele für solche Entscheidungen (6.2.1. bis 6.2.5).

Technische Unterstützung

In der Praxis wird die Aufbereitung durch technische Systeme unterstützt. Die Systematik lässt sich leicht aus der Organisation der Datenbestände in den beiden führenden Systemen des Rechnungswesens in Deutschland – dem Rechnungswesenssystem der Firma SAP und dem entsprechenden System der Firma DATEV – nachvollziehen. Das Kernelement der Systeme ergibt sich aus den Datenbeständen der Buchhaltung. Bei SAP handelt es sich hier um das so genannte FI-Modul (FI = finance). Sämtliche Buchungen, die die Gewinn- und Verlustrechnung betreffen, stehen für die Weiterverarbeitung in der Kosten- und Leistungsrechnung zur Verfügung. In beiden Systemen können jedoch Buchungen hinzugefügt werden, die auf den Jahresabschluss keine Auswirkungen haben. Das entsprechende Modul bei SAP ist hier das CO-Modul (CO = Controlling). Die hier erfassten Buchungen wirken auf das Betriebsergebnis, ohne – wie gesagt – auf den Gewinn laut Gewinn- und Verlustrechnung zurückzuwirken.

Diese beschriebenen Korrekturen wollen wir nun an einigen Beispielen verdeutlichen:

6.2.1 Korrektur von Einzahlung und Erträgen

Periodengerechte Zuordnung

Eine ganze Klasse von Korrekturen in der Kosten- und Leistungsrechnung zielt auf die periodengerechte Zuordnung von Aufwendungen und Erträgen. Diese können sowohl in der Buchhaltung als auch in der Kosten- und Leistungsrechnung vorgenommen werden.

Vorgehen bei ungesicherter Refinanzierung

Bei der Finanzierung von sozialen Dienstleistungen mit öffentlichen Mitteln werden von Sozialunternehmen oft Dienstleistungen erbracht, ohne dass zum Zeitpunkt der Leistungserbringung die Refinanzierung schon feststeht. Entscheidungsprozesse über die Bereitstellung von Mitteln (häufig im politischen Raum) dauern nicht selten so lange, dass erst im Verlauf einer Wirtschaftsperiode eine rechtssichere Entscheidung über die Refinanzierung vorliegt. Häufig ist das verlässliche Inaussichtstellen von Mitteln aus kaufmännischer Sicht Grund genug, die Leistung zu erbringen.

Zur Darstellung von periodengerechten Erträgen (in diesem Fall ohne Bescheid) könnten Forderungen eingebucht werden, die einen entsprechenden Ertrag darstellen.

Dies kann in der Debitorenbuchhaltung geschehen, wobei den handelnden Personen klar sein sollte, dass es sich in diesem Fall nicht um eine einklagbare Forderung handelt. Aus diesem Grund müssen derartige Forderungen spätestens zum Jahresabschluss auf die schuldrechtlich belastbaren Beträge angepasst werden. Diese Korrektur erscheint auch aus betriebswirtschaftlicher Sicht dringend erforderlich; denn es ist sicher als Zeichen einer Krise zu werten, wenn ein Sozialunternehmen über die Grenzen einer Wirtschaftsperiode hinweg Leistungen erbringt, ohne dass deren Finanzierung gesichert ist. Wer die Darstellung in der Finanzbuchhaltung scheut, kann die entsprechenden Ertragsbuchungen auch in der Kosten- und Leistungsrechnung darstellen.

6.2.2 Korrektur von Auszahlungen und Aufwendungen

Jahressonderzahlungen bei Personalkosten

Ein entsprechender Fall auf der Aufwandsseite betrifft die Darstellung von Sonderzahlungen im Rahmen der Personalkosten. In den allermeisten Sozialunternehmen werden zum Jahresende – in der Regel im Monat November – Jahressonderzahlungen (Weihnachtsgeld) geleistet. Zum Teil wird in einem der Sommermonate Urlaubsgeld gewährt oder die Jahressonderzahlung wird auf zwei Raten – beispielsweise im Mai und im November – aufgeteilt. Insbesondere dann, wenn es sich bei der Sonderzahlung um einen unbedingten Gehaltsanspruch handelt, steht dieser Aufwand in keinerlei Beziehung zu einer Leistung der Begünstigten in der Periode der Zahlung. Deshalb sind die Aufwendungen für Sonderzahlungen auf die Perioden der mit ihnen korrespondierenden Leistungserbringung zu verteilen.

Verbuchung von Rückstellungen

Dies kann, wie das folgende Beispiel zeigt, durch Verbuchung von entsprechenden Rückstellungen geschehen.

Beispiel:

Im Monat November hat die Einrichtung ein „Weihnachtsgeld" zu zahlen.
Betrag: 240.000 EUR

Lösung: Buchung von unterjährigen Rückstellungen. Wie die Auflistung zeigt, hat die unterjährige Verbuchung der Rückstellungen zum Jahresabschluss keinen Einfluss auf das Jahresergebnis.

Buchungssätze	Monat	Soll	Haben	Betrag
Co	01.20XX	kalk. Personalaufwand	Rückstellung Sonderzahlung	20.000 EUR
Co	...	kalk. Personalaufwand	Rückstellung Sonderzahlung	20.000 EUR
Co	10.20XX	kalk. Personalaufwand	Rückstellung Sonderzahlung	20.000 EUR
Fi	11.20XX	Personalaufwand	Lohnverbindlichkeit	240.000 EUR
Co	11.20XX	Rückstellung Sonderzahlung	kalk. Personalaufwand	220.000 EUR
Co	12.20XX	kalk. Personalaufwand	Rückstellung Sonderzahlung	20.000 EUR

6.2.3 Erträge ohne Leistungen

Keine Unmittelbarkeit

Einige Erträge können mit guten Gründen aus der Kosten- und Leistungsrechnung ausgeblendet werden, wenn es sich um Zahlungen handelt, die im Sinne des Unternehmenszwecks als nicht unmittelbar betrachtet werden. Dies erscheint zunächst als Manipulation, ist jedoch Ausdruck unternehmerischer Freiheit bei der Gestaltung einer entscheidungsorientierten Kosten- und Leistungsrechnung.

Ermessensentscheidung

Bei der Auswahl dieser Erträge – auch bei der Entscheidung, ob von diesem Freiheitsgrad überhaupt Gebrauch gemacht wird – handelt es sich um eine Ermessensentscheidung. Deshalb können hier nur Beispiele angeführt werden, die verdeutlichen sollen, welche Denkfigur derartigen Maßnahmen zugrunde liegt.

Erträge, die bei Sozialunternehmen keine Leistungen darstellen, sind z. B. Zinserträge. Würden diese Erträge in die Kosten- und Leistungsrechnung einbezogen, würde der wirtschaftliche Erfolg der sozialen Dienstleistung umso größer dargestellt, je mehr Zinserträge angefallen sind. Deshalb erscheint es ratsam, diese aus der Kosten- und Leistungsrechnung auszublenden.

Zinserträge

Ein anderes Beispiel in dem hier dargestellten Kontext betrifft Spendenerträge. Auch hier erscheint es zweifelhaft, ob bei Sozialunternehmen Spenden in die Kosten- und Leistungsrechnung einbezogen werden sollen. Sicherlich sind Spenden wirtschaftlich relevant. Dies bedeutet jedoch nicht, dass jede soziale Dienstleistung wirtschaftlich auf Basis von Spenden gesichert werden soll. Die meisten Sozialunternehmen finanzieren mit Hilfe von Spenden Zusatzleistungen oder Anschaffungen, die bestimmte einzelne Standardverbesserungen ermöglichen. Sie dienen aber nicht zur Finanzierung der Grundleistung.

Spendenerträge

Im Falle von Organisationen, deren Geschäftszweck im Sammeln von Spenden liegt, würde die Auswahl gerade umgekehrt getroffen. Hier würden die Erlöse aus Dienstleistungen gerade ausgeblendet, um die Kosten- und Leistungsrechnung auf die Spendenerträge zu fokussieren.

6.2.4 Kosten ohne Aufwendungen

Eine weitere Gruppe von Korrekturen betrifft Kosten ohne Aufwendungen. Hierbei handelt es sich um sogenannte kalkulatorische Kosten. Dies sind mithin Kosten, die in der Gewinn- und Verlustrechnung nicht bzw. in der Regel noch nicht erscheinen. Die Berücksichtigung solcher Kosten folgt dem Grundsatz kaufmännischer Vorsicht. Die Sinnhaftigkeit derartiger Korrekturen bzw. Ergänzungen soll anhand eines Beispiels verdeutlicht werden:

Kalkulatorische Kosten

Dies sind pauschal anzusetzende Kosten, die bei langfristiger Bewirtschaftung eines Gebäudes anzusetzen sind – dies unabhängig davon, ob in der aktuellen Periode Instandhaltungsmaßnahmen durchgeführt werden oder nicht. Neben den Kosten für die Finanzierung eines Gebäudes (Zinsen) und den Abschreibungen sind hinreichende Aufwendungen für Instandhaltung vorzusehen, um das Gebäude in einem nutzbaren Zustand zu erhalten. Zu Beginn der Immobiliennutzung entstehen hier in der Regel keine oder nur geringe Aufwendungen, da alle verbauten Teile neuwertig sind. Mit der Zeit werden durch Verschleiß oder aufgrund von Standardverbesserungen Instandhaltungsmaßnahmen notwendig, die das Gebäude in vollem Umfang nutzbar und auf dem Stand der Technik halten.

Instandhaltungskosten

Diese Instandhaltungsmaßnahmen sind den Perioden zuzuordnen, in denen sie anfallen. Sie erscheinen dann in den Jahresabschlüssen der Jahre, in denen die Maßnahmen durchgeführt wurden. Dieser buchhalterisch richtige Ansatz ist betriebswirtschaftlich fragwürdig, da bereits ab dem ersten Tag der Nutzung eines Gebäudes entsprechende Rücklagen für Instandhaltung zu bilden sind. Diese speisen sich aus Gewinnen, die aus Erlösen für Dienstleistungen entstehen, für die die Nutzung der Immobilie notwendig war.

Periodische Zuordnung wissenschaftlich fragwürdig

Gewinnerwartung

Der Immobilienbesitzer verbindet also mit der Bereitstellung einer Immobilie für eine bestimmte Dienstleistung eine Gewinnerwartung, ohne die er nicht in der Lage wäre die Immobilie nachhaltig zu bewirtschaften. Es macht also Sinn, diese Gewinnerwartung als kalkulatorische Kosten in der Kosten- und Leistungsrechnung aufscheinen zu lassen.

Als Richtgrößen sollten Beträge in der Größenordnung zwischen ein und zwei Prozent des jeweiligen Neuwertes des Gebäudes angesetzt werden.

Beispiel:

Eine Immobilie hat eine Fläche von	800 m²
und wurde zu einem Quadratmeterpreis errichtet von	2.500 EUR
Mithin hat das Gebäude einen Wert von (800 × 2.500 EUR) =	2.000.000 EUR
Setzen wir nun kalkulatorische Instandhaltungskosten in Höhe von	1,5 %
des Neuwertes an, werden monatlich an Instandhaltungskosten kalkulatorisch verbucht (2.000.000 EUR · 1,5 % ÷ 12).	2.500 EUR
Aufgrund steigender Baupreise wird sich der neue Wert von Jahr zu Jahr erhöhen. Laut Baupreisindex des statistischen Bundesamtes haben sich die Baukosten für Wohngebäude von Anfang 2000 bis Anfang 2016 um	32 %
erhöht. Daraus ergibt sich eine jährliche Preissteigerungsrate in Höhe von	1,75 %
(1,32^(1/16), indem die Preissteigerung mit 1/16 potenziert wird. Die Jahre finden sich also in der Potenz wieder.	
Es erscheint also ratsam, die kalkulatorischen Instandhaltungskosten	
im ersten Folgejahr auf (2.500 EUR · 1,0175) =	2.543,75 EUR
im 2. Folgejahr auf (2543,75 EUR · 1,0175) =	2.588,27 EUR
...	
zu erhöhen.	

Diese Vorgehensweise hat dann zur Folge, dass die tatsächlichen Instandhaltungsaufwendungen aus der Kosten und Leistungsrechnung ausgeblendet werden, da diese durch Auflösung von Rücklagen, die aus den nicht ausgegebenen, kalkulatorisch angesetzten Instandhaltungskosten gebildet wurden, finanziert werden können. Dies setzt natürlich voraus, dass das Unternehmen unter Berücksichtigung der kalkulatorischen Instandhaltungskosten mindestens kostendeckend gewirtschaftet hat.

6.3 Kostenartenrechnung

Die Methoden der traditionellen Kostenrechnung zählen zu den Standardwerkzeugen in allen Zweigen der Wirtschaft und haben mittlerweile in der Sozialwirtschaft breiten Eingang gefunden. Sie sind leicht handhabbar, da sie nur geringen mathematischen Aufwand nach sich ziehen, wenngleich der Erfassungsaufwand nicht unerheblich ist. Nur was vorher differenziert erfasst wurde, kann nachher auch differenziert ausgewertet werden.

Traditionelles System der Kostenrechnung

Das traditionelle System der Kostenrechnung ist dadurch gekennzeichnet, dass in einem sogenannten Betriebsabrechnungsbogen stets sämtliche ermittelte Kosten zunächst auf Kostenstellen und letztlich auf die Kostenträger verrechnet werden.

Betriebsabrechnungsbogen

Dabei stellen die Kostenstellen den Ort in der Organisation (Abteilung) dar, während die Produkte des Unternehmens als Kostenträger bezeichnet werden. Im System gehen also keine Kosten unter. Deshalb zählt das hier beschriebene System zu den Systemen der Vollkostenrechnung.

Kostenträger, Kostenstellen

Wenn auch nicht zwangsläufig durch das System gefordert, so ist die Gliederung der Kostenartenrechnung in der Praxis in aller Regel mit der Buchhaltung (externes Rechnungswesen) identisch. Die Kostenarten sind demnach nichts anderes als die Konten der Finanzbuchhaltung.

Kostenartengruppen

> Die Leitfrage in der Kostenartenrechnung lautet:
>
> **Welche Kosten sind angefallen?**

In einer differenzierten Kostenartenrechnung lassen sich für bestimmte Kostenarten sogenannte Kostenartengruppen bilden, in denen bestimmten Kostenarten Oberbegriffe zugewiesen werden.

Beispiel: Kostenartengruppe – Wasser, Energie

- Wasser
- Kanalisation
- Strom
- Gas
- Heizöl

6.3.1 Gliederung der Kostenarten

Kostenarten werden im Wesentlichen aus den Erfolgskonten der Buchhaltung abgeleitet. Die einfachste Variante, dies zu tun, besteht darin, die Gliederung der Ertrags- und Aufwandskonten 1:1 in Kostenarten zu überführen. Anhand eines Beispiels sei dies näher erläutert:

Beispiel:

Konto-Nr.	Kontenbezeichnung	KOA-Nr.	Kostenartenbezeichnung
66150	Medizinischer Bedarf	66150	Medizinischer Bedarf
66200	Pflegerischer Bedarf	66200	Pflegerischer Bedarf
66201	Inkontinenzmaterial	66201	Inkontinenzmaterial
67010	Wasser	67010	Wasser
67100	Strom	67100	Strom
67200	Brennstoffe (Heizung)	67200	Brennstoffe (Heizung)
68000	Reinigungs- u. Putzmaterial	68000	Reinigungs- u. Putzmaterial
68010	Waschmittel	68010	Waschmittel
68102	Wäschereinigung für Pflegebewohner	68102	Wäschereinigung für Pflegebewohner

Wie die Beispielstabelle zeigt, sind der Konten der Buchhaltung oft derart differenziert, dass anhand dieser Gliederung der Kostenartnummern (KOA_Nr.) kaum ein Überblick über die Kostenstruktur gewonnen werden kann.

Verdichtung sinnvoll

Es erscheint deshalb sinnvoll, die Konten der Finanzbuchhaltung auf Kostenarten zu verdichten. Etwa so:

Beispiel:

Konto-Nr.	Kontenbezeichnung	KOA-Nr.	Kostenartenbezeichnung
66150	Medizinischer Bedarf	66	Pflegebedarf
66200	Pflegerischer Bedarf	66	Pflegebedarf
66201	Inkontinenzmaterial	66	Pflegebedarf
67010	Wasser	67	Wasser/Energie
67100	Strom	67	Wasser/Energie
67200	Brennstoffe (Heizung)	67	Wasser/Energie
68000	Reinigungs- u. Putzmaterial	68	Wirtschaftsbedarf
68010	Waschmittel	68	Wirtschaftsbedarf
68102	Wäschereinigung für Pflegebewohner	68	Wirtschaftsbedarf

Auf diese Weise sollte erreicht werden, dass die Kostenarten eines Sozialunternehmens auf 20 Gruppen – im SAP-System auch „Knoten" genannt – konzentriert werden.

Folgende Gliederung erscheint ratsam:

Gliederungsschema

1. Erlöse
   - 1.1 Leistungsentgelte
   - 1.2 Zuschüsse/Pauschalentgelte
   - 1.3 Spenden
   - 1.4 Sonstige Erlöse
2. Personalaufwand
   - 2.1 Löhne und Gehälter inklusive Lohnnebenkosten
   - 2.2 Mehrarbeit/Minderarbeit
   - 2.3 Sonstige Personalkosten
   - 2.4 Honorare/Fremdleistungen
3. Raumkosten
   - 3.1 Mieten/Pachten
   - 3.2 Gebäude(netto)abschreibungen
   - 3.3 Wasser/Energie
   - 3.4 Instandhaltung
   - 3.5 sonstige Gebäudekosten
4. sonstiger Sachaufwand
   - 4.1 pädagogisch-/pflegerischer Bedarf
   - 4.2 Wirtschaftsbedarf
   - 4.3 Mobilitätskosten
   - 4.4 Verwaltungsbedarf
   - 4.5 EDV-Kosten
   - 4.6 Beiträge/Versicherungen
5. Umlagen
   - 5.1 Einrichtungsbezogene Umlagen
   - 5.2 Zentralumlagen

Nun betrachten wir einige Gruppen dieses Gliederungsschemas einmal näher:

Leistungsentgelte, Zuschüsse, Pauschalentgelte

zu 1.1 und 1.2: Bei den Erlösen sollten Erlöse, die von der Leistung des Sozialunternehmens abhängen (1.1) von solchen, die pauschal gewährt werden (1.2), getrennt werden. Erst so ist es möglich, die Kostenstruktur zu optimieren, da sich je nach Entgeltart grundsätzlich unterschiedliche Maßnahmen anbieten. Bei Leistungsentgelten können Kosteneinsparungen zur Verbesserung des Betriebsergebnisses führen. Sofern die Kosten in einer zuschussfinanzierten Einheit jedoch unter dem Zuschussbetrag liegen, führt die Einsparung bei der Abrechnung des Zuschusses zu einer Erlösminderung, wenn der Zuschussbetrag auf die nachgewiesenen Kosten begrenzt ist. Soweit die Kosten die Zuschüsse der Kostenstelle übersteigen, ist dies gleichsam der Fall.

Spenden

zu 1.3: Die Spenden sollten getrennt von anderen Erlösen erfasst werden, weil Spenden in Sozialunternehmen in der Regel nicht zur Finanzierung der Regelleistung dienen, sondern in zusätzliche Maßnahmen zum Regelbetrieb oder zusätzliche Anschaffungen („Add-ons") fließen. Bei der Erfassung von Spenden ist darauf zu achten, freie und zweckgebundene Spenden zu unterscheiden. Freie Spenden können unmittelbar als Ertrag erfasst werden und somit sofort in die Kosten- und Leistungsrechnung einfließen. Zweckgebundene Spenden (Schenkungen mit Auflage im Sinne des § 525 BGB) sollten zunächst auf einem Verbindlichkeitskonto erfasst werden. Erst nach deren zweckentsprechender Verwendung sollten die entsprechenden Beträge in den Spendenertrag fließen (Buchungssatz: Verbindlichkeiten, zweckgebundene Spenden an Spendenerträge). Auf diese Weise wird sichergestellt, dass nur verwendete zweckgebundene Spenden sowie freie Spenden zu Erträgen werden.

Personalkosten

zu 2: In der Kategorie „Löhne und Gehälter inkl. Lohnnebenkosten" sind die Personalaufwendungen zusammengefasst, einschließlich tariflich bedingter Sonderzahlungen. Davon abgegrenzt sollten die Mehraufwendungen für Mehrarbeit (2.2) erfasst werden. Mehrarbeit kann ein Indikator für vielerlei Fehlentwicklungen sein, wie beispielsweise falsche Personaleinsatzplanung, Personalmangel, hoher Vertretungsbedarf oder eine Mischung dieser Faktoren. Andererseits kann mit Mehrarbeit aber auch einfach einmal eine Auslastungsspitze gezielt aufgefangen werden.

Raumkosten

zu 3: Hier sollten die nur durch Vertragsänderungen beeinflussbaren Kosten von den Kosten, die durch Änderungen der Nutzung oder Verhaltensänderungen beeinflusst werden können, getrennt werden. Deshalb erscheinen Mieten und Abschreibungen von den weiteren Raumkosten getrennt. Energiekosten sind durch Technik und Verhalten beeinflussbar, unterliegen aber häufig stärkeren Effekten, die durch die internationalen Ölmärkte in die Unternehmen getragen werden.

sonstiger Sachaufwand

zu 4: Diese Kostengruppe nimmt die wesentlichen Sachkosten auf. Die Sachkosten sind nach Maßgabe der Nähe zur persönlichen Dienstleistung geordnet. Die erste Kostenart (4.1) nimmt die unmittelbar mit dem pädagogischen oder pflegerischen Prozess verbundenen Kosten auf, während die Kosten weiter unten in der Liste (4.3 und 4.4.) eher durch verwaltende Prozesse ausgelöst werden. Die letzte Kostenart – Beiträge und Versicherung (4.4) – nimmt Leistungen auf, die nicht unmittelbar mit einer Gegenleistung verbunden sein müssen. Hier kann überlegt werden, ob die Kosten der Gebäudeversicherung unter die sonstigen Raumkosten (3.5) geschlüsselt werden.

Umlagen

zu 5: Es ist wichtig, die Umlagen von den primären Kosten einer Organisationseinheit zu trennen, um Kostentransparenz und Kostenverantwortung sicherzustellen. Während die Verantwortung für die primären Kosten eher bei den operativ tätigen Mitarbeitern liegt, sind die Leitungskräfte eher für die Umlagen verantwortlich.

6.3.2 Berücksichtigung von kalkulatorischen Kosten

Für Buchhaltung nicht sichtbarer Ressourcenverbrauch

Nicht jeder Ressourcenverbrauch taucht im Rechnungswesen wirklich auf. Dies betrifft insbesondere Umweltkosten, denn oftmals beinhaltet der Preis für ein Umweltgut nicht den „wahren" Wert. Es betrifft aber auch betriebliche Güter. So wird etwa im Sozialbereich durchaus auch mit für die Buchhaltung „kostenlosen" Faktoren gearbeitet:

- Das kostenlos zur Verfügung gestellte Gebäude.
- Die Nutzung eines bereits abgeschriebenen Anlagegutes.
- Die „Zeitspende" von Ehrenamtlichen.
- Die nicht verrechnete Dienstleistung des Dachverbandes.

Kalkulatorische Kosten

Das Problem dieser Kosten ist, dass sie in der Buchhaltung nicht aus den laufenden Geschäftsvorfällen ablesbar sind. Andererseits werden sie benötigt, um die Leistung zu erbringen und sie sind damit „Produktionsfaktor". Würden diese Faktoren wegfallen, müssten sie am Markt eingekauft werden.

In einem solchen Fall würden „kalkulatorische Kosten" angesetzt, die sich von den in der Buchhaltung angesetzten Kosten unterscheiden oder aber zusätzlich gebildet würden. Ihnen steht zwar ein Werteverzehr gegenüber, nicht jedoch ein Aufwand oder gar eine Auszahlung.

Solche kalkulatorischen Kosten sind z. B.

- Verzinsung von Eigenkapital
- (fiktive) Vergütung von ehrenamtlicher Arbeit
- (fiktive) kalkulatorische Miete für kostenlos zur Verfügung gestellte Gebäude
- (fiktive) höhere Abschreibung als im Jahresabschluss
- Risikozuschlag für Auslastungsschwankungen oder Forderungsausfall

Sie werden in „Zusatzkosten" (solche, die bisher nicht berücksichtigt wurden) und „Anderskosten" (solche, die höher angesetzt sind als im Jahresabschluss) aufgeteilt.

Unternehmensinterne Zwecke

Kalkulatorische Kosten sind für unternehmensinterne Zwecke sinnvoll, etwa für die Preiskalkulation oder aber für die mittel- und langfristige Planung.

So wird ein Sozialunternehmen z. B. langfristig auch das eingesetzte Eigenkapital und die Abnützung des kostenlos überlassenen Fahrzeugs in die Kosten der Leistung einrechnen, um sich Klarheit zu verschaffen, wie viel die Leistung wirklich kostet. Das Eigenkapital könnte auch anderweitig verwendet werden und Erträge erwirtschaften. Zumindest ist es beim Einsatz im Sozialunternehmen einem Risiko ausgesetzt und dem Wertverlust durch Inflation. Ebenso kann das kostenlos überlassene Fahrzeug ausfallen und muss dann ersetzt werden.

Im Idealfall wird das Sozialunternehmen dies auch in einer Entgeltverhandlung (also der Preiskalkulation) berücksichtigen. Der Ansatz einer Eigenkapitalverzinsung wird von den meisten Sozialleistungsträgern zugelassen. Bei kostenlos überlassenen Vermögensgegenständen oder auch bei Zuschüssen für Investitionen von privaten Förderinstitutionen gehen die Meinungen noch weit auseinander.

6.3.3 Beschäftigungsabhängigkeit von Kosten

Beschäftigungsgrad, Auslastung

Eine weitere Unterscheidung von Kosten bezieht sich auf den Einfluss der Beschäftigung eines Unternehmens auf die Kosten. In der betrieblichen Praxis kann Beschäftigung mit Auslastung gleichgesetzt werden. Die Mitarbeiter von Einrichtungen im Sozial- und Gesundheitswesen haben schlicht mehr zu tun, wenn ihre Dienste von mehr Klienten oder Patienten genutzt werden. Unter Beschäftigungsgrad wird die erzielte Auslastung gemessen an der Kapazität der Organisation verstanden.

Wie können nun Kosten auf unterschiedliche Weise auf Beschäftigungsänderungen reagieren? Die praktische BWL macht es sich hier recht einfach und unterstellt, es gäbe nur schwarz oder weiß – fixe oder variable Kosten. Trotzdem hat diese einfache und auf den ersten Blick grobe Unterscheidung weitreichende Konsequenzen. Diese Unterscheidung betrachten wir nun näher.

6.3.3.1 Fixe Kosten

keine Abhängigkeit zum Beschäftigungsgrad

Fixe Kosten stehen in keinerlei Abhängigkeit vom Beschäftigungsgrad. Ein Ansteigen oder Absinken der Beschäftigung hat keinen Einfluss auf die Höhe der betrachteten Kosten. Dies bedeutet nicht, dass sich fixe Kosten nicht ändern. Viele Kosten können durchaus schwanken, jedoch nicht aufgrund von Änderungen der Beschäftigung der Organisation.

Beispiel:

Nehmen wir die Heizkosten eines Krankenhauses. Aufgrund von Turbulenzen auf dem Energiemarkt können sich diese Kosten – meist gekoppelt mit Schwankungen des Weltmarktpreises für Rohöl – stark verändern. Auch die Witterung – Dauer von Frostperioden – kann einen starken Einfluss haben. Nehmen wir nun an, dass aufgrund einer Welle schwerer Infektionen die Betten deutlich stärker ausgelastet werden als im Vorjahr. Hat dies Einfluss auf die Energiekosten? Sicher nicht.

Absolut fixe Kosten

Der Begriff der fixen Kosten lässt sich noch in sogenannte absolut fixe Kosten und intervall- oder sprungfixe Kosten einteilen. Diese Unterscheidung ist sinnvoll, weil wir in der betrieblichen Praxis eher selten absolut fixe Kosten finden.

Als absolut fixe Kosten bezeichnet man Kosten, die völlig unabhängig vom Beschäftigungsgrad anfallen. Absolut fixe Kosten fallen bei einer Ausbringungsmenge von ‚0' in gleicher Höhe an wie bei Maximalauslastung.

Intervall- oder sprungfixe Kosten

Mit dem Begriff der intervallfixen oder sprungfixen Kosten soll dargestellt werden, dass eine betrachtete Kostengröße in einem bestimmten Abschnitt der Beschäftigungsskala nicht auf eine Beschäftigungsänderung reagiert. Wird der definierte Abschnitt verlassen, so wird ein anderes wiederum fixes Kostenniveau erreicht.

Beispiel:

Als Beispiel hierfür seien die Kfz-Abschreibungen genannt. Wenn wir davon ausgehen, dass für 40 Klienten ein Fahrzeug zur Verfügung stehen soll, dann sind die Abschreibungen im Bereich von Intervallen von Vielfachen von 40 fix.

Ähnlich verhält es sich mit den Kosten für den Betriebsrat, dessen Mitgliederzahl in bestimmten Intervallen mit der Anzahl der Mitarbeiter variiert.

Exkurs:

Zum Begriff der fixen Kosten kann grundsätzlich angemerkt werden, dass es absolut fixe Kosten nicht geben kann. Denn schließlich lassen sich jegliche Kosten von jedem Niveau auf „0" reduzieren, wenngleich dies im Einzelfall auch zur Aufgabe des Betriebs führen kann. Andererseits ist es schwer vorstellbar, dass nicht jegliche fixe Kosten bei Ausweitung der Leistungsmenge ab irgendeinem Punkt auch mitwachsen.

Insofern ist der Begriff der intervallfixen Kosten der betrieblichen Praxis näher. In der Regel ist der Bereich, in dem die Beschäftigung in einem untersuchten Kalkül variieren kann, gerade so bemessen, dass die Annahme fixer Kosten in diesem Bereich hinreichend genau ist.

Im Rahmen einer ad-hoc-Analyse kann es hilfreich sein, variable Kosten, die nur äußerst schwach auf Beschäftigungsänderungen reagieren, als fix anzusehen. Lässt man hier eine gewisse Toleranz zu, so lassen sich durchaus übersichtliche und aussagekräftige Analysen anstellen.

6.3.3.2 Variable Kosten

Funktionaler Zusammenhang zur Beschäftigungssituation

Variable Kosten schwanken in Abhängigkeit von der Beschäftigungssituation. Hier besteht in aller Regel ein funktionaler Zusammenhang, sodass folgende Arten von Kostenverläufen zu unterscheiden sind:

Kostenverläufe

- proportionaler Kostenverlauf
- degressiver Kostenverlauf
- progressiver Kostenverlauf

Um den Kostenverlauf zu berechnen, liegen mathematische Formeln zugrunde. Ohne deren Herleitung zu diskutieren, versuchen wir diese für den jeweiligen Kostenverlauf anzuwenden.

6.3.3.2.1 Proportionaler Kostenverlauf

Lineare Steigerung mit steigender Beschäftigung

Proportionale Kosten steigen linear mit steigender Beschäftigung. Die Kostenfunktion lässt sich grafisch als eine durch den Ursprung des Koordinatenkreuzes verlaufende Gerade mit einer bestimmten Steigung darstellen. Die Steigung entspricht gerade den Kosten pro Stück der Ausbringungsmenge.

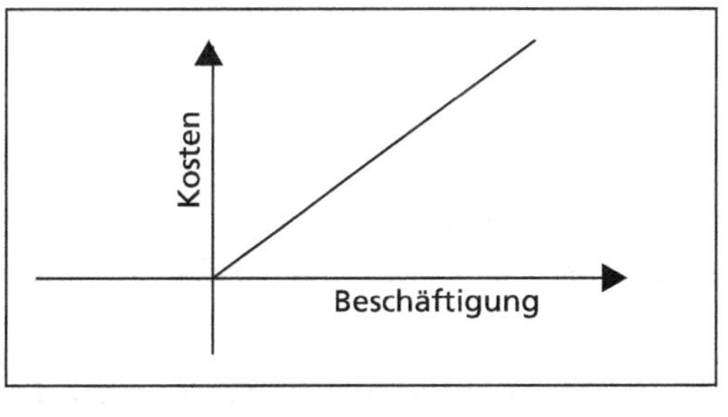

Abb. 17: Proportionaler Kostenverlauf

Für den Praktiker ist dieser Kostenverlauf einfach zu handhaben.

Die leichte nachvollziehbare Funktionsgleichung lautet[7]:

$$K = k \cdot m$$

Diesem Vorteil wird oft die Genauigkeit geopfert, wenn dem Kostenrechner durchaus bewusst ist, dass der Kostenverlauf tatsächlich nicht proportional (sondern meist degressiv) verläuft.

6.3.3.2.2 Degressiver Kostenverlauf

Rationalisierungseffekte

Degressive Kostenverläufe folgen einer Kurve mit abnehmender Steigung. Derartige Kostenverläufe sind häufig anzutreffen, da z. B. Mengenrabatte und Rationalisierungseffekte zu einem degressiven – also abgeflachten – Kostenverlauf führen. Die mathematische Handhabung eines derartigen Kostenverlaufs ist vergleichsweise kompliziert, da es dem Praktiker kaum gelingen wird, einen mathematischen Zusammenhang zu formulieren, der der Realität entspricht.

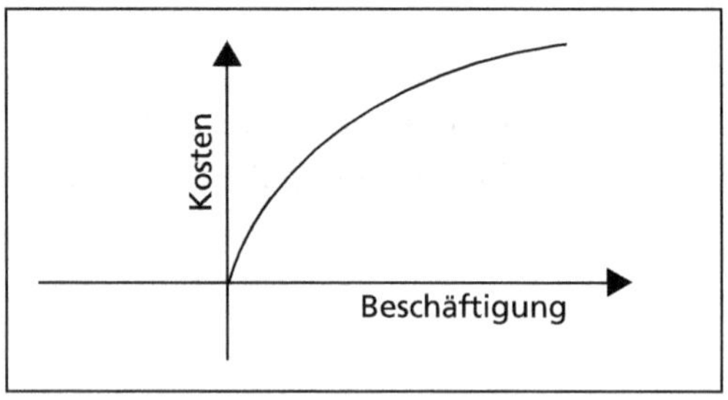

Abb. 18: Degressiver Kostenverlauf

Als einfache Funktionsgleichung bietet sich an:

$$K = m^{\frac{c}{a}}$$

Dabei muss gelten a > c.

Die Stückkosten errechnen sich hier aus:

$$k = \frac{K}{m} = \frac{m^{\frac{c}{a}}}{m} = m^{\frac{c}{a}-1}$$

6.3.3.2.3 Progressiver Kostenverlauf

Steuern

Progressiv ansteigende Kosten entstehen, wenn bestimmte eingesetzte Faktoren mit zunehmender Menge immer kostspieliger werden. Dies ist wenig praxisrelevant. Pro-

7 Wenn im Folgenden nichts Anderes angegeben ist, gilt m als Menge, k als variable Stückkosten und K als Gesamtkosten. a ist eine konstante natürliche Zahl > 1, c ist eine konstante Zahl > 0.

gressionseffekte sind jedoch im Bereich von Steuern und damit auch bei der Bewertung von Steuerersparnissen relevant.

Progressive Verläufe können über den Term $K = c \cdot m^a$ mathematisch gefasst werden.

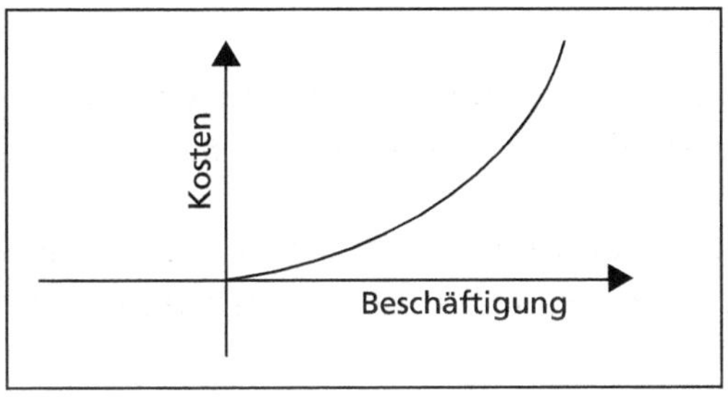

Abb. 19: Progressiver Kostenverlauf

Die Stückkosten errechnen sich aus:

$$k = \frac{K}{m} = \frac{c \cdot m^a}{m} = c \cdot m^{a-1}$$

Progressionseffekte können unter Marktsituationen, bei denen ein großer Mangel verwaltet wird (z. B. Fachkräftemangel), auftreten. Nehmen wir einen Arbeitsmarkt, auf dem es keine Arbeitssuchenden ohne feste Stelle gibt. In dieser Situation hat ein Arbeitgeber, der relativ viele Arbeitskräfte aus anderen Arbeitsverhältnissen „herauskaufen" muss, um sie für sein Unternehmen zu gewinnen (Rekrutierung), solche Progressionseffekte bei den Personalkosten zu berücksichtigen. *Fachkräftemangel*

6.4 Kostenstellenrechnung

6.4.1 Kostenstellengliederung

In der Kostenstellenrechnung werden die Kosten nach dem Ort der Entstehung gegliedert. Diese „Orte" nennen wir Kostenstellen.

Die Leitfrage der Kostenstellenrechnung lautet:

Wo sind die Kosten angefallen?

Die Kostenstellen können nach verschiedenen Gliederungsprinzipien aufgebaut werden wie z. B.: *Aufbau der Kostenstellen*

- regional
- organisatorisch (Aufbauorganisation)
- nach Produktgruppen

In der Regel folgen die Kostenstellen der Aufbauorganisation. Dabei wird zwischen Vorkostenstellen und Endkostenstellen unterschieden. Das Unterscheidungskriterium ist die „Nähe" zum Produkt.

In Endkostenstellen werden Produkte erzeugt, die unmittelbar dem Nutzer dienen. Im Sozial- und Gesundheitswesen stellen die Dienstleistungen die Produkte dar. *Endkostenstellen*

Beispiele:

- Stationen im Krankenhaus oder im Altenheim
- Betreuungsgruppen im Kinderheim
- Ausbildungsstätten im Berufsbildungswerk
- regionale Einzugsgebiete von Niederlassungen eines ambulanten Pflegedienstes (z. B. „Pflegestützung Nord", Pflegestützung Mitte", „Pflegestützung Süd")

Vorkostenstellen

Vorkostenstellen dienen den Endkostenstellen. Sie erbringen Leistungen, die in mehrere Produkte einfließen oder den organisatorischen Rahmen für die Dienstleistungsproduktion bilden.

Beispiele:

- Sozialdienst im Krankenhaus oder im Altenheim
- Abteilung für Öffentlichkeitsarbeit in einem Wohlfahrtsverband
- Gemeinsamer Fuhrpark mehrerer Pflegestationen
- Erziehungsleitung in einer Einrichtung der stationären Jugendhilfe

Regelmäßig zählt natürlich auch die Leitung und Verwaltung zum Bereich der Vorkostenstellen.

Wir unterscheiden weiter zwischen Einzelkosten und Gemeinkosten. Auch hier ist das Unterscheidungskriterium die Nähe zum Produkt.

Einzelkosten

Einzelkosten dienen unmittelbar der Erstellung eines Produkts. Einzelkosten werden niemals einer Vorkostenstelle zugeordnet. Einzelkosten werden (siehe unten im Abschnitt Kostenträgerrechnung 6.5) den Kostenträgern zugeordnet. Außerhalb des Sozial- und Gesundheitswesens ist dies z. B. in der Bauwirtschaft Usus. Hier rechnet die Baufirma genau das eingesetzte Material mit dem Bauherrn ab. Das Baumaterial zählt also eindeutig zu den Einzelkosten. Derartige Verhältnisse haben wir, wenn auch seltener durchaus auch im Gesundheitswesen. Auch hier können eine ganze Reihe von Materialien oder Arbeitsleistungen einem ganz bestimmten Produkt unmittelbar zugeordnet werden (z. B. bei einer Operation im Krankenhaus). Wenn wir jedoch den Bereich der Krankenpflege betrachten, so sind die Leistungen der Krankenpfleger dem einzelnen Patienten nur mit erheblichem Aufwand eindeutig zuzuordnen (vier Krankenpfleger in der Frühschicht, vier in der Spätschicht und eine Pflegekraft im Nachtdienst mit 15 bis 20 kurzen Tätigkeiten bei einem Patienten pro Tag). Der Erfassungsaufwand zur Zuordnung der Kosten wäre immens.

Der Begriff der Einzelkosten lässt sich demnach nicht genau abgrenzen, da bei entsprechend großem administrativem Aufwand große Teile der Kosten als Einzelkosten erfasst werden können.

Gemeinkosten

Da dieser Aufwand in der Praxis jedoch gescheut wird, werden auf den Hauptkostenstellen häufig sogenannte „unechte Gemeinkosten" erfasst. Unechte Gemeinkosten sind Einzelkosten, die aus Praktikabilitätsgründen nicht unmittelbar den Kostenträgern zugeordnet werden. Dabei handelt es sich z. B. um die Personalkosten der Pflegekräfte, die auf einer Station arbeiten. Insofern können wir festhalten, dass sämtliche Kosten, die auf Vorkostenstellen verrechnet werden, Gemeinkosten sind. Kosten, die auf den Endkostenstellen verrechnet sind, können Gemeinkosten sein oder als sogenannte unechte Gemeinkosten auch Einzelkostencharakter haben.

6.4.2 Betriebsabrechnungsbogen

Da für jeden Geschäftsvorfall sowohl die Frage nach der Kostenart (welche Kosten sind angefallen?) als auch die Frage nach der Kostenstelle (wo sind die Kosten angefallen?) beantwortet werden kann, lässt sich jeder Geschäftsvorfall in einem zweidimensionalen System eindeutig einordnen.

Das zentrale Instrument zur Abbildung und Analyse der Kostenstellenrechnung ist der Betriebsabrechnungsbogen (kurz BAB). Hier werden sämtliche Kosten gesammelt und geordnet. Der Betriebsabrechnungsbogen nimmt zeilenweise die Kostenarten und spaltenweise die Kostenstellen auf (vgl. Horsch 2015: 93 f.).

Beispiel:

Es fallen Kosten für eine Fortbildung einer Pflegekraft an, die auf Station 3 arbeitet. Diese Kosten sind der Kostenart „Fortbildung" und der Kostenstellen „Station 3" zuzuordnen.

Beispiel: Betriebsabrechnungsbogen

KOA/KST	Vorkostenstellen				Endkostenstellen				
	EDV	**Haustechnik**	**Verwaltung**	**Öffentlichkeitsarbeit**	**Pflege**	**Hotel**	**Beratungsstelle**	**Ambulanter Dienst**	**Summe KOA**
Erträge					***1.000.000 EUR***	***725.000 EUR***	***250.000 EUR***	***200.000 EUR***	***2.175.000 EUR***
Personal	49.000 EUR	21.750 EUR	345.500 EUR	25.000 EUR	600.000 EUR	175.000 EUR	100.000 EUR	100.000 EUR	1.416.250 EUR
Raumkosten	7.500 EUR	4.000 EUR	20.000 EUR	7.000 EUR	100.000 EUR	80.000 EUR	25.000 EUR	18.000 EUR	261.500 EUR
Wirtschaftsbedarf		4.500 EUR	3.000 EUR			75.000 EUR		500 EUR	83.000 EUR
Päd./Med. Bedarf					21.000 EUR		2.000 EUR	3.000 EUR	26.000 EUR
Verwaltungsbedarf	5.000 EUR		50.000 EUR	4.000 EUR		4.000 EUR	500 EUR	500 EUR	64.000 EUR
Mobilität		12.000 EUR	22.000 EUR			18.000 EUR	1.000 EUR	34.000 EUR	87.000 EUR
Versicherungen			20.000 EUR		7.000 EUR	14.000 EUR			41.000 EUR
Abschreibungen	7.500 EUR	4.500 EUR	15.000 EUR	1.000 EUR	21.000 EUR	34.000 EUR	800 EUR	5.000 EUR	88.800 EUR
Sonstiges	1.000 EUR	1.250 EUR	6.500 EUR	600 EUR	7.450 EUR	11.250 EUR	1.465 EUR	3.050 EUR	32.565 EUR
Summe KST	**70.000 EUR**	**48.000 EUR**	**482.000 EUR**	**37.600 EUR**	**756.450 EUR**	**411.250 EUR**	**130.765 EUR**	**164.050 EUR**	**2.100.115 EUR**
					243.550 EUR	**313.750 EUR**	**119.235 EUR**	**35.950 EUR**	**712.485 EUR**
Umlage EDV	–70.000 EUR	2.000 EUR	14.000 EUR	4.000 EUR	14.000 EUR	10.000 EUR	6.000 EUR	20.000 EUR	
Umlage Haust.		-50.000 EUR	4.000 EUR	1.400 EUR	20.000 EUR	16.000 EUR	5.000 EUR	3.600 EUR	
Umlage Verwaltung			-500.000 EUR	12.500 EUR	300.000 EUR	87.500 EUR	50.000 EUR	50.000 EUR	
Umlage Öffentlichkeitsarbeit				-55.500 EUR	11.100 EUR	22.200 EUR	16.650 EUR	5.550 EUR	
Summe nach Umlage					**1.101.550 EUR**	**546.950 EUR**	**208.415 EUR**	**243.200 EUR**	**2.100.115 EUR**
Betriebsergebnis					***–101.550 EUR***	***178.050 EUR***	***41.585 EUR***	***-43.200 EUR***	***74.885 EUR***
Umsatzrentabilität					***–10,16 %***	***24,56 %***	***16,63 %***	***–21,60 %***	***3,44 %***

Umlageschlüssel

EDV: Geräte	1	7	2	7	5	3	10	35
Haustechnik: Raumkosten		20.000 EUR	7.000 EUR	100.000 EUR	80.000 EUR	25.000 EUR	18.000 EUR	250.000 EUR
Verwaltung: Personalkosten			25.000 EUR	600.000 EUR	175.000 EUR	100.000 EUR	100.000 EUR	1.000.000 EUR
Öffentlichkeitsarbeit: Werbemedien				2	4	3	1	10

Oberer Bereich: Primäre Kosten

Die Tabelle zeigt im oberen Bereich – bis einschließlich der Zeile „Summe KST" – die sogenannten primären Kosten. Primäre Kosten entstehen durch den Einsatz von Produktionsfaktoren in der jeweiligen Kostenstelle. Es handelt sich also um Kosten aus Ressourcen, die der Organisation von außen zur Verfügung gestellt werden. Das Geld als Gegenleistung verlässt demnach die Organisation zugunsten derjenigen, die die Leistungen erbracht haben.

Beispiele:

- Gehaltszahlungen für Mitarbeiter
- Mietzahlungen für Räume
- Zahlung von Eingangsrechnungen aus Materialeinkäufen

Unterer Bereich: Innerbetriebliche Leistungsverrechnung

Im unteren Bereich der Tabelle – nach Zeile „Summe KST" – finden wir die sogenannte innerbetriebliche Leistungsverrechnung. Hier werden die Vorkostenstellen von ihren Kosten entlastet. Im Gegenzug werden die nachgelagerten Hauptkostenstellen belastet. Für die nachgelagerten Kostenstellen ergeben sich sogenannte sekundäre Kosten.

Sekundäre Kosten

Sekundäre Kosten betreffen Leistungen, die von anderen Kostenstellen in Anspruch genommen werden. Mithin entstehen diese Kosten aus Ressourcen anderer Einheiten innerhalb der Organisation. Die Gegenleistung der empfangenden Kostenstelle ist deshalb kein Geldfluss nach außen, sondern die interne Verrechnung.

Insgesamt ist die innerbetriebliche Verrechnung ein Nullsummenspiel: die wirtschaftliche Belastung der die interne Leistung empfangenden Kostenstelle entspricht der Entlastung der die Leistung erstellenden Kostenstelle. Nun stellt sich jedoch die Frage, wie diese Entlastung erfolgen kann. Dazu benötigt es ein Umlageverfahren, das im Folgenden in seinen verschiedenen Ausprägungen dargestellt werden soll.

6.4.3 Umlageverfahren

6.4.3.1 Treppen-/Stufenverfahren

Verrechnungsschlüssel zur internen Leistungsverrechnung

Zur internen Leistungsverrechnung werden Verrechnungsschlüssel gebildet, nach deren Maßgabe alle Kosten der Vorkostenstellen auf die Endkostenstellen verteilt werden. Die Verteilung erfolgt im Wege einer „einfachen" Verteilungsregel. Es gilt folgende Formel:

$$G = -\sum^{i} \frac{s_i}{S} \cdot U$$

Dabei sind die Variablen folgendermaßen definiert:

- G: Gutschrift für die zu entlastende Kostenstelle
- U: umzulegender Betrag
- i: Index der nachgelagerten Kostenstelle
- s_i: Schlüssel der nachgelagerten Kostenstelle i
- S: Summe der Umlageschlüssel

Diese Formel erscheint auf den ersten Blick etwas kompliziert. Im Zentrum steht die Gutschrift für die zu entlastende Kostenstelle. Die Formel zeigt, dass die Umlage gegenüber dem umzulegenden Betrag ein umgekehrtes Vorzeichen aufweist. Dadurch wird sichergestellt, dass sich der umzulegende Betrag und die verrechnete Umlage zu Null addieren. Die Kostenstellen, auf die der Betrag umgelegt werden soll, werden nachgelagerte Kostenstellen genannt. Diesen werden Umlageschlüssel zugewiesen. Nun dividieren wir den Schlüssel der nachgelagerten Kostenstelle i durch die Summe der Umlageschlüssel, also aller nachgelagerten Kostenstellen, und multiplizieren dies dann mit dem umzulegenden Betrag. Dies wird mit jeder nachgelagerten Kostenstelle durchgeführt. Die Summe der Beträge ergibt dann die Gutschrift für die zu entlastende Kostenstelle.

Berechnen wir nur den Betrag der auf eine Kostenstelle entfallenden Umlage, so gilt folgende Formel (mit u_i: = Umlagebetrag, der auf Kostenstelle i entfällt):

$$u_i = \frac{s_i}{S} \cdot U$$

Der Anteil des umzulegenden Betrages, der auf eine Kostenstelle entfällt, entspricht gerade dem Anteil des für die Kostenstelle vorgesehenen Schlüssels an der Schlüsselsumme.

Beispiel:

Die Kosten der EDV-Abteilung betragen 70.000 EUR. Diese Kosten müssen auf die nachgelagerten Kostenstellen umgelegt werden. Als Umlageschlüssel wurde die Anzahl der PC-Arbeitsplätze in den Einrichtungen herangezogen. Für jede weiter rechts stehende Kostenstelle – außer für die Kostenstelle, die umzulegen ist – wird nun die Anzahl der PC-Arbeitsplätze aufgetragen. Im Falle unseres Beispiels beträgt die Schlüsselsumme 35 (siehe Zeile: „EDV: Geräte" in der Tabelle oben bei den Umlageschlüsseln).

Die Umlage der EDV-Abteilung für einen PC-Arbeitsplatz beträgt deshalb 70.000 EUR ÷ 35 = 2.000 EUR. Bei diesem Betrag handelt es sich um den Verrechnungspreis. Dieser Verrechnungspreis wird der Kostenstelle „Haustechnik" nach Maßgabe der Nutzungsmenge belastet. Diese Nutzungsmenge der „Beratungsstelle", also die Menge, die die „Beratungsstelle" von der EDV-Abteilung erhalten hat, liegt bei 3.

Restriktion im Treppen-, Stufenverfahren ...

Der Betriebsabrechnungsbogen stellt die Kostenverrechnung nach dem sogenannten Treppen- oder Stufenverfahren dar, das bezüglich der Verrechnung der Kosten eine Einschränkung enthält: Dieses Verfahren erlaubt lediglich die Verrechnung der Vorkostenstellen auf Kostenstellen, die im Betriebsabrechnungsbogen weiter rechts angeordnet sind.

Beispiel (Weiterführung):

Dies bedeutet in unserem Beispiel, dass es der Kostenstelle „Verwaltung" systematisch verwehrt ist, Kosten auf die EDV-Abteilung zu verrechnen. Dadurch entsteht ein systematischer Fehler, denn selbstverständlich erbringt die Verwaltung Leistungen auch für die EDV-Abteilung. Schließlich wird der Lohn des dort beschäftigten Personals vom Lohnbüro errechnet und vom Rechnungswesen angewiesen.

... führt zu systematischen Fehlern

Aufgrund dieser oben dargestellten Restriktion entstehen bei der internen Leistungsverrechnung systematische Fehler, wie im Beispiel aufgezeigt. Diese werden jedoch wegen der Überschaubarkeit des Systems in Kauf genommen.

Wichtig:

Die Fehler bleiben relativ klein, wenn die Reihenfolge der Kostenstellen so gewählt wird, dass von links nach rechts die jeweils größeren Leistungsströme berücksichtigt und von rechts nach links die jeweils kleineren Leistungsströme ignoriert werden.

Beispiel (Weiterführung):

Dies bedeutet für unser Beispiel, dass die Dienste, die die EDV-Abteilung für die Verwaltung erbringt (Betreuung der PC-Systeme und des Netzwerkes) monetär werthaltiger sind als die Dienste, die in die Gegenrichtung fließen (Berechnung und Verbuchung des Lohns des EDV-Administrators).

Konfliktträchtig: Umlageschlüssel

Bei den hier behandelten Methoden sowie den in den Folgeabschnitten beschriebenen stellt die Wahl des Umlageschlüssels in der Praxis des Kostenmanagements in Unternehmen des Sozial- und Gesundheitswesens ein erhebliches Problem dar. Unterschiedliche Umlageschlüssel führen zu unterschiedlichen Betriebsergebnissen in einzelnen Kostenstellen und senden unterschiedliche Handlungsziele in die Organisationseinheiten. Entscheidungsprozesse über die Wahl der Umlageschlüssel führen nicht selten gar zu Konflikten zwischen Geschäftsleitung und Kostenstellenverantwortlichen oder Kostenstellenverantwortlichen untereinander.

Grundsätze

Einige Grundsätze sollten beherzigt und einige Fallstricke vermieden werden:

Einfache Messbarkeit

Umlageschlüssel sollten auf einfache Art und Weise sowie möglichst objektiv messbar sein. So liegt es beispielsweise nahe, die Abteilung „Haustechnik" nach Maßgabe der genutzten Gebäudeflächen und die Abteilung „Küche" nach Maßgabe der gelieferten Mahlzeiten zu verrechnen.

Nicht immer reicht ein einziger Umlageschlüssel, um die wirtschaftlichen Austauschbeziehungen realitätsnah zu beschreiben. Es können auch zwei Schlüssel herangezogen werden.

Beispiel:

Diesen Ansatz können wir kurz für die EDV-Abteilung durchdenken. Es erscheint sinnvoll, einen Teil der Kosten der EDV-Abteilung nach Maßgabe der Anzahl der Geräte in den nachgelagerten Kostenstellen zu verteilen (Schlüssel 1). Ein anderer Teil der Kosten könnte aber auch nach dem Aufwand, den der EDV-Administrator treiben muss, verteilt werden (Schlüssel 2). Wenn wir davon ausgehen, dass jeweils die Hälfte der Kosten nach Schlüssel 1 und Schlüssel 2 verrechnet werden sollen, ergibt sich folgende Kostenverrechnung:

KOA/KST ...	Vorkostenstellen				Endkostenstellen				Summe KOA
	EDV	Haustechnik	Verwaltung	Öffentlichkeitsarbeit	Pflege	Hotel	Beratungsstelle	Ambulanter Dienst	
Summe KST	70.000 EUR	48.000 EUR	482.000 EUR	37.600 EUR	756.450 EUR	411.250 EUR	130.765 EUR	164.050 EUR	2.100.115 EUR
Umlage EDV1	-35.000 EUR	1.000 EUR	7.000 EUR	2.000 EUR	7.000 EUR	5.000 EUR	3.000 EUR	10.000 EUR	
Umlage EDV2	-35.000 EUR	2.000 EUR	19.000 EUR	1.000 EUR	6.000 EUR	2.500 EUR	3.500 EUR	1.000 EUR	

Umlageschlüssel

EDV1: Geräte	1	7	2	7	5	3	10	35
EDV1: Arbeitsstunden	20	190	10	60	25	35	10	350
...								

Auch auf diese Weise wird die Kostenstelle EDV entlastet – hier jedoch in zwei Schritten.

Ein ähnliches Verfahren ist im Falle der Verwaltung denkbar. Hier könnte ein Teil der Kosten nach Maßgabe des Buchungsaufwandes und ein anderer Teil nach Maßgabe der Mitarbeiterzahl verteilt werden.

Gerade bei der Wahl eines Umlageschlüssels zeigt sich, dass in der praktischen Unternehmensführung die mit den Begriffen „einfach" und „gerecht" beschriebenen Ziele kaum gemeinsam erreicht werden können und Extreme eines Spektrums darstellen.

Tragfähigkeit

Ein weiterer Ansatz, einen Umlageschlüssel zu bilden, verdient besondere Beachtung. Es handelt sich um die Umlage nach Tragfähigkeit. Dies bedeutet, dass die Kostenstellen nach Maßgabe ihrer Belastbarkeit Umlagen zu tragen haben. Die Kostenstellen,

- die vor Umlage hohe Überschüsse erwirtschaftet haben, werden mit höheren,
- die Kostenstellen, die geringere Überschüsse erwirtschaftet haben, werden mit entsprechend geringeren Umlagen

belastet.

Die Form der Umlage hat durchaus eine gewisse Rationalität, wenn die Kostenrechnung dazu dienen soll, einem zahlungsbereiten Kunden anhand von Kosten einen Preis plausibel zu machen. Derartige Ansätze bestehen in der Praxis der Preisfindung für Dienstleistungen im Sozial- und Gesundheitswesen vielerorts.

Auch werden im Falle von Zuwendungen sogenannte „Verwendungsnachweise" verlangt. Dabei handelt es sich um eine inputorientierte Form der Effizienzkontrolle, bei der davon ausgegangen wird, dass „wo viel reingeht, auch entsprechendes rauskommt". Dieser betriebswirtschaftliche Unsinn wird mit entsprechenden Umlagen bedient, indem die Kostenstellen, die „noch Luft" für Umlagen haben, soweit belastet werden, wie noch Überschüsse vorhanden sind.

Was für die externe Rechenschaft rational erscheint, ist natürlich für die interne Unternehmenssteuerung ungeeignet. Unternehmen, die sich mit derart unsinnigen Verfahren befassen müssen, werden letztlich zwei Kostenrechnungen führen, eine externe – zum Nachweis der Mittelverwendung – und eine interne zur Unternehmenssteuerung. Für die interne – wirkliche – Kostenrechnung sind Umlagen nach Tragfähigkeit vollkommen ungeeignet. Die Umlage nach Tragfähigkeit widerspricht fundamental dem Grundsatz einer verursachungsgerechten Umlage.

Exkurs:
In einem System, in dem konkurrierende Unternehmen statt Behörden Dienstleistungen des Sozial- und Gesundheitswesens erbringen, sind inputorientierte Nachweissysteme völlig überflüssig. Die Effizienz einer Leistung lässt sich nur anhand des Outputs kontrollieren. Welche Kosten dafür gerechtfertigt sind, entscheidet der Wettbewerb und nicht ein „Verwendungsnachweis".

6.4.3.2 Kostenartenverfahren

Unmittelbare Zuordnung zu den Hauptkostenstellen

Neben dem Treppen-/Stufenverfahren bestehen noch weitere Methoden der internen Leistungsverrechnung. Das sogenannte Kostenartenverfahren verzichtet auf die Einrichtung von Vorkostenstellen und ordnet den Gemeinkosten Kostenarten zu, die dann automatisch auf die Hauptkostenstellen verteilt werden. Dies bedeutet in der Praxis z. B., dass die Kosten der Mitarbeiter der Verwaltung ohne vorherige Sammlung auf einer Kostenstelle „Verwaltung" unmittelbar den Hauptkostenstellen zugerechnet werden. Dafür werden der Kostenart unmittelbar Schlüssel zugewiesen. Wird diese Kostenart in der Finanzbuchhaltung angesprochen, erfolgt automatisch die Verrechnung auf die Hauptkostenstellen. Dieses Verfahren ist technisch sehr bequem, weil es viele EDV-Systeme implementiert haben.

Nachteil: Intransparenz

Ein großer Nachteil des Systems besteht jedoch darin, dass die Kosten der Organisationseinheiten, die Gemeinkosten verursachen, so nicht mehr transparent werden. Durch die unmittelbare Verteilung auf die Hauptkostenstellen „verschwinden" sie gewissermaßen dort und müssen aufwendig wieder aus den Hauptkostenstellen herausgerechnet werden, wenn sie dann doch analysiert werden sollen.

Berechtigung bei Einzelkostencharakter, en bloc Auftreten

Trotzdem hat das Kostenartenverfahren eine gewisse Berechtigung, wenn Kosten, die Einzelkostencharakter haben und die en bloc auftreten, den Kostenstellen unmittelbar zugerechnet werden sollen. Ein gutes Beispiel sind Beiträge zur Berufsgenossenschaft. Diese sind unmittelbar mit den Personalkosten einer jeden Kostenstelle verbunden. Es macht hier keinen Sinn, diese Kosten in einer zentralen Kostenstelle zu sammeln. Die unmittelbare Verrechnung auf alle Kostenstellen ist hier das Mittel der Wahl.

6.4.3.3 Blockverfahren

Zulässigkeit der Verrechnung

Das Blockverfahren ist ein weiteres Mittel der internen Leistungsverrechnung. Das Blockverfahren ignoriert nicht nur – wie im Stufenverfahren – die Leistungsströme, die von rechts nach links fließen. Es wird darüber hinaus auch der Leistungsaustausch zwischen den Vorkostenstellen ignoriert. In diesem Fall sind nur Verrechnungen von Vorkostenstellen auf Endkostenstellen zulässig.

Beispiel (Weiterführung):

Bezogen auf unser Beispiel bedeutet dies, dass die EDV-Abteilung nicht auf die Vorkostenstellen „Haustechnik“, „Verwaltung“ und „Öffentlichkeitsarbeit'“, sondern nur auf die im Betriebsabrechnungsbogen genannten Endkostenstellen verrechnet werden kann.

Dieses Verfahren vereinfacht die Abrechnung erheblich; die Abbildung des Leistungsgeschehens in der Kostenrechnung entfernt sich aber deutlich von den realen Verhältnissen, weil wichtige Leistungsströme ignoriert werden.

6.4.3.4 Kostenstellenausgleichsverfahren

Bildung von Verrechnungspreisen

Wie bei den zuvor beschriebenen Verfahren handelt es sich beim Kostenstellenausgleichsverfahren um ein unvollständiges Verfahren der Verrechnung von Kosten unter Kostenstellen (vgl. Walter und Wünsche 2013: 165 ff.). Kern der Methode ist die Bildung von Verrechnungspreisen. Diese können durch Division der entstandenen Kosten durch die erbrachte Leistungsmenge ermittelt werden. Auf diese Weise entsteht ein Verrechnungspreis auf Basis der Kosten.

Ein typisches Beispiel ist der Hausmeisterstundensatz: Als Leistung des Hausmeisters wird eine Leistungsstunde definiert. Diese wird mit einem internen Verrechnungspreis versehen, der dann jeder Kostenstelle, die den Hausmeister anfordert, zugeschrieben wird.

Marktpreisermittlung

Von dieser Methode der internen Preisbildung kann jedoch auch mit guten Gründen abgewichen werden, wenn für die erbrachte Leistung ein Marktpreis existiert. In diesem Fall kann auf Grundlage der Erkenntnisse einer Marktbeobachtung oder aufgrund einer regelrechten Ausschreibung ein Marktpreis für die in einer Vorkostenstelle erbrachte Leistung ermittelt werden.

Keine exakte Kompensation

Die aufgrund des ermittelten Verrechnungspreises intern – in der Regel monatlich – erstellten Rechnungen führen auf der Vorkostenstelle zu Gutschriften und auf den empfangenden Hauptkostenstellen zu Belastungen. Dies führt in aller Regel jedoch nicht zum vollständigen Ausgleich der Kosten der Vorkostenstelle, weil die auf Kostenbasis ermittelten Verrechnungspreise auf den Kosten früherer Perioden beruhen und nicht auf den aktuellen Perioden.

Denkbar wäre auch, als Verrechnungspreis andere Größen anzusetzen, politisch-normativ festgesetzte Preise, Benchmarks oder Marktpreise. In diesem Fall wäre der vollständige Ausgleich der Kosten der Vorkostenstelle reiner Zufall. Hier wird also hingenommen, dass die Kostenstellen, die die Leistungen erbringen, mit einem Überschuss oder Defizit abschließen. Dies widerspricht dem Grundgedanken von Vorkostenstellen.

Einfachheit

Organisationen, die diese Methode dennoch verwenden, nehmen diesen Nachteil in Kauf, weil sie die Vorteile des Verfahrens nutzen wollen. Diese ergeben sich zunächst aus seiner Einfachheit. Die leistungserbringenden Kostenstellen rechnen intern ähnlich wie mit externen Kunden ab. Hierfür bestehen meist erprobte Verfahrensweisen und EDV-Systeme.

Valide Informationen zur Wirtschaftlichkeitseinschätzung

Insbesondere wenn der Kostenausgleich auf Grundlage von Marktpreisen erfolgt, vermittelt der Saldo der leistungserbringenden Kostenstelle eine valide Information zur Einschätzung der Wirtschaftlichkeit der Leistungserbringung.

Beispiel:

Eine Abteilung „Haustechnik" (Vorkostenstelle) eines Trägers von drei gleich großen stationären Einrichtungen hat Gesamtkosten in Höhe von 120.000 EUR pro Jahr. Von den Gesamtkosten werden 75.000 EUR als Basisleistung eines internen Hausmeisters für regelmäßige Kontrollen und Standby-Funktionen als gerechtfertigt betrachtet. Für alle weiteren Leistungen (Reparaturen) soll ein Kostensatz von 50 EUR pro Stunde intern verrechnet werden. Der Kostensatz orientiert sich am Ergebnis von Anfragen externer Hausmeisterdienste.

Dies führt zu folgendem Ausschnitt der internen Leistungsverrechnung:

		Vorkostenstellen	Endkostenstellen		
		Haustechnik	Haus 1	Haus 2	Haus 3
primäre Kosten		**–120.000 EUR**			
Umlage 1		75.000 EUR	–25.000 EUR	–25.000 EUR	–25.000 EUR
Umlage 2		37.500 EUR	–10.000 EUR	–15.000 EUR	–12.500 EUR
Ergebnis		**–7.500 EUR**			
Verrechnungspreis „Hausmeisterstunden"	50 EUR	für Umlage 2	200	300	250

Das Ergebnis der Kostenstellen zeigt, dass die erbrachten und mit dem Marktpreis bewerteten Leistungen der Abteilung „Haustechnik" nicht ausreichen, die Kosten der Kostenstelle zu decken.

Eine Vielzahl von Fragen könnte untersucht werden:

1. Ist die Abteilung ausgelastet?
2. Können durch externe Firmen erbrachte Leistungen aus der Abteilung übertragen werden?
3. Kann die Abteilung ihre Kosten grundsätzlich mit 50 EUR decken?
4. Sollten Teile der Leistungen der Abteilung besser durch Externe erbracht werden?

Insbesondere wenn das Kostenausgleichsverfahren bei der leistungserbringenden Vorkostenstelle zu einem negativen Ergebnis führt, vermittelt das Ergebnis der leistungsempfangenden Endkostenstellen kein Abbild der Vollkosten der Organisation. Deshalb ist diese Methode als Kalkulationsmethode auf Vollkostenbasis nur eingeschränkt geeignet.

Erhebungsaufwand

Die Grenze der innerbetrieblichen Leistungsverrechnung liegt insbesondere im Aufwand für Erfassung und Abrechnung und in den steigenden Transaktionskosten. In der Praxis werden daher papiergebundene oder EDV-gestützte Listen oder Entnahmescheine genutzt. Diese müssen regelmäßig geführt bzw. ausgefüllt und anschließend ausgewertet werden. Hier sind die Möglichkeiten der EDV sicher noch nicht ausgereizt.

Ein besonderes Augenmerk sollte auf die durch interne Verrechnungspreise entstehende Kultur der Zusammenarbeit gelegt werden, aus ökonomischer Sicht der „Anreize", die mit Verrechnungspreisen gesetzt werden. Mit Verrechnungssetzen wird die Inanspruchnahme von Leistungen mit einem sofortigen Nachteil für die eigene Kostenstelle versehen, also wenn etwa die Nutzung der hauseigenen EDV-Abteilung so bemessen wird, ist die Neigung, PCs selber zu reparieren, höher.

Steuerungsprinzip

Andererseits wird mit den Verrechnungspreisen auch die Begründungslast für die Vorkosten verschoben. Die Hauptkostenstellen steuern mit ihrer Inanspruchnahme die Vorkostenstellen, während bei festen Umlageschlüsseln die Kosten quasi automatisch verteilt werden und die Vorkostenstelle „legitimiert" wird.

6.4.3.5 Gleichungsverfahren

Erfassung sämtlicher Leistungsströme

Als mathematisch perfektes Verfahren erweist sich das sogenannte Gleichungsverfahren. Hier werden sämtliche Leistungsströme erfasst. Jede Kostenstelle kann mit jeder abrechnen. Sämtliche Leistungen und Gegenleistungen werden in einem linearen Gleichungssystem erfasst, dass dann für jede Kostenstelle einen Verrechnungspreis berechnet. Dieses Verfahren bietet eine vollständige Problemlösung, stellt die Praktiker aber vor schier unlösbare administrative Aufgaben und erhebliche mathematische Herausforderungen (vgl. Buchholz, Gerhards 2016: 88).

Fazit:
Die kurze Abhandlung der verschiedenen angebotenen Verfahren zeigt, dass das Treppen-/Stufenverfahren einen guten Kompromiss zwischen Praktikabilität und Genauigkeit darstellt.

Wir haben damit die wesentliche Aufgabe der Kostenstellenrechnung, nämlich die interne Leistungsverrechnung nachvollzogen.

6.4.4 Wirtschaftlichkeitsanalyse

Wirtschaftlichkeitsanalyse der Kostenstellen

Eine wichtige Aufgabe der Kostenstellenrechnung besteht in der Wirtschaftlichkeitsanalyse der Kostenstellen.

Dazu werden den Kostenstellen – wie im Betriebsabrechnungsbogen ersichtlich – Erlöse zugeordnet. Im unserem Beispielfall ist dies nur im Falle der Endkostenstellen geschehen. Die Vorkostenstellen bringen der Organisation keine Erlöse von extern ein. Diese Regel wird in der Praxis mitunter durchbrochen, wenn Vorkostenstellen meist in untergeordnetem Umfang auch Leistungen „außer Haus" verkaufen. Die daraus entstehenden Erlöse mindern dann die Umlagen, sodass das Zusatzgeschäft der Vorkostenstellen letztlich auch den Endkostenstellen zu Gute kommt.

Beispiel:

Die Verwaltung einer Einrichtung der Behindertenhilfe erledigt „nebenbei" die Lohnabrechnungen für einen Träger von Kindertagesstätten. Dafür zahlt der Träger der Kindertagesstätte ein Entgelt von 25 EUR pro Monat und Abrechnung. Bei 20 Abrechnungen kommen monatlich 500 EUR zusammen, die – untypisch für Vorkostenstellen – in der Vorkostenstelle „Verwaltung" als Erlöse verbucht werden. Dadurch vermindert sich der auf die Hauptkostenstellen per Umlage zu verteilende Betrag.

Im Rahmen der Wirtschaftlichkeitsanalyse wird das verrechnete Ergebnis aus Erlösen und Kostenstellen bezogen auf eine bestimmte Periode (Jahr, Quartal, Monat) und in seiner Entwicklung betrachtet. Es wird mit Vorgabewerten verglichen (Soll-Ist-Vergleich). Zur besseren Interpretation werden Kennzahlen gebildet (z. B. Umsatzrentabilität; siehe Abschnitt 2.5.2.3.6).

6.4.5 Kritik der Logik des Betriebsabrechnungsbogens

Die mit dem Betriebsabrechnungsbogen beschriebene Systematik findet in weiten Bereichen des Rechnungswesens in der Sozial- und Gesundheitswirtschaft Anwendung. Dies ist wesentlich der Praktikabilität und weniger der Betriebswirtschaft geschuldet. Die Systematik ist an wesentlichen Punkten zu kritisieren.

Verursachungsgerechte Verteilung nur schwer möglich

Ein fundamentaler Kritikpunkt besteht darin, dass eine verursachungsgerechte Verteilung der Gemeinkosten auf die Endkostenstellen nur sehr schwer möglich ist. Wie bereits oben beschrieben, lassen sich Umlageschlüssel, die diese Funktion erfüllen, nur näherungsweise finden. In der Regel müssen wenige Schlüssel verschiedene Sachverhalte abbilden.

Leicht Fehlentscheidungen durch falsche Interpretation

Ein weiterer Ansatzpunkt für eine grundsätzliche Kritik der Logik des Betriebsabrechnungsbogens ergibt sich daraus, dass eine unreflektierte Interpretation der Ergebnisse zu folgenschweren Fehlentscheidungen in einer Organisation führen kann.

Beispiel:

	Verwaltung	**Dienst 1**	**Dienst 2**	**Dienst 3**	**Gesamt**
Erlöse		**310,00 EUR**	**230,00 EUR**	**230,00 EUR**	**770,00 EUR**
Personalkosten	–250,00 EUR	–150,00 EUR	–100,00 EUR	–100,00 EUR	–600,00 EUR
Sachkosten	–50,00 EUR	–50,00 EUR	–25,00 EUR	–50,00 EUR	–175,00 EUR
Umlage Verwaltung	300,00 EUR	–100,00 EUR	–100,00 EUR	–100,00 EUR	0,00 EUR
Summe Kosten		**–300,00 EUR**	**–225,00 EUR**	**–250,00 EUR**	**–775,00 EUR**
Ergebnis		10,00 EUR	5,00 EUR	–20,00 EUR	–5,00 EUR
Umlageschlüssel		1	1	1	

Der Betriebsabrechnungsbogen legt nahe, den Dienst 3 einzustellen, da dieser der Einrichtung nur Verluste bringt. Die Eliminierung dieser Kostenstelle aus dem Programm des Unternehmens führt tatsächlich dazu, dass die Kosten, die direkt dieser Kostenstelle zugerechnet wurden, entfallen. Das angestrebte Ergebnis im Sinne einer Verbesserung des Gesamterfolges stellt sich jedoch nicht ein. Ganz im Gegenteil, wie die nachfolgende Tabelle zeigt:

	Overhead	Dienst 1	Dienst 2	Dienst 3	Gesamt
Erlöse		**310,00 EUR**	**230,00 EUR**		**540,00 EUR**
Personalkosten	−250,00 EUR	−150,00 EUR	−100,00 EUR		−210,00 EUR
Sachkosten	−50,00 EUR	−50,00 EUR	−25,00 EUR		−85,00 EUR
Umlage Verwaltung	300,00 EUR	150,00 EUR	150,00 EUR	0,00 EUR	0,00 EUR
Summe Kosten		**−155,00 EUR**	**−140,00 EUR**	**0,00 EUR**	**−295,00 EUR**
Ergebnis		−15,00 EUR	−20,00 EUR	0,00 EUR	−35,00 EUR
Umlageschlüssel		1	1	0	

Das Defizit des Unternehmens vergrößert sich sogar noch. Dies liegt daran, dass die Gemeinkosten nun vollständig von den beiden verbliebenen Diensten getragen werden müssen. Insgesamt verschlechtert sich das Ergebnis. Das Defizit des Unternehmens steigt, weil nun Dienst 1 und Dienst 2 auch ein negatives Betriebsergebnis aufweisen.

Der gewünschte Effekt wäre eingetreten, wenn die Gemeinkosten im gleichen Umfang abgebaut worden wären, wie es der Abbau des Dienstes 3 erfordert hätte. Häufig sind Gemeinkosten jedoch Fixkosten. Sie sind überhaupt nicht oder nur in geringem Umfang an die Ausbringungsmenge (= die von einem Unternehmen in bestimmten Zeit hergestellte Menge an Gütern und Dienstleistungen) des Unternehmens gekoppelt.

Fazit:

Diese Einwände haben in der Betriebswirtschaftslehre zu einem anderen Blick auf die Verteilung von Kosten geführt: Benötigt werde ein System, das die Unterscheidung zwischen fixen und variablen Kosten nutzt. Dazu wurde die Methode der Deckungsbeitragsrechnung entwickelt, die im Folgenden erläutert wird.

6.4.6 Deckungsbeitragsrechnung

Die bereits um die Jahrhundertwende zum 20. Jahrhundert von Schmalenbach[8] entwickelte Methode der Deckungsbeitragsrechnung erfuhr erst ab den 1950er Jahren stärkere Beachtung in der Betriebswirtschaftslehre. Im Unterschied zu vielen anderen

---

8 Eugen Schmalenbach (1873 bis 1955), grundgelegt in seiner Dissertation von 1899 und Habilitation von 1906.

Konstrukten in der Betriebswirtschaftslehre ist die Deckungsbeitragsrechnung in seiner Grundstruktur recht einfach nachzuvollziehen.

Ermittlung des wirtschaftlichen Beitrages einzelner Einheiten

Es geht darum zu ermitteln, welchen wirtschaftlichen Beitrag einzelne Dienstleistungen, Organisationseinheiten oder Einrichtungen zur Deckung der mit der Struktur eines Unternehmens verbundenen Kosten leisten können.

Aufspaltung in variable und fixe Kosten

Die Deckungsbeitragsrechnung als eigenständige Methode der Betriebsabrechnung baut auf einer Aufspaltung der Kosten in variable und fixe Kosten auf, was in der Praxis nur näherungsweise möglich ist. Sofern dies gelingt, lässt sich der fundamentale Zusammenhang von Erlösen, Kosten und Betriebsergebnis (Erlöse-Kosten=Betriebsergebnis) etwas differenzierter beschreiben (vgl. Buchholz und Gerhards 2016: 111 ff.).

Die Sicht auf das Unternehmen wird wie folgt erweitert:

Erlöse
– variable Kosten
= Deckungsbeitrag
– fixe Kosten
= Betriebsergebnis

Fokus auf den Erlösen

Betrachten wir den Gedankengang bei der Entwicklung der Methoden der Kostenarten-, Kostenstellen- und Kostenträgerrechnung, so stellen wir fest, dass dort der Fokus eindeutig auf den Kosten lag. Bei der Deckungsbeitragsrechnung dagegen liegt der Fokus – wie die Gleichung oben zeigt – zunächst auf den Erlösen. Deshalb wird diese Methode auch als erlösbezogenes Kostenrechnungssystem bezeichnet.

Teilkostenrechnung

Da bei der Berechnung des Deckungsbeitrags nicht sämtliche Kosten, sondern nur die variablen Kosten berücksichtigt werden, handelt es sich hier um ein System der Teilkostenrechnung.

Keine Zuordnung von Gemeinkosten

Die Deckungsbeitragsrechnung löst das Problem der Zuordnung von Gemeinkosten zu den Endkostenstellen auf radikal einfacher Art und Weise. Die Methode unternimmt erst gar nicht den Versuch einer verursachungsgerechten Zuordnung. Wird dieser Ansatz für die Abrechnung eines Unternehmens mit verschiedenen Kostenstellen gewählt, so wird im Gegensatz zur Vollkostenrechnung auf den Kostenstellen konsequent nur mit den jeweils unmittelbar zurechenbaren Kosten gerechnet.

Sachlich korrekte Zuordnung

Wesentlich ist auch, dass den Kostenstellen (in der Regel den Endkostenstellen) die gesamten erwirtschafteten Erlöse sachlich korrekt zugeordnet werden. Da die Endkostenstellen in engem Zusammenhang mit den Produkten bestehen, ist eine solche eindeutige Zuordnung in der Regel leicht möglich.

Mehrstufige Betrachtung des Unternehmens

Die eindeutige Zuordnung von Erlösen und der Verzicht auf Umlagen ermöglicht eine mehrstufige Betrachtung des Unternehmens. Wir wollen die Deckungsbeitragsrechnung hier anhand eines mehrstufigen Modells erarbeiten. Dazu unterscheiden wir drei verschiedene Deckungsbeiträge:

6.4.6.1 Deckungsbeitrag 1

Den Deckungsbeitrag 1 berechnen wir folgendermaßen:

Erlöse der (End-)Kostenstelle *– direkt zurechenbare variable Kosten der Kostenstelle* *= Deckungsbeitrag 1*

Variable Kosten

Es stellt sich die Frage, um welche Kosten es sich dabei handelt. Welche Kosten können wir in der Sozial- und Gesundheitswirtschaft als variable Kosten einer Endkostenstelle betrachten?

Damit die Deckungsbeitragsrechnung überhaupt ihren Zweck erfüllen kann, sollte die variable Kostengröße wirklich relevant sein. Ansonsten würden im Wesentlichen nur Schichten von Fixkosten mit den Erlösen verrechnet. Häufig halten Verantwortungsträger die meisten Kosten für Fixkosten. Daher wird über die Frage kontrovers diskutiert, welche Kosten im Sozial- und Gesundheitswesen als variabel und fix erachtet werden.

Personalkosten fixe Kosten?

Viele Verantwortungsträger halten die meisten Kosten – insbesondere die meisten Personalkosten – für Fixkosten. Zur Begründung wird häufig angeführt, dass die Mitarbeiter ja durch unbefristete Verträge an das Unternehmen gebunden sind und die Kosten deshalb nicht verändert werden können. Dieser Betrachtungsweise soll hier entgegengetreten werden.

Operative Personalkosten

Eine für die Sozial- und Gesundheitswirtschaft taugliche Adaption des Systems der Deckungsbeiträge lässt sich entwickeln, wenn wir als variable Kosten der Endkostenstelle die operativen Personalkosten der Endkostenstelle ansehen. Damit sind die Kosten für die Tätigkeiten gemeint, die unmittelbar mit der Erbringung der Dienstleistung verknüpft sind.

Operative Personalkosten sind die Kosten der Ärzte und Pfleger im Gesundheitswesen, die Kosten der Betreuer und Helfer im Sozialwesen- und Gesundheitswesen. Diese Kosten sind unmittelbar an die Leistungsmenge geknüpft, nur das Vorhandensein eines Patienten oder Klienten rechtfertigt ihren Einsatz. Fehlt es an ihnen, haben die Helfer kein Arbeitsfeld und sind nicht refinanziert. Bei den operativen Personalkosten handelt es sich um einen vergleichsweise großen Kostenblock.

Einschränkend gilt hier, dass nicht sämtliche operative Personalkosten als variabel zu betrachten sind. Dies gilt für Dienste, die unabhängig von der Belegung vorzuhalten sind und häufig intervallfix laufen. Ein Beispiel hierfür ist der Nachtdienst, der unabhängig von Belegungsschwankungen stets vorzuhalten ist und stufenweise abhängig von der Patienten- oder Klientenzahl erhöht werden muss (z. B. 1 Besetzung pro angefangene 40 Patienten). Solche Personalkosten sollten eher dem Fixkostenbereich zugeordnet werden.

Arbeitszeitgestaltung, Stundeneinsatz

Dem Argument, Personalkosten seien aufgrund fester Arbeitsverträge grundsätzlich als fix zu betrachten, ist entgegenzuhalten, dass der Personaleinsatz für die unmittelbare Dienstleistung mehr oder weniger eng der Leistungsmenge (also der Belegung einer Einrichtung) folgen muss. Dies wird in der Regel durch Systeme der flexiblen Arbeitszeitgestaltung erreicht. Da bei der Kostenrechnung der tatsächliche Wertverzehr maßgeblich sein soll, ist in einer engen Betrachtung als variable Personalkosten letztlich der Stundeneinsatz anzusetzen. Die Personalkosten, die in Form der Auszahlungsbeträge aus der Lohnabrechnung ermittelt werden, stellen letztlich eine sehr träge Ableitung dieses Wertverzehrs dar.

Beispiele:

- Die variablen Personalkosten der Endkostenstellen sind in der Behindertenhilfe die Personalkosten der Betreuer, die unmittelbar die Betreuungsleistung mit den behinderten Menschen erbringen. Nicht zu diesen Kosten zählen die Personalkosten für koordinierende Tätigkeiten in Form von Gruppenleitung oder Einrichtungsleitung.
- Ähnlich in der Altenhilfe. Variabel sind hier zwar die Personalkosten der Pflegekräfte, nicht jedoch der Stations- oder Wohnbereichsleitungen.

Zweck: Fixkostendeckung

Der so ermittelte Deckungsbeitrag steht zur Verfügung, um die weiteren in der Kostenstelle und im Gesamtunternehmen anfallenden Fixkosten decken zu können. Der Begriff Deckungsbeitrag ist insoweit sehr instruktiv.

Deckungsbeitrag pro Stück

Wird dieser Deckungsbeitrag durch die Produktmenge dividiert, so ergibt sich der „Deckungsbeitrag pro Stück". Dies ist der Betrag pro Leistungseinheit, der nach Abzug der unmittelbar mit der Produktion einer zusätzlichen Gütereinheit – im Sozial- und Gesundheitswesen also einer Beratungsstunde oder eines Pflegetages – verbundenen Kosten noch zur Verfügung steht.

Preisuntergrenze

Daraus lässt sich gleichsam eine Preisuntergrenze ableiten, ab der das Produkt kurzfristig angeboten werden kann. Die kurzfristige Preisuntergrenze muss gerade die mit der Produktion verbundenen variablen Kosten pro Stück decken, so dass der Deckungsbeitrag 1 mindestens 0 Euro beträgt. Diese Preisuntergrenze kann freilich nicht über lange Zeit aufrechterhalten werden, da die aus diesem Preis resultierenden Erlöse die weiteren im Unternehmen anfallenden Kosten nicht abdecken können. Aus marktstrategischen Gesichtspunkten kann es jedoch sinnvoll sein, über eine begrenzte Zeit ein Angebot an der durch den Deckungsbeitrag 1 markierten Preisuntergrenze zu platzieren.

6.4.6.2 Deckungsbeitrag 2

Nachdem wir nun den Deckungsbeitrag 1 ermittelt haben, berechnen wir den Deckungsbeitrag 2 wie folgt:

Deckungsbeitrag 1
– in der Kostenstelle anfallende Fixkosten
= Deckungsbeitrag 2

Widerspieglung des Erfolgs des Leistungsprozesses

Bei der Ermittlung des Deckungsbeitrags 2 wird die Kostenstelle als abgeschlossene Einheit, der bestimmte Fixkosten und bestimmte variable Kosten zugeordnet wurden, betrachtet. Die Erlöse und die variablen Kosten wurden bereits im Deckungsbeitrag 1 verrechnet, so dass der Deckungsbeitrag 2 nun den Erfolg des Leistungsprozesses in der Kostenstelle widerspiegelt.

Auch der Deckungsbeitrag 2 sollte positiv ausfallen. Im negativen Fall bedeutet dies, dass die Produkte der Kostenstelle nicht die Erlöse erwirtschaften, die notwendig sind, um die der Kostenstelle unmittelbar zugeordneten Kosten zu decken. Umgekehrt zeigt ein positiver Deckungsbeitrag, dass die Kostenstelle einen Überschuss erwirtschaftet, der zur Deckung weiterer Fixkosten oder zum Unternehmenserfolg beiträgt.

An dieser Stelle zeigt sich der Vorteil der Betrachtungsweise einer Kostenstelle mit Hilfe der Deckungsbeitragsrechnung. Werden wie in der Vollkostenrechnung die Kosten von Vor- oder Hilfskostenstellen auf die Endkostenstellen verteilt, die die Erlöse erwirtschaften, so ist denkbar, dass Kostenstellen mit positivem, aber geringem Deckungsbeitrag „rote Zahlen schreiben". In der Regel wird in der Vollkostenrechnung nicht oder nur schwer noch sichtbar, ob die Kostenstellen die durch sie selbst verursachten Kosten durch eigene Erlöse abdecken oder nicht. Gerade diese Aussage bringt die Deckungsbeitragsrechnung aber hervor.

Nun berechnen wir den Deckungsbeitrag an folgendem Beispiel:

Eine insgesamt defizitäre Organisation betrachtet eine Kostenstelle mit folgenden Daten:

Erlöse	250.000 EUR
– variable Kosten	– 95.000 EUR
– Deckungsbeitrag 1	155.000 EUR
– Fixkosten	– 145.000 EUR
= Deckungsbeitrag 2	10.000 EUR

Zur Illustration der Situation sei erläutert, dass zwischen dem Kostenstellenverantwortlichen und der Geschäftsleitung ein Streit über die Bemessung der Verwaltungsumlage schwelt. Der Kostenstellenverantwortliche fügt sich seinem Schicksal. Durch „Dekret" der Geschäftsführung kommt eine Verwaltungsumlage in Höhe von 40.000 Euro hinzu. Daraus ergibt sich ein negatives Kostenstellenergebnis in Höhe von 30.000 Euro auf Vollkostenbasis.

Die Geschäftsleitung könnte zu dem Ergebnis kommen, die Kostenstelle zu schließen, um dieses negative Ergebnis zu eliminieren. Dies kann eine krasse Fehlentscheidung sein, denn die Kostenstelle leistet zur Deckung der übergeordneten Kosten in Wahrheit einen – wenn auch geringen – Beitrag in Höhe von 10.000 Euro. Fällt dieser Deckungsbeitrag durch Schließung der Kostenstelle weg, so erhöht sich automatisch das Defizit des Verbandes, wenn nicht unmittelbar auch in der Verwaltung 10.000 EUR eingespart werden. Es stellt sich also genau das Gegenteil des ursprünglich beabsichtigten Effektes ein.

Dieses Beispiel verdeutlicht die Bedeutung des Deckungsbeitrages 2.

6.4.6.3 Deckungsbeitrag 3 (und weitere)

Fixkosten für übergeordnete Koordinationsebenen

Je nachdem, wie tief gegliedert eine Organisation aufgebaut ist, können nun weitere Fixkostenschichten von dem jeweils übergeordneten Deckungsbeitrag abgezogen werden. Ab der Ebene des Deckungsbeitrages 3 handelt es sich dabei um Fixkosten für übergeordnete Koordinationsebenen.

Da im Rahmen der Deckungsbeitragsrechnung eine Aufschlüsselung von Gemeinkosten auf Endkostenstellen unterbleibt, kann die Deckungsbeitragsrechnung grundsätzlich nur als Baum dargestellt werden.

Es ergibt sich folgende Darstellung:

<table>
<tr><th>Dienst 1</th><th>Dienst 2</th><th>Dienst 3</th><th>Dienst 4</th></tr>
<tr><td>Erlöse $_1$</td><td>Erlöse $_2$</td><td>Erlöse $_3$</td><td>Erlöse $_4$</td></tr>
<tr><td>– variable Kosten $_1$</td><td>– variable Kosten $_2$</td><td>– variable Kosten $_3$</td><td>– variable Kosten $_4$</td></tr>
<tr><td>= DB 1 $_1$</td><td>DB 1 $_2$</td><td>DB 1 $_3$</td><td>DB 1 $_4$</td></tr>
<tr><td>– fixe Kosten $_1$</td><td>– fixe Kosten $_2$</td><td>– fixe Kosten $_3$</td><td>– fixe Kosten $_4$</td></tr>
<tr><td>= DB 2 $_1$</td><td>= DB 2 $_2$</td><td>= DB 2 $_3$</td><td>= DB 2 $_4$</td></tr>
<tr><td colspan="2">Summe DB 2 $_{1,2}$</td><td colspan="2">Summe DB 2 $_{3,4}$</td></tr>
<tr><td colspan="2">– Bereichsfixkosten $_{1,2}$</td><td colspan="2">– Bereichsfixkosten $_{3,4}$</td></tr>
<tr><td colspan="2">= DB 3 $_{1,2}$</td><td colspan="2">= DB 3 $_{3,4}$</td></tr>
<tr><td colspan="4">Summe DB 3 $_{1,2,3,4}$</td></tr>
<tr><td colspan="4">– Unternehmensfixkosten</td></tr>
<tr><td colspan="4">= Unternehmenserfolg</td></tr>
</table>

Kumulierung der Deckungsbeiträge

Die Darstellung zeigt, dass die weitere Ableitung von Deckungsbeiträgen unterhalb der Ebene 2 zu einer Kumulierung der Deckungsbeiträge auf der jeweils übergeordneten Ebene führt. Nur so kann die Vermeidung einer Schlüsselung und Verteilung von Gemeinkosten realisiert werden.

Auf diese Weise ergibt sich Deckungsbeitrag 3 nach Abzug der hier so genannten Bereichsfixkosten aus der Summe der Deckungsbeiträge 2, wie sie aus den Diensten 1 und 2 resultieren. In der Praxis können natürlich mehr als zwei Dienste zu einem Bereich zusammengefasst werden.

Dieses Verfahren der Kumulierung von Deckungsbeiträgen kann selbstverständlich mehrfach wiederholt werden, wenn eine Organisation mehrere Hierarchieebenen aufweist. Auf der letzten Ebene werden die Fixkosten stets vom letzten Deckungsbeitrag abgezogen, die das Unternehmen insgesamt betreffen. Das Endergebnis stellt dann keinen Deckungsbeitrag mehr dar, sondern das Betriebsergebnis.

Fazit:

Im Gesamtergebnis stimmt das Betriebsergebnis der Deckungsbeitragsrechnung mit dem Betriebsergebnis, wie es aus dem Betriebsabrechnungsbogen abgeleitet werden kann, überein.

6.4.6.4 Deckungsbeitragsrechnung als Managementinstrument

Für die Unternehmensleitung bietet die Deckungsbeitragsrechnung eine differenziertere Betrachtungsweise als in der Vollkostenrechnung. Dies ergibt sich daraus, dass der „kritische Punkt" für die Bewertung einzelner Kostenstellen hier anders ausfällt.

Wirtschaftliches Gleichgewicht der Leistungsbereiche

Für das Management stellt sich die Aufgabe, das Gesamtunternehmen aus den Deckungsbeiträgen verschiedener Leistungsbereiche im wirtschaftlichen Gleichgewicht zu halten. Dabei kann bei einzelnen Kostenstellen oder Kostenstellenbereichen hingenommen werden, dass geringe oder kurzfristig gar negative Deckungsbeiträge erzielt werden, wenn andere Kostenstellen oder Kostenstellenbereiche entsprechend höhere Deckungsbeiträge abliefern.

Akzeptierung des Deckungsbeitrags

Es kommt somit zu einer Vereinbarungskultur, in der jede Ebene der Deckungsbeitragsrechnung mit der jeweils übergeordneten (in absteigender Nummerierung der Deckungsbeiträge) Vereinbarungen über den in einer bestimmten Periode zu erwirtschaftenden Deckungsbeitrag trifft. In dieser Vereinbarung spiegelt sich implizit ein Umlageschlüssel für Gemeinkosten wider. Es wird aber erst gar nicht versucht, diesen Umlageschlüssel zu objektivieren. Der zwischen zwei Ebenen ausgehandelte Deckungsbeitrag ist dann richtig, wenn er von beiden Ebenen akzeptiert ist. Der akzeptierte Wert ist in der Praxis auch sehr stark von der Marktlage abhängig.

6.4.6.5 Bewertung der Deckungsbeitragsrechnung

Effizientes Steuerungsinstrument ...

Die Deckungsbeitragsrechnung kann als sehr effizientes Steuerungsinstrument für die verschiedenen Führungsebenen in einem Unternehmen genutzt werden. In der Sozial- und Gesundheitswirtschaft entfaltet sie auch ihr ganzes Potenzial, wenn hinreichend relevante variable Kosten wie oben beschrieben angesetzt werden.

... aber nicht zur Preisermittlung

Der Logik der Ermittlung von Kosten (genauer gesagt Preisen) im Sinne eines Kostennachweises vermag die Deckungsbeitragsrechnung jedoch nicht zu folgen. Hier ist und bleibt der Betriebsabrechnungsbogen das Mittel der Wahl. Dessen Ergebnisse können jedoch im Lichte einer Deckungsbeitragsrechnung kritisch gewürdigt werden.

6.4.6.6 Verhältnis zwischen Betriebsabrechnungsbogen und Deckungsbeitragsrechnung

Sich ergänzende Methoden

Die beiden vorgestellten Methoden der Aufbereitung der Kostenstellenrechnung

- Betriebsabrechnungsbogen als System der Vollkostenrechnung und
- Deckungsbeitragsrechnung als System der Teilkostenrechnung

sollen hier nicht als sich gegenseitig ausschließende Alternativen verstanden werden, sondern als Ergänzung.

Die Aufstellung eines Betriebsabrechnungsbogens mit möglichst verursachungsgerechter Verteilung der auf den Vorkostenstellen gesammelten Gemeinkosten auf die Endkostenstellen stellt gewissermaßen das Pflichtprogramm der Kosten- und Leistungsrechnung dar.

Um Fehlentscheidungen, wie sie oben beschrieben wurden, zu vermeiden, bietet es sich jedoch an, zusätzlich zum traditionellen Betriebsabrechnungsbogen eine Deckungsbeitragsrechnung aufzustellen.

Die beiden Ansätze können zum Teil auch integriert werden, indem im Betriebsabrechnungsbogen auf erster Ebene Deckungsbeiträge ausgewiesen werden.

6.5 Kostenträgerrechnung

Finaler Schritt der Kostenrechnung

Die Kostenträgerrechnung stellt den finalen Schritt der Kostenrechnung dar. Im Rahmen der Kostenträgerrechnung werden die auf den Kostenstellen gesammelten Kosten auf die Produkte verrechnet.

Die Leitfrage der Kostenträgerrechnung lautet:
„Wofür sind die Kosten angefallen?"

Achtung Verwechslungsgefahr

Obwohl die Leitfrage doch relativ klar auf das Produkt weist, wird häufig der Sozialleistungsträger in Gestalt der Krankenkassen, Jugendämter, Sozialämter oder der Arbeitsagentur als Kostenträger im betriebswirtschaftlichen Sinne betrachtet. Die Leitfrage wird dann häufig in: „Wer bezahlt?" umformuliert. Diese Betrachtung hat rein gar nichts mit der Systematik der Kosten- und Leistungsrechnung gemein und führt in die Irre. Das Ziel der Kosten- und Leistungsrechnung besteht darin, die Kosten eines Produkts (einer konkreten Leistung) zu ermitteln, um damit Anhaltspunkte für die Bepreisung der Produkte zu liefern.

Kostenträger im betriebswirtschaftlichen Sinne werden so benannt, weil alle ermittelten Kosten der Produktion letztlich den Produkten dienen (oder zumindest dienen sollen) und insofern von diesen getragen werden müssen. Mithin stellt die Kostenbelastung einen wesentlichen Parameter für die Preiskalkulation dar.

6.5.1 Kostenträgerstückrechnung

Soweit die Kostenträgerrechnung auf die Ermittlung der Kosten für eine Produkteinheit abzielt, wird sie als Kostenträgerstückrechnung bezeichnet. Diese Form der Kostenträgerrechnung soll nun näher erläutert werden.

Kalkulationsverfahren

Die Kostenträgerstückrechnung wird häufig – insbesondere im Handel – auch als Kalkulation bezeichnet. Hier sollen nun die drei wesentlichen und im Sozial- und Gesundheitswesen relevanten Kalkulationsverfahren vorgestellt werden. Dabei handelt es sich um

- Divisionskalkulation
- Zuschlagskalkulation
- Äquivalenzziffernkalkulation

6.5.1.1 Divisionskalkulation

Diese einfache Art der Kalkulation ist immer dann anwendbar, wenn in einer Kostenstelle ein homogenes Gut erzeugt wird.

Homogene Güter

Homogene Güter zeichnen sich dadurch aus, dass die Beschaffenheit einer jeden Einheit dieses Gutes genau gleich der einer anderen ist. Dies bedeutet, dass jeder Kunde genau das gleiche Gut nutzen kann. Es bedeutet allerdings nicht, dass jeder Nutzer aus dem Gut denselben Nutzen zieht.

Gute Repräsentanten homogener Güter sind Flüssigkeiten wie Wasser oder Treibstoffe. Auch Güter aus industrieller Massen- oder Serienproduktion erfüllen die Homogenitätsbedingung recht gut (Autoreifen, Butter, weiße T-Shirts).

Wie aber verhält es sich bei Dienstleistungen des Sozial- und Gesundheitswesens? Auch wenn hier die Homogenitätsbedingung eher selten gut erfüllt ist, wird sie doch häufig postuliert.

Nehmen wir als Beispiel einen Betreuungstag in der Kostenstelle „Hotel" unseres Betriebsabrechnungsbogens – dem Bereich, der kostenrechnerisch für die Unterkunft und Verpflegung von Menschen in einer stationären Einrichtung steht. Die Leistungen können nicht im technischen oder industriellen Sinne als exakt einheitlich bezeichnet werden. Trotzdem wird dies unterstellt und damit gerechtfertigt, dass ein Tag Unterkunft und Verpflegung in dieser Einrichtung für jeden Bewohner dieselben Kosten verursacht. Auch Leistungen, die z. B. in festen Einheiten erbracht werden (z. B. Beratungsstunden), werden als homogene Güter betrachtet und deshalb mit Hilfe der Divisionskalkulation kalkuliert.

Stückkostenformel

Die Methode ist denkbar einfach. Sie basiert auf folgendem grundlegenden Zusammenhang:

$$\textit{Stückkosten} = \frac{\textit{Gesamtkosten}}{\textit{Leistungsmenge}}$$

Diese Formel ist auch in folgendem Beispiel ersichtlich:

Beispiel: Unterkunft und Verpflegung in der stationären Betreuung

Gesamtkosten:	546.950 EUR
Leistungsmenge:	xxxx
<u>... für die Zukunft:</u>	
Plätze:	30
Tage im Jahr:	365
Auslastungsgrad:	90 %
Leistungsmenge:	9855
Kostensatz:	55,50 EUR

Ableitbare Gesamtkosten

Eine wichtige Voraussetzung zur Anwendung jeglicher Methode der Kostenträgerrechnung besteht darin, dass die Gesamtkosten für die Erstellung einer Leistung aus dem Betriebsabrechnungsbogen ableitbar sind. Im einfachsten Fall ist eine Kostenstelle so geschnitten, dass die Gesamtkosten der Kostenstelle den Gesamtkosten der Leistung entsprechen. Es ist aber auch denkbar, dass nur eine Auswahl von Kostenarten (Zeilen in einer Kostenstelle) einer Leistung zugeordnet werden. Ein Beispiel hierfür ist das Entgelt für Investitionen in einer stationären Einrichtung.

Die Berechnung ist denkbar einfach: Alle in der Kostenstelle gesammelten Kosten werden schlicht auf die Menge der erzeugten Produkteinheiten verteilt.

Der Divisor (die Leistungsmenge) ergibt sich bei einer retrospektiven Betrachtung aus der Leistungsstatistik der Organisation wie in obiger Tabelle mit xxxx angedeutet. Für eine prospektive Betrachtung wird die geplante Leistungsmenge aus der um einen Auslastungsgrad korrigierten Kapazität berechnet. Hier gilt:

$$\textit{Prospektive Leistungsmenge} = \textit{Platzzahl} \cdot \textit{Kalendertage} \cdot \textit{Auslastungsgrad}$$

Der Auslastungsgrad kann anhand von Statistiken überprüft werden. Höhere Kostensätze stellen sich mit höheren Gesamtkosten und geringerer Leistungsmenge bzw. geringeren Auslastungsgraden ein.

Die Restriktion der Homogenität macht die Divisionskalkulation für weite Bereiche von Leistungen im Sozial- und Gesundheitswesen ungeeignet. Wird die Methode dennoch genutzt, entsteht für ungleiche Leistungen ein einheitlicher Kostensatz.

6.5.1.2 Äquivalenzziffernkalkulation

Berücksichtigung unterschiedlicher Leistungen in einer Kostenstelle

Da im Sozial- und Gesundheitswesen meist inhomogene Produkte, die nicht über einen einheitlichen Kostensatz beschrieben werden können, vorliegen, betrachten wir nun eine Kalkulationsmethode, die versucht, diese unterschiedlichen Leistungen in einer Kostenstelle zu berücksichtigen. Diese Methode geht von dem Gedanken aus, die Leistungen vergleichbar zu machen und dadurch die Restriktion der Homogenität aufzulösen. Basierend auf dem lateinischen Wort „aequus“ (= gleich) wird die Methode Äquivalenzziffernkalkulation genannt. Die Grundidee der Methode besteht darin, sich den Kosten indirekt zu nähern.

Quantifizierung unterschiedlicher Intensitäten

In die Produkte der Kostenstelle gehen mit unterschiedlicher Intensität erbrachte Leistungen ein. Die Unterschiede der Intensitäten werden mit Hilfe von Äquivalenzziffern quantifiziert.

Was ist nun bei Äquivalenzziffern äquivalent? Die Äquivalenzziffern sind nicht etwa äquivalent den Leistungsintensitäten, vielmehr sind die Verhältnisse der Intensitäten äquivalent zu den Verhältnissen der Äquivalenzziffern zu einander. Im Fall von zwei Leistungen gilt:

$$\frac{\textit{Intensität}_i}{\textit{Intensität}_j} = \frac{\textit{Äquivalenzziffer}_i}{\textit{Äquivalenzziffer}_j}$$

Standardbeispiel: Pflegesätze

Ein sehr typisches Beispiel für die Äquivalenzziffernkalkulation ist die Kalkulation von Pflegesätzen in der stationären Altenpflege. Hier werden die Intensitäten der Leistungen in fünf Gruppen kategorisiert (Pflegegrad 1 bis 5). In der Terminologie des Pflegestärkungsgesetzes heißen die Äquivalenzziffern Aufwandsfaktoren. Für den Bereich der teilstationären Pflege wurden gesetzlich folgende Aufwandsfaktoren festgelegt:

Pflegegrad 1: 0,78

Pflegegrad 2: 1,00

Pflegegrad 3: 1,36

Pflegegrad 4: 1,74

Pflegegrad 5: 1,91

Ausgehend von Pflegegrad 2 bedeutet die Kennziffer 1,36 für Pflegegrad 3, dass Leistungen in dieser Kategorie 36 Prozent mehr Aufwand verursachen als Leistungen in Pflegegrad 2.

Unabhängig von der gesetzlichen Vorgabe können die Äquivalenzziffern auch analytisch durch genaue Zeitmessung der Leistungen in der Pflege für die verschiedenen Pflegegrade ermittelt werden. In der stationären Altenhilfe würde dies bedeuten, in einem festgelegten Zeitraum sämtliche Pflegeminuten bei allen Patienten zu erfassen und nach Pflegegraden auszuwerten. Dieser Aufwand wird jedoch nicht betrieben. In der Praxis entfalten die durch den Gesetzgeber oder aufgrund von Rahmenverträgen vorgegebenen Äquivalenzziffern eine hohe – kaum hinterfragte – Orientierungswirkung, da die Verhältnisse zwischen den Entgelten durch diese Kennziffern bestimmt werden und der Personaleinsatz den Entgelten folgen muss.

Die folgende Tabelle zeigt nun beispielhaft die Vorgehensweise bei der Äquivalenzziffernkalkulation:

Sorten	**Äquivalenz-ziffern**	**Plätze**	**Leistungsmenge bei vorgg. Auslastung**	**Vergleichs-menge**
Pflegegrad 1	0,78	1	339	264,4
Pflegegrad 2	1,00	2	679	679,0
Pflegegrad 3	1,36	26	8826	12003,4
Pflegegrad 4	1,74	15	5092	8860,1
Pflegegrad 5	1,91	6	2037	3890,7
Summen		**50**	**16973**	**25697,5**
Gesamtkosten			**1.358.598,64 EUR**	
Kostensatz der Vergleichseinheit			**52,87 EUR**	

In der Spalte „Plätze" finden sich die belegten Plätze pro Pflegegrad wieder. Daraus wird dann anhand eines vorgegebenen Auslastungsgrades die geplante Leistungsmenge errechnet (hier z. B. 93 Prozent).

Zur Kontrolle für Pflegegrad 2: 2 Plätze · 365 Tage · 93 % = 679 Tage

Berechnung der Vergleichsmenge

In der letzten Spalte wird nun die wirklich erbrachte bzw. – falls wie hier prospektiv gerechnet wird – planmäßig zu erbringende Leistungsmenge mit der Äquivalenzziffer multipliziert. Daraus ergibt sich die Vergleichsmenge, deren Summe hier 25.697,5 beträgt.

Die Vergleichsmenge errechnet sich demnach wie folgt:

$$Vergleichsmenge = \sum_{i=1}^{p} m_i \cdot ä_i$$

wobei gilt

m: Leistungsmenge des Produkts i

ä: Äquivalenzziffern des Produkts i

p: maximaler Index der Produkte

Wir multiplizieren also die Leistungsmenge des Produkts mit der Äquivalenzziffer des jeweiligen Produkts. Das vollziehen wir mit allen Produkten. Die Summe aller Multiplikationen ergibt die Vergleichsmenge.

Ergebnis: rechnerisch homogenes Gut

Diese Rechenoperation führt – und dies ist ein entscheidendes Zwischenergebnis – zu einem rechnerisch homogenen Gut. In Gestalt der Vergleichsmenge sind die Leistungsmengen nun in Einheiten des Gutes, dem die Äquivalenzziffer 1 zugeordnet ist, ausgedrückt.

In unserem Beispiel kann damit die Zahl 12.003,4 (= Vergleichsmenge für Pflegegrad 3) wie folgt interpretiert werden: Mit demselben Aufwand, der notwendig ist, um 8.826 Tage für Pflegebedürftige mit Pflegegrad 3 zu erbringen, können 12.003,4 Pflegetage für Pflegebedürftige mit Pflegegrad 2 erbracht werden.

Nun wird das Schema der Divisionskalkulation angewendet. Es wird ermittelt, welche Kosten ein Vergleichstag zu tragen hat. Dies geschieht durch Division der Gesamtkosten der Kostenstelle durch die Anzahl der Vergleichstage.

$$Kostensatz\ des\ Vergleichsguts = \frac{Gesamtkosten}{Vergleichsmenge}$$

Dies führt im Beispiel zu einem Kostensatz von 52,87 Euro pro Vergleichstag (Rechenweg: 1.358.598,64 Euro ÷ 25697,5).

Mit Hilfe der gegebenen Äquivalenzziffern können ausgehend vom Kostensatz für die Vergleichseinheit die Sätze für die tatsächlichen Leistungen ermittelt werden.

In unserem Beispiel ergibt sich Folgendes:

Sorten	Äquivalenz -ziffern	Kostenersatz Vergleichseinheit	Kostensatz der differenzierten Leistungen
Pflegegrad 1	0,78		41,24 EUR
Pflegegrad 2	1		52,87 EUR
Pflegegrad 3	1,36	52,87 EUR	71,90 EUR
Pflegegrad 4	1,74		91,99 EUR
Pflegegrad 5	1,91		100,98 EUR

Probe: Kommen bei diesen Kostensätzen wieder die Gesamtkosten zusammen?

Sorten	Leistungsmenge bei vorgg. Auslastung	Kosten pro Sorte
Pflegegrad 1	339	13.979,58 EUR
Pflegegrad 2	679	35.897,94 EUR
Pflegegrad 3	8826	634.603,74 EUR
Pflegegrad 4	5092	468.422,16 EUR
Pflegegrad 5	2037	205.695,21 EUR
		1.358.598,64 EUR

Differenzierter Kostensatz

Wir gelangen vom einheitlichen Kostensatz des Vergleichsguts zum differenzierten Kostensatz durch Multiplikation mit der jeweiligen Äquivalenzziffer (siehe oberer Teil der Tabelle). Es ergibt sich für das Gesamtkalkül folgende Formel:

$$Kostensatz_i = Kostensatz\ des\ Vergleichsguts \cdot ä_i = \frac{Gesamtkosten}{\sum_{i=1}^{p} m_i \cdot ä_i} \cdot ä_i$$

Und noch einmal Schritt für Schritt: Wir multiplizieren den einheitlichen Kostensatz mit der Äquivalenzziffer eines Produkts. Diesen einheitlichen Kostensatz haben wir erhalten, indem wir die Gesamtkosten durch die zuvor berechnete Vergleichsmenge geteilt haben.

Wichtig:
Um sicherzustellen, dass sich keine Rechenfehler eingeschlichen haben, ist eine Probe ratsam. Mit Hilfe der differenzierten Kostensätze lassen sich leicht die Kosten nach Sorten ermitteln. Dies geschieht durch Multiplikation der Kostensätze mit der Leistungsmenge. Die Addition der Kosten nach Sorten muss dann wieder zu den Gesamtkosten führen. Dies ist im unteren Teil der Tabelle dargestellt.

6.5.1.3 Zuschlagskalkulation

Kalkulation inhomogener Produkte

Auch die Zuschlagskalkulation verlangt nicht notwendig ein homogenes Gut als Kalkulationsgegenstand. Mit Hilfe dieser Methode kann auf einfache Weise eine ganze Schar von inhomogenen Produkten kalkuliert werden. Diese Form der Kalkulation ist im Handel gebräuchlich, lässt sich aber durchaus auf die Verhältnisse in der Sozial- und Gesundheitswirtschaft übertragen.

Versuchen wir das an folgendem Beispiel eines ambulanten Dienstes:

Beispiel:

Ambulanter Dienst		
Erträge	350.000 EUR	
Personal	250.000 EUR	← Einzelkosten = Zuschlagsbasis
Raumkosten	25.000 EUR	10,00 %
Wirtschaftsbedarf	500 EUR	0,20 %
Päd./Med. Bedarf	3.000 EUR	1,20 %
Verwaltungsbedarf	500 EUR	0,20 %
Mobilität	25.000 EUR	10,00 %
Abschreibungen	5.000 EUR	2,00 %
Sonstiges	2.950 EUR	1,18 %
Summe KST	311.950 EUR	
Umlage EDV	20.000 EUR	8,00 %
Umlage Haustechnik	5.000 EUR	2,00 %
Umlage Verwaltung	50.000 EUR	20,00 %
Umlage Öffentlichkeitsarbeit	6.000 EUR	2,40 %
Summe nach Umlage	392.950 EUR	57,18 %
Betriebsergebnis	**–42.950 EUR**	

Trennung und Verrechnung von Einzelkosten und Gemeinkosten

Die Grundidee dieser Methode besteht darin, dass Einzelkosten von Gemeinkosten getrennt werden und auf produktspezifische Einzelkosten strukturell gleiche Gemeinkosten verrechnet werden. Dies geschieht durch Zuschläge auf die Einzelkosten. Voraussetzung ist, dass eine hinreichend große Kalkulationsbasis an Einzelkosten ermittelt werden kann. Im Handel sind dies die Einstandspreise der Produkte (also der Preis, zu dem z. B. ein Automobilhändler einen Wagen einkaufen kann).

Personalkosten als Einstandspreise

Im Sozial- und Gesundheitswesen treten die Personalkosten in einer Endkostenstelle an die Stelle des Einstandspreises. Der Dienstleistungsunternehmer wird also hinsichtlich dieser Kalkulation als Wiederverkäufer der Leistungen der Mitarbeiter betrachtet. Diese Betrachtung ist sachdienlich, weil die Personalkosten den größten Kostenblock ausmachen. Die operativen Personalkosten können also als Einzelkosten (analog zur Handelsware) betrachtet werden.

Zuschlagsberechnung

Auf Grundlage der in einem Betriebsabrechnungsbogen dargestellten Kostenstruktur wird nun errechnet, wie viel Prozent der Personalkosten (Einzelkosten) die weiteren Kosten (Gemeinkosten) ausmachen. Dieser Prozentsatz ist gerade der Zuschlag, der den Personalkosten hinzugerechnet werden muss, um zu den Vollkosten zu gelangen. Der ermittelte Zuschlag wird in der Praxis um einen gewissen Risikobetrag erhöht.

Die Tabelle im Beispiel zeigt, wie Zuschlagssätze summarisch und bzgl. der einzelnen Kostenbestandteile ermittelt werden können.

Formel Zuschlagssatz

Für jeden einzelnen Zuschlagssatz gilt:

$$Zuschlagssatz_i = \frac{Gemeinkostenposition_i}{Einzelkosten}$$

In unserem Beispiel

berechnen wir den Zuschlagssatz bei den Raumkosten, indem wir diese durch die Personalkosten teilen:

25.000 EUR ÷ 250.000 EUR = 0,1 = 10%

Formel Gesamtzuschlag

Mithin gilt für den Gesamtzuschlagssatz:

$$Gesamtzuschlag = \frac{\sum^i Gemeinkostenposition_i}{Einzelkosten}$$

Der Gesamtzuschlag ergibt sich damit aus der Summe der differenzierten Zuschlagssätze bzw. aus dem Quotient aus sämtlichen Gemeinkosten im Verhältnis zu den Einzelkosten. Dabei werden auch die Umlagen berücksichtigt.

Im vorliegenden Beispiel

müssen die Einzelkosten um 57,18 Prozent erhöht werden, um zu einem kostendeckenden Kostensatz zu gelangen.

Der Nutzen für die Praxis besteht darin, dass mit den Einzelkosten meist der größte Teil der Kosten beschrieben ist und über die Einzelkosten meist recht genaue und differenzierte Aufzeichnungen vorliegen.

Angenommen unsere Beispieleinrichtung

hat ermittelt, dass eine Beratungsstunde auf Grundlage der Personalkosten für 50 EUR pro Stunde erbracht werden kann, so betragen die darauf entfallenden Gemeinkosten

57,18 % · 50 EUR = 28,59 EUR. Der Vollkostensatz beträgt damit 78,59 EUR.

Warum sollen nun die differenzierten Zuschlagssätze kalkuliert werden, wenn die Vollkosten mit Hilfe des Gesamtzuschlages ermittelt werden? Gehen wir davon aus, dass ein neues Produkt, für das keinerlei Mobilitätsleistungen benötigt wird, kalkuliert werden soll. Für diesen Fall zeigt die Zuschlagstabelle, dass der Gesamtzuschlag um 10 Prozent auf 47,18 Prozent verringert werden kann. Dabei ist zu berücksichtigen, dass das auf diese Weise kalkulierte Produkt nicht mehr alle Kosten trägt. Dies bedeutet im Umkehrschluss, dass die Mobilitätskosten bei Wegfall der Inanspruchnahme entsprechend reduziert werden müssen.

Fachleistungsstundensätze

Wir finden die Methode der Zuschlagskalkulation in der Praxis oft bei der Kalkulation von Fachleistungsstundensätzen. Hier gibt der Sozialleistungsträger häufig Zuschlagssätze vor, die er für die Preisbildung akzeptiert. Diese Zuschlagssätze liegen hier in der Größenordnung zwischen 20 Prozent und 50 Prozent.

6.5.1.4 Kombination der Kalkulationsmethoden

In der Praxis werden die beschriebenen Methoden oft wie folgt kombiniert:

- Auf wichtige Kostenarten – in der Regel die Personalkosten – wird die Divisionskalkulation oder die Äquivalenzziffernkalkulation angewendet.
- Um zu einem Vollkostensatz zum gelangen, werden auf diese Kosten dann pauschale Zuschläge verrechnet.

6.5.2 Kostenträgerzeitrechnung

Zeitliche Komponente

Nach der Berechnung der Kosten pro Stück steht nun die zeitliche Komponente im Mittelpunkt. Die Methoden zur Ermittlung des wirtschaftlichen Erfolges eines Produkts bezogen auf einen bestimmten Zeitraum werden als Kostenträgerzeitrechnung verstanden. Im Unterschied zur Kostenträgerstückrechnung stellt sich hier nicht die Frage, welche Kosten ein Produkt auslöst und welcher Mindestpreis pro Stück dafür anzusetzen ist. Hier wird danach gefragt, inwieweit die Produkterlöse die Produktkosten in einem Zeitraum tragen.

Die Kostenträgerzeitrechnung zielt auf eine kurzfristige Erfolgsermittlung ab. Die Varianten der Lösung dieser Aufgaben lassen sich schematisch wie folgt darstellen:

Kurzfristige Erfolgsermittlung

Daten	Datenquelle	
Erlöse	Abteilung aus der Buchhaltung	Ableitung aus der Fakturierung
Kosten	Abteilung aus der Buchhaltung	Abzug von Kostenanteilen aus der Kostenträgerstückrechnung

Die Gestaltung der Kostenträgerzeitrechnung hängt unmittelbar von der Datenlage ab. Sofern die Daten unmittelbar aus der Buchhaltung abgeleitet werden können, ist dies als Datenquelle zu präferieren. Die Zuordnung der Erlöse kann gelingen, wenn diese bezogen auf die Dienstleistung auf einem separaten Konto erfasst sind oder wenn in einer Kostenstelle nur ein Produkt erzeugt wird (Einproduktbetrieb). Im letztgenannten Fall entspricht das Ergebnis der Kostenträgerzeitrechnung dem Betriebsergebnis der Kostenstelle.

Gestaltung hängt von der Datenlage ab

Häufig ist die Trennung von Erlösen und Kosten aufgrund der zu geringen Datengranularität des betrieblichen Rechnungswesens nicht möglich. In diesem Fall lässt sich die Kostenträgerzeitrechnung immer noch sicher aus anderen Datenquellen ableiten.

Die Erträge können im Rahmen einer einfachen Umsatzberechnung auf der Grundlage der Daten der Fakturierung (Rechnungsstellung; vom lateinischen „factura" für Rechnung) nachvollzogen werden:

Umsatzberechnung

$$Umsatz = Leistungsmenge \cdot Stückpreis$$

Oft können die Umsätze für einzelne Produkte zeitraumbezogen unmittelbar aus der Fakturierung ausgelesen werden. Dies ist die einfachste Lösung des Problems. Alle brauchbaren Fakturierungen verfügen über Statistikmodule, die einen Export der in einem bestimmten Zeitraum erbrachten und abgerechneten Leistungsmengen ermöglichen. In der Regel bleiben die Stückpreise zumindest für bestimmte Zeiträume konstant, sodass sich der Umsatz leicht berechnen lässt.

Es bleibt das Problem der Kostenzuordnung, wenn der Rückgriff auf Daten des Rechnungswesens nicht möglich ist: Hier können die in der Kostenträgerstückrechnung ermittelten Kostensätze oder Zuschlagssätze genutzt werden, um den „wirklichen" Kosten in den betrachteten Perioden nahe zu kommen. Versuchen wir das an einem Beispiel. Eine derartige Kostenträgerzeitrechnung kann wie folgt aussehen:

Lösung, wenn kein Rückgriff auf Daten möglich ist

Kurzfristige Erfolgsrechnung für den Monat ...

1. Erlöse				
1.1 Leistungsentgelte	Anzahl Fachleistungsstunden	600		
	Fachleistungsstundensatz	60 EUR		
			36.000 EUR	
1.2 Zuschüsse/Pauschalentgelte			0 EUR	
1.3 Spenden			0 EUR	
1.4 Sonstige Erlöse				
Summe				**36.000 EUR**
2. Personalaufwand				
2.1 Löhne und Gehälter inkl. Lohnnebenkosten	Bruttostundensatz Mitarbeiter	35 EUR		
			–21.000 EUR	
	Zuschlag für nicht abrechenbare Zeiten	30 %	–6.300 EUR	
2.2 Mehrarbeit/Minderarbeit				
2.3 Sonstige Personalkosten				
2.4 Honorare/Fremdleistungen				
Summe				**–27.300 EUR**
3. Raumkosten				
3.1 Mieten/Pachten			–600 EUR	
3.2 Gebäude(netto)abschreibungen				
3.3 Wasser/Energie			–200 EUR	
3.4 Instandhaltung			–150 EUR	
3.5 sonstige Gebäudekosten			–200 EUR	
Summe				**–1.150 EUR**
4. sonstiger Sachaufwand				
4.1 pädagogisch-/pflegerischer Bedarf				
4.2 Wirtschaftsbedarf				
4.3 Mobilitätskosten	durchschnittliche Strecke pro Besuch	6 km		
	Kostensatz/km	0,40 EUR		
			–1.440 EUR	
4.4 Verwaltungsbedarf			–400 EUR	
4.5 EDV-Kosten			–360 EUR	
4.6 Beiträge/Versicherungen			–150 EUR	
Summe				**–2.350 EUR**
5. Umlagen				
5.1 Einrichtungsbezogene Umlagen	Zuschlag Einrichtungs-overhead	5 %		
			–1.740 EUR	
5.2 Zentralumlagen	Zuschlag für Trägeroverhead	5 %		
			–1.740 EUR	
				–3.480 EUR
Betriebsergebnis				**1.720 EUR**

Eine solche Auswertung kann in regelmäßigen Abständen als Nebenrechnung durchgeführt werden. In guten Fakturierungsprogrammen können die Kosten – zumindest Stückkostensätze – hinterlegt werden, wodurch eine grobe Abschätzung der Aufwendungen möglich ist.

6.6 Die Nutzung der Kostenrechnungsdaten für das Management

Unterschiedliche Berichtsformen

Die interne Kostenrechnung dient der internen Steuerung und dem Management. Sie ist daher rechtlich an keine Form gebunden wie der Jahresabschluss, sondern sie muss den internen Informations- und Steuerungsinteressen des Managements dienen. Insofern wird es zahlreiche verschiedene Formen der Auswertung geben, die an den verschiedenen Stufen der Kostenrechnung ansetzen.

Es haben sich jedoch verschiedene Berichtsformen als übliche Berichtsformen herauskristallisiert. An dieser Stelle sollen zwei dargestellt werden:

- die kurzfristige Erfolgsrechnung, die der Darstellung des Unternehmenserfolgs dient, sowie
- die Kostenstrukturanalyse, die insbesondere der Analyse von Kosten und von Wirtschaftlichkeitspotenzialen dient

6.6.1 Die kurzfristige Erfolgsrechnung in Form der Betriebswirtschaftlichen Auswertung

Die kurzfristige Erfolgsrechnung ist eine Darstellungsform des Erfolgs, die sich an der Gewinn- und Verlustrechnung orientiert. Sie wird jedoch „kurzfristig“ (meist monatlich) und nicht nur im Jahresrhythmus erstellt. Weiterhin soll die kurzfristige Erfolgsrechnung die Informationen stärker auf das Informationsbedürfnis des Managements ausrichten.

So sollen speziell neutrale Aufwendungen oder Erträge, die nicht mit dem Geschäftsbetrieb zu tun haben (z. B. Zins- oder Mieterträge) nicht mit betrachtet werden. Weiterhin soll es möglich sein, zusätzliche kalkulatorische Kosten einzurechnen, die nach Handelsrecht nicht eingerechnet werden können.

Letztlich hat die Gewinn- und Verlustrechnung stets den Nachteil, dass sie keine Trennung der Erträge und Aufwendungen nach Kostenstellen oder gar Kostenträgern zulässt. Möglicherweise findet sich in der Gewinn- und Verlustrechnung (GuV) noch eine Trennung der Erlöse nach Kostenträgern (Ertragsarten), jedoch sind die Aufwendungen stets nach Kostenarten, nicht nach den zugrundeliegenden Kostenträgern getrennt (also z. B. Personal- oder Sachkosten, nicht Personalkosten Pflege SGB XI oder SGB V). Um diesem Informationsbedarf gerecht zu werden, gibt es die kurzfristige Erfolgsrechnung.

Betriebswirtschaftliche Analyse

Ein in der deutschen Wirtschaft und so auch der Sozialwirtschaft verbreitetes Instrument der kurzfristigen Erfolgsermittlung ist die sogenannte „Betriebswirtschaftliche Auswertung“, die mit BWA abgekürzt wird. Der Begriff wurde durch die DATEV geprägt. Bereits in den 1960er-Jahren, in der Anfangszeit der EDV-Einführung im Rechnungswesen, wurde es mithilfe solcher Systeme möglich, unterjährig Aussagen über den Unternehmenserfolg zu treffen, ohne auf den Jahresabschluss warten zu müssen.

Basiswerkzeug des Rechnungswesens, des Controllings

Heute stellt die BWA ein Basiswerkzeug des Rechnungswesens und des Controllings dar. Aufgrund der hohen Standardisierung wird es auch oft im Kontakt mit externen Partnern verwendet – auch wenn es ein Instrument des internen Rechnungswesens ist. Insbesondere Kreditgeber vertrauen auf die Belastbarkeit der dargestellten Zahlen, da die BWA sehr regelhaft aus dem Rechnungswesen abgeleitet ist. Deshalb ist es ratsam, den Begriff „Betriebswirtschaftliche Auswertung" bzw. die Abkürzung BWA auch nur für Unterlagen zu verwenden, die die wirtschaftliche Lage eines Gesamtunternehmens nach dem im Folgenden erläuterten Schema abbilden.

Aufbau der BWA

Der Aufbau der BWA folgt dem Grundmuster der Gewinn- und Verlustrechnung (GuV) in Staffelform (siehe Abschnitt 2.4.3). Im Folgenden ist auf der linken Seite die klassische Gliederung und auf der rechten Seite eine Gliederung für Sozialunternehmen aufgetragen:

Gliederungsschema für die gewerbliche Wirtschaft	Gliederungsschema für die Sozialwirtschaft
+ Umsatzerlöse differenziert nach verschiedenen Erlösquellen	+ Umsatzerlöse differenziert nach verschiedenen Erlösquellen
= Gesamtleistung	**= Gesamtleistung**
– Material- und Wareneinkauf	– Personalkosten
= Rohertrag	**= Rohertrag**
– betriebliche Kosten (differenziert in nicht mehr als 10 Kostengruppen) Personalkosten Raumkosten Betriebliche Steuern besondere Kosten KFZ-Kosten Werbe- und Reisekosten Kosten der Warenabgabe Abschreibungen Reparatur/Instandhaltung Sonstige Kosten	– betriebliche Kosten (differenziert in nicht mehr als 10 Kostengruppen) Raumkosten Materialeinkauf (u. a. Lebensmittel) pädagogisch/pflegerischer Bedarf) Wirtschaftsbedarf KFZ-Kosten Werbe- und Reisekosten Verwaltungsbedarf Abschreibungen Reparatur/Instandhaltung Sonstige Kosten
= Betriebsergebnis	**= Betriebsergebnis**
+ neutrale Erträge (u. a. Zinsen)	+ neutrale Erträge (u. a. Zinsen)
– neutrale Aufwendungen (u. a. Zinsaufwand)	– neutrale Aufwendungen (u. a. Zinsaufwand)
+/– neutrales Ergebnis	**+/– neutrales Ergebnis**
= Ergebnis vor Steuern	**= Ergebnis vor Steuern**
– Steuern	– Steuern
= vorläufiges Ergebnis	**= vorläufiges Ergebnis**

Tausch von Materialaufwand und Personalkosten in der Sozialwirtschaft

Aufgrund der untergeordneten Bedeutung des Materialaufwands und der herausgehobenen Bedeutung der Personalkosten sollten in einer BWA für die Sozialwirtschaft der Materialaufwand und die Personalkosten die Positionen tauschen (wie oben dargestellt). Dem mag entgegenhalten werden, dass sich die Produktionsfaktoren „Material" bzw. „Waren" und „Arbeit" hinsichtlich der Beschaffung und Einsatz – insbesondere Nicht-Einsatz – fundamental unterscheiden. So ist die Kopplung zwischen Ausbringungsmenge und Wareneinsatz im Handel- und Handwerk sicher enger als zwischen Leistungsmenge und Personaleinsatz im Sozial- und Gesundheitswesen. Dieses grundsätzliche Problem umreißt aber gerade die Herausforderungen der Aufgabe des Kostenmanagements im Sozial- und Gesundheitswesen. Dass gerade in der Sozialwirtschaft eine Kopplung von Ausbringungsmenge und Personaleinsatz geläufig ist, zeigt die Beschreibung der Strukturqualität zahlreicher sozialer Dienstleistungen mit Hilfe von Personalschlüsseln (1 : x mit x = Ausbringungsmenge) beschrieben wird. Insofern wird hier eine abweichende Definition des Begriffs Rohertrag für die Sozialwirtschaft vorgeschlagen.

Jede Position in Prozent des Gesamtumsatzes

Um auf Grundlage der Auswertung Aussagen treffen zu können, die unabhängig von der Betriebsgröße gelten, wird jede Position in Prozent des Gesamtumsatzes ausgewiesen (Kostenstrukturanalyse). Dies erfolgt sowohl für die Umsatzpositionen selbst, womit die Struktur der Erlösquellen näher untersucht werden kann, wie für sämtliche Kostenpositionen. Dies wird im Folgenden beschrieben.

6.6.2 Kostenstrukturanalyse

Instrument zur Analyse und Steuerung der Kosten

Die Kostenstrukturanalyse ist ein ebenso einfaches wie mächtiges Instrument der Analyse und Steuerung von Kosten. Es dient insbesondere in der Zeitreihenbetrachtung der Analyse der Kostenentwicklung. Zum Vergleich mit anderen Unternehmen stellt die Kostenstrukturanalyse ein wertvolles Instrument zur Standortbestimmung eines Unternehmens dar (vgl. Horsch 2015: 44 ff.).

Hier sollen drei Ansätze der Kostenstrukturanalyse beschrieben werden.

- Analyse der Kostenanteile
- Analyse der Stückkosten
- Analyse der Stückkosten pro Vergleichseinheit

6.6.2.1 Analyse der Kostenanteile

Daten in der Wohlfahrtspflege

Für viele Wirtschaftszweige liegen repräsentative Daten über die Verteilung der Erlöse auf große relevante Kostengruppen vor (vgl. Hörsch 2015: 46). Im Bereich der Sozialwirtschaft verfügen hier die überregionalen Verbände der Wohlfahrtspflege über wertvolle Expertise. Hier sammeln z. B. Referenten, die Einrichtungen bei Kostensatzverhandlungen unterstützen, systematisch Kostenstrukturdaten. Vergleicht eine Einrichtung die eigene Kostenstruktur mit diesen Richtwerten, gewinnt sie wertvolle Hinweise über möglichen Anpassungsbedarf.

Zur Analyse der Kostenanteile wird jede Größe einer betriebswirtschaftlichen Auswertung in Prozent der Umsätze dargestellt. So kann ein Vergleich hergestellt werden.

Beispiel stationäre Einrichtung

Übersicht						Kosten/Erträge (ohne ao)			
Kostenartengruppen		Haus 1	Haus 2	Haus 3	Ergebnis	Haus 1	Haus 2	Haus 3	alle Häuser
004 Leistungen	400 Leistungsentgelte	2.000.000 EUR	1.300.000 EUR	2.500.000 EUR	5.800.000 EUR	97,09 %	96,65 %	95,40 %	96,26 %
	480 Zuschüsse	40.000 EUR	30.000 EUR	80.000 EUR	150.000 EUR	1,94 %	2,23 %	3,05 %	2,49 %
004 Leistungen Ergebnis		2.040.000 EUR	1.330.000 EUR	2.580.000 EUR	5.950.000 EUR	99,03 %	98,88 %	98,45 %	98,75 %
005 weitere E.	510 Zinsen			500 EUR	500 EUR	0,00 %	0,00 %	0,02 %	0,01 %
	570 Mieten u. sonst.	20.000 EUR	15.000 EUR	40.000 EUR	75.000 EUR	0,97 %	1,12 %	1,53 %	1,24 %
	590 ao. perfr. Spenden	5.000 EUR	55.000 EUR	4.500 EUR	64.500 EUR				
005 weitere E. Ergebnis		25.000 EUR	70.000 EUR	45.000 EUR	140.000 EUR	1,21 %	5,20 %	1,72 %	
Summe Erlöse		2.065.000 EUR	1.400.000 EUR	2.625.000 EUR	6.090.000 EUR	2.060.000 EUR	1.345.000 EUR	2.620.500 EUR	6.025.500 EUR
006 Personal	600 Personal	-1.250.000 EUR	-900.000 EUR	-1.750.000 EUR	-3.900.000 EUR	60,68 %	66,91 %	66,78 %	64,72 %
	609 Mehr-/Minderstd.	30.000 EUR	40.000 EUR	50.000 EUR	120.000 EUR	–1,46 %	–2,97 %	–1,91 %	–1,99 %
	610 Sonderz.	–50.000 EUR	–15.000 EUR	–30.000 EUR	–95.000 EUR	2,43 %	1,12 %	1,14 %	1,58 %
	640 sonst. PK	–65.000 EUR	–25.000 EUR	–50.000 EUR	–140.000 EUR	3,16 %	1,86 %	1,91 %	2,32 %
006 Personal Ergebnis		-1.335.000 EUR	-900.000 EUR	-1.780.000 EUR	-4.015.000 EUR	64,81 %	66,91 %	67,93 %	66,63 %
007 Raumkosten	670 Wasser/Energie	–65.000 EUR	–50.000 EUR	–85.000 EUR	–200.000 EUR	3,16 %	3,72 %	3,24 %	3,32 %
	720 Instandh.	–7.500 EUR	–15.000 EUR	–25.000 EUR	–47.500 EUR	0,36 %	1,12 %	0,95 %	0,79 %
	721 Instandh. kalk.		–50.000 EUR	–125.000 EUR	–175.000 EUR	0,00 %	3,72 %	4,77 %	2,90 %
	730 Steuern u. Vers.	–3.500 EUR	–5.000 EUR	–5.000 EUR	–13.500 EUR	0,17 %	0,37 %	0,19 %	0,22 %
	740 Zinsen		–100.000 EUR	–50.000 EUR	–150.000 EUR	0,00 %	7,43 %	1,91 %	2,49 %
	760 Netto-AfA	–44.000 EUR	–120.000 EUR	–157.500 EUR	–321.500 EUR	2,14 %	8,92 %	6,01 %	5,34 %
	780 Mieten	–300.000 EUR	–5.000 EUR	–2.500 EUR	–307.500 EUR	14,56 %	0,37 %	0,10 %	5,10 %
007 Raumkosten Ergebnis		–420.000 EUR	–345.000 EUR	–450.000 EUR	–1.215.000 EUR	20,39 %	25,65 %	17,17 %	20,16 %
008 sonst. Sachk,	650 Lebensmittel	–40.000 EUR	–35.000 EUR	–100.000 EUR	–175.000 EUR	1,94 %	2,60 %	3,82 %	2,90 %
	660 med. Bedarf	–20.000 EUR	–15.000 EUR	–30.000 EUR	–65.000 EUR	0,97 %	1,12 %	1,14 %	1,08 %
	680 päd. Bedarf	–450 EUR	–1.500 EUR	–10.850 EUR	–12.800 EUR	0,02 %	0,11 %	0,41 %	0,21 %
	680 Wirtsch. bed.	–49.500 EUR	–40.000 EUR	–70.000 EUR	–159.500 EUR	2,40 %	2,97 %	2,67 %	2,65 %
	690 Verwalt. bed.	–30.000 EUR	–20.000 EUR	–35.000 EUR	–85.000 EUR	1,46 %	1,49 %	1,34 %	1,41 %
	730 Steuern u. Vers.	–15.000 EUR	–7.500 EUR	–20.000 EUR	–42.500 EUR	0,73 %	0,56 %	0,76 %	0,71 %
	790 sonst. K.	–50 EUR	–10.000 EUR	–150 EUR	–10.200 EUR	0,00 %	0,74 %	0,01 %	0,17 %
008 sonst. Sachk. Ergebnis		–155.000 EUR	–129.000 EUR	–266.000 EUR	–550.000 EUR	7,52 %	9,59 %	10,15 %	9,13 %
009 Internumsatz		–5.000 EUR	–4.000 EUR	–6.000 EUR	–15.000 EUR	0,24 %	0,30 %	0,23 %	0,25 %
090 Zentralumlagen		–115.000 EUR	–65.000 EUR	–120.000 EUR	–300.000 EUR	5,58 %	4,83 %	4,58 %	4,98 %
Summe Kosten		–2.030.000 EUR	–1.443.000 EUR	–2.622.000 EUR	–6.095.000 EUR	98,54 %	107,29 %	100,06 %	101,15 %
Betriebsergebnis		**35.000 EUR**	**–43.000 EUR**	**3.000 EUR**	**–5.000 EUR**	**–1,70 %**	**3,20 %**	**–0,11 %**	**0,08 %**

Die Tabelle zeigt eine betriebswirtschaftliche Auswertung eines Trägers mit drei stationären Einrichtungen. Die ersten drei Spalten zeigen die Ergebnisse eines Wirtschaftsjahres für jede Einrichtung getrennt. Die vierte Spalte weist das Ergebnis aller drei Einrichtungen aus.

Zunächst wurden die Erlöse, die als Basis für die Analyse herangezogen werden, um die außerordentlichen bzw. periodenfremden Erlöse gekürzt. Dadurch werden die Erlöse isoliert, die den Betriebsleistungen zuzurechnen sind. Jeder Prozentwert in den letzten drei Spalten zeigt nun den Anteil einer jeden Position inklusive der Zwischensummen an diesen Erlösen. Im Unterschied zu den absoluten Werten werden aus einer Betrachtung der relativen Werte unmittelbar folgende Erkenntnisse deutlich:

- Die Personalkostenanteile der drei Einrichtungen unterscheiden sich nur geringfügig.
- Wesentliche Unterschiede resultieren aus den Raumkosten. Einrichtung 2 hat gemessen an den Umsätzen deutlich höhere Raumkosten.
- Einrichtung 1 verzeichnet etwas geringere Sachkosten.

6.6.2.2 Analyse der Stückkosten

Betrachtung der Kosten auf Basis einer Leistungseinheit

Eine ähnliche Sicht, die sich nun aber auf die erbrachte Leistungsmenge bezieht, liefert eine Betrachtung der Kosten auf Basis einer Leistungseinheit. Die Frage, die sich dahinter verbirgt, ist also die nach den speziellen Stückkosten, die sich dann mit anderen Leistungseinheiten und Organisationen vergleichen lassen.

Anhaltspunkte für die Wettbewerbsfähigkeit

Die daraus gewonnenen kostenartenbezogenen Stückkosten sind regelmäßig Anhaltspunkt für eine Beurteilung der Wettbewerbsfähigkeit eines Sozialunternehmens. So haben Vertreter von Sozialleistungsträgern in Entgeltverhandlungen gegenüber den Sozialunternehmen ein gutes Disziplinierungsinstrument, wenn sie Positionen wie z. B. Lebensmitteleinsatz/Pflegetage oder Verwaltungskosten/Pflegetage anderer Einrichtungen als Maßstab für die Prüfung der Angemessenheit eines Pflegesatzbegehrens heranziehen.

Eine solche Betrachtung ist nur möglich, wenn in dem Sozialunternehmen bzw. den ausgewählten Kostenstellen oder Kostenstellengruppen auch vergleichbare Leistungen erbracht werden.

Beispiel stationäre Einrichtung

In stationären Einrichtungen sind dies regelmäßig die erbrachten Betreuungstage. Nach dieser Maßgabe lässt sich die Kostenstruktur der oben genannten Einrichtung wie folgt darstellen:

Übersicht						**Kosten/Erträge (ohne ao)**			
Kostenartengruppen		**Haus 1**	**Haus 2**	**Haus 3**	**Ergebnis**	**Haus 1** **20.000**	**Haus 2** **15.000**	**Haus 3** **25.000**	**alle Häuser** **60.000**
004 Leistungen	400 Leistungsentgelte	2.000.000 EUR	1.300.000 EUR	2.500.000 EUR	5.800.000 EUR	100,00 EUR	86,67 EUR	100,00 EUR	96,67 EUR
	480 Zuschüsse	40.000 EUR	30.000 EUR	80.000 EUR	150.000 EUR	2,00 EUR	2,00 EUR	3,20 EUR	2,50 EUR
004 Leistungen Ergebnis		2.040.000 EUR	1.330.000 EUR	2.580.000 EUR	5.950.000 EUR	102,00 EUR	88,67 EUR	103,20 EUR	99,17 EUR
005 weitere E.	510 Zinsen			500 EUR	500 EUR			0,02 EUR	0,01 EUR
	570 Mieten u. sonst.	20.000 EUR	15.000 EUR	40.000 EUR	75.000 EUR	1,00 EUR	1,00 EUR	1,60 EUR	1,25 EUR
	590 ao. perfr. Spenden	5.000 EUR	55.000 EUR	4.500 EUR	64.500 EUR	0,25 EUR	3,67 EUR	0,18 EUR	1,08 EUR
005 weitere E. Ergebnis		25.000 EUR	70.000 EUR	45.000 EUR	140.000 EUR	1,25 EUR	4,67 EUR	1,80 EUR	2,33 EUR
Summe Erlöse		2.065.000 EUR	1.400.000 EUR	2.625.000 EUR	6.090.000 EUR	103,25 EUR	93,33 EUR	105,00 EUR	101,50 EUR
006 Personal	600 Personal	-1.250.000 EUR	-900.000 EUR	-1.750.000 EUR	-3.900.000 EUR	-62,50 EUR	-60,00 EUR	-70,00 EUR	-65,00 EUR
	609 Mehr-/Minderstd.	30.000 EUR	40.000 EUR	50.000 EUR	120.000 EUR	1,50 EUR	2,67 EUR	2,00 EUR	2,00 EUR
	610 Sonderz.	-50.000 EUR	-15.000 EUR	-30.000 EUR	-95.000 EUR	-2,50 EUR	-1,00 EUR	-1,20 EUR	-1,58 EUR
	640 sonst. PK	-65.000 EUR	-25.000 EUR	-50.000 EUR	-140.000 EUR	-3,25 EUR	-1,67 EUR	-2,00 EUR	-2,33 EUR
006 Personal Ergebnis		-1.335.000 EUR	-900.000 EUR	-1.780.000 EUR	-4.015.000 EUR	-66,75 EUR	-60,00 EUR	-71,20 EUR	-66,92 EUR
007 Raumkosten	670 Wasser/Energie	-65.000 EUR	-50.000 EUR	-85.000 EUR	-200.000 EUR	-3,25 EUR	-3,33 EUR	-3,40 EUR	-3,33 EUR
	720 Instandh.	-7.500 EUR	-15.000 EUR	-25.000 EUR	-47.500 EUR	-0,38 EUR	-1,00 EUR	-1,00 EUR	-0,79 EUR
	721 Instandh. kalk.		-50.000 EUR	-125.000 EUR	-175.000 EUR		-3,33 EUR	-5,00 EUR	-2,92 EUR
	730 Steuern u. Vers.	-3.500 EUR	-5.000 EUR	-5.000 EUR	-13.500 EUR	-0,18 EUR	-0,33 EUR	-0,20 EUR	-0,23 EUR
	740 Zinsen		-100.000 EUR	-50.000 EUR	-150.000 EUR		-6,67 EUR	-2,00 EUR	-2,50 EUR
	760 Netto-AfA	-44.000 EUR	-120.000 EUR	-157.500 EUR	-321.500 EUR	-2,20 EUR	-8,00 EUR	-6,30 EUR	-5,36 EUR
	780 Mieten	-300.000 EUR	-5.000 EUR	-2.500 EUR	-307.500 EUR	-15,00 EUR	-0,33 EUR	-0,10 EUR	-5,13 EUR
007 Raumkosten Ergebnis		-420.000 EUR	-345.000 EUR	-450.000 EUR	-1.215.000 EUR	-21,00 EUR	-23,00 EUR	-18,00 EUR	-20,25 EUR
008 sonst. Sachk,	650 Lebensmittel	-40.000 EUR	-35.000 EUR	-100.000 EUR	-175.000 EUR	-2,00 EUR	-2,33 EUR	-4,00 EUR	-2,92 EUR
	660 med. Bedarf	-20.000 EUR	-15.000 EUR	-30.000 EUR	-65.000 EUR	-1,00 EUR	-1,00 EUR	-1,20 EUR	-1,08 EUR
	680 päd. Bedarf	-450 EUR	-1.500 EUR	-10.850 EUR	-12.800 EUR	-0,02 EUR	-0,10 EUR	-0,43 EUR	-0,21 EUR
	680 Wirtsch. bed.	-49.500 EUR	-40.000 EUR	-70.000 EUR	-159.500 EUR	-2,48 EUR	-2,67 EUR	-2,80 EUR	-2,66 EUR
	690 Verwalt. bed.	-30.000 EUR	-20.000 EUR	-35.000 EUR	-85.000 EUR	-1,50 EUR	-1,33 EUR	-1,40 EUR	-1,42 EUR
	730 Steuern u. Vers.	-15.000 EUR	-7.500 EUR	-20.000 EUR	-42.500 EUR	-0,75 EUR	-0,50 EUR	-0,80 EUR	-0,71 EUR
	790 sonst. K.	-50 EUR	-10.000 EUR	-150 EUR	-10.200 EUR	0,00 EUR	-0,67 EUR	-0,01 EUR	-0,17 EUR
008 sonst. Sachk., Ergebnis		-155.000 EUR	-129.000 EUR	-266.000 EUR	-550.000 EUR	-7,75 EUR	-8,60 EUR	-10,64 EUR	-9,17 EUR
009 Internumsatz		-5.000 EUR	-4.000 EUR	-6.000 EUR	-15.000 EUR	-0,25 EUR	-0,27 EUR	-0,24 EUR	-0,25 EUR
090 Zentralumlagen		-115.000 EUR	-65.000 EUR	-120.000 EUR	-300.000 EUR	-5,75 EUR	-4,33 EUR	-4,80 EUR	-5,00 EUR
Summe Kosten		-2.030.000 EUR	-1.443.000 EUR	-2.622.000 EUR	-6.095.000 EUR	-101,50 EUR	-96,20 EUR	-104,88 EUR	-101,58 EUR
Betriebsergebnis		**35.000 EUR**	**-43.000 EUR**	**3.000 EUR**	**-5.000 EUR**	**1,75 EUR**	**-2,87 EUR**	**0,12 EUR**	**-0,08 EUR**

Auch hier treten die deutlich höheren Raumkosten zu Tage, die sich wesentlich aus Zinsen und Abschreibungen speisen. Ganz offensichtlich liegen wesentliche Gründe für das wirtschaftliche Ergebnis der Einrichtung in vergleichsweise hohen Investitionen mit Fremdkapitalfinanzierung.

In Einrichtung 3 fallen höhere Lebensmittelkosten und erhöhter Wirtschaftsbedarf auf.

Eine Betrachtung der Personalkosten auf Stückbasis führt vordergründig zu der Einschätzung, dass Einrichtung 2 günstigere Personalkosten hat. Jedenfalls liegt der Stückkostensatz hier deutlich unter dem entsprechenden Satz der Vergleichseinrichtungen. Diese Betrachtung berücksichtigt jedoch nicht die unterschiedlichen Leistungsintensitäten, die sich aus der Belegung der Einrichtung mit unterschiedlichen Personengruppen ergeben. Diese werden im Rahmen der stationären Altenhilfe in Pflegegrade eingeteilt, denen Äquivalenzziffern zugeordnet sind. Dieser Sachverhalt legt eine Analyse auf Basis von Vergleichseinheiten nahe.

6.6.2.3 Analyse der Stückkosten pro Vergleichseinheit

Die Berechnung von Vergleichseinheiten kennen wir aus der Äquivalenzziffernkalkulation (vgl. Abschnitt 6.5.1.2). Vergleichseinheiten werden durch Multiplikation von Leistungsmengen mit Äquivalenzziffern ermittelt:

Vergleichseinheit = Leistungsmenge · Äquivalenzziffer

Die Äquivalenzziffern repräsentieren die Leistungsintensität in der Weise, dass das Verhältnis von je zwei Äquivalenzziffern dem Verhältnis der jeweils für die Produktsorten einzusetzenden Arbeit entspricht.

Beispiel stationäre Einrichtung

In der Weiterführung des Beispiels seien folgende Äquivalenzziffern maßgeblich:

Pflegegrad 2: 1,00

Pflegegrad 3: 1,36

Pflegegrad 4: 1,74

Pflegegrad 5: 1,91

Übersicht						**Kosten/Erträge pro Pflegetag**			
Kostenartengruppen		**Haus 1**	**Haus 2**	**Haus 3**	**Ergebnis**	**Haus 1** **29.670**	**Haus 2** **20.460**	**Haus 3** **39.450**	**alle Häuser** **89.580**
004 Leistungen	400 Leistungsentgelte	2.000.000 EUR	1.300.000 EUR	2.500.000 EUR	5.800.000 EUR	67,41 EUR	63,54 EUR	63,37 EUR	64,75 EUR
	480 Zuschüsse	40.000 EUR	30.000 EUR	80.000 EUR	150.000 EUR	1,35 EUR	1,47 EUR	2,03 EUR	1,67 EUR
004 Leistungen Ergebnis		2.040.000 EUR	1.330.000 EUR	2.580.000 EUR	5.950.000 EUR	68,76 EUR	65,00 EUR	65,40 EUR	66,42 EUR
005 weitere E.	510 Zinsen			500 EUR	500 EUR			0,01 EUR	0,01 EUR
	570 Mieten u. sonst.	20.000 EUR	15.000 EUR	40.000 EUR	75.000 EUR	0,67 EUR	0,73 EUR	1,01 EUR	0,84 EUR
	590 ao. perfr. Spenden	5.000 EUR	55.000 EUR	4.500 EUR	64.500 EUR	0,17 EUR	2,69 EUR	0,11 EUR	0,72 EUR
005 weitere E. Ergebnis		25.000 EUR	70.000 EUR	45.000 EUR	140.000 EUR	0,84 EUR	3,42 EUR	1,14 EUR	1,56 EUR
Summe Erlöse		2.065.000 EUR	1.400.000 EUR	2.625.000 EUR	6.090.000 EUR	69,60 EUR	68,43 EUR	66,54 EUR	67,98 EUR
006 Personal	600 Personal	-1.250.000 EUR	-900.000 EUR	-1.750.000 EUR	-3.900.000 EUR	-42,13 EUR	-43,99 EUR	-44,36 EUR	-43,54 EUR
	609 Mehr-/Minderstd.	30.000 EUR	40.000 EUR	50.000 EUR	120.000 EUR	1,01 EUR	1,96 EUR	1,27 EUR	1,34 EUR
	610 Sonderz.	-50.000 EUR	-15.000 EUR	-30.000 EUR	-95.000 EUR	-1,69 EUR	-0,73 EUR	-0,76 EUR	-1,06 EUR
	640 sonst. PK	-65.000 EUR	-25.000 EUR	-50.000 EUR	-140.000 EUR	-2,19 EUR	-1,22 EUR	-1,27 EUR	-1,56 EUR
006 Personal Ergebnis		-1.335.000 EUR	-900.000 EUR	-1.780.000 EUR	-4.015.000 EUR	-44,99 EUR	-43,99 EUR	-45,12 EUR	-44,82 EUR

Übersicht						Kosten/Erträge pro Pflegetag			
Kostenartengruppen		**Haus 1**	**Haus 2**	**Haus 3**	**Ergebnis**	**Haus 1** 29.670	**Haus 2** 20.460	**Haus 3** 39.450	**alle Häuser** 89.580
007 Raumkosten	670 Wasser/Energie	-65.000 EUR	-50.000 EUR	-85.000 EUR	-200.000 EUR	-2,19 EUR	-2,44 EUR	-2,15 EUR	-2,23 EUR
	720 Instandh.	-7.500 EUR	-15.000 EUR	-25.000 EUR	-47.500 EUR	-0,25 EUR	-0,73 EUR	-0,63 EUR	-0,53 EUR
	721 Instandh. kalk.		-50.000 EUR	-125.000 EUR	-175.000 EUR		-2,44 EUR	-3,17 EUR	-1,95 EUR
	730 Steuern u. Vers.	-3.500 EUR	-5.000 EUR	-5.000 EUR	-13.500 EUR	-0,12 EUR	-0,24 EUR	-0,13 EUR	-0,15 EUR
	740 Zinsen		-100.000 EUR	-50.000 EUR	-150.000 EUR		-4,89 EUR	-1,27 EUR	-1,67 EUR
	760 Netto-AfA	-44.000 EUR	-120.000 EUR	-157.500 EUR	-321.500 EUR	-1,48 EUR	-5,87 EUR	-3,99 EUR	-3,59 EUR
	780 Mieten	-300.000 EUR	-5.000 EUR	-2.500 EUR	-307.500 EUR	-10,11 EUR	-0,24 EUR	-0,06 EUR	-3,43 EUR
007 Raumkosten Ergebnis		-420.000 EUR	-345.000 EUR	-450.000 EUR	-1.215.000 EUR	-14,16 EUR	-16,86 EUR	-11,41 EUR	-13,56 EUR
008 sonst. Sachk.	650 Lebensmittel	-40.000 EUR	-35.000 EUR	-100.000 EUR	-175.000 EUR	-1,35 EUR	-1,71 EUR	-2,53 EUR	-1,95 EUR
	660 med. Bedarf	-20.000 EUR	-15.000 EUR	-30.000 EUR	-65.000 EUR	-0,67 EUR	-0,73 EUR	-0,76 EUR	-0,73 EUR
	680 päd. Bedarf	-450 EUR	-1.500 EUR	-10.850 EUR	-12.800 EUR	-0,02 EUR	-0,07 EUR	-0,28 EUR	-0,14 EUR
	680 Wirtsch. bed.	-49.500 EUR	-40.000 EUR	-70.000 EUR	-159.500 EUR	-1,67 EUR	-1,96 EUR	-1,77 EUR	-1,78 EUR
	690 Verwalt. bed.	-30.000 EUR	-20.000 EUR	-35.000 EUR	-85.000 EUR	-1,01 EUR	-0,98 EUR	-0,89 EUR	-0,95 EUR
	730 Steuern u. Vers.	-15.000 EUR	-7.500 EUR	-20.000 EUR	-42.500 EUR	-0,51 EUR	-0,37 EUR	-0,51 EUR	-0,47 EUR
	790 sonst. K.	-50 EUR	-10.000 EUR	-150 EUR	-10.200 EUR	0,00 EUR	-0,49 EUR	-0,00 EUR	-0,11 EUR
008 sonst. Sachk. Ergebnis		-155.000 EUR	-129.000 EUR	-266.000 EUR	-550.000 EUR	-5,22 EUR	-6,30 EUR	-6,74 EUR	-6,14 EUR
009 Internumsatz		-5.000 EUR	-4.000 EUR	-6.000 EUR	-15.000 EUR	-0,17 EUR	-0,20 EUR	-0,15 EUR	-0,17 EUR
090 Zentralumlagen		-115.000 EUR	-65.000 EUR	-120.000 EUR	-300.000 EUR	-3,88 EUR	-3,18 EUR	-3,04 EUR	-3,35 EUR
Summe Kosten		-2.030.000 EUR	-1.443.000 EUR	-2.622.000 EUR	-6.095.000 EUR	-68,42 EUR	-70,53 EUR	-66,46 EUR	-68,04 EUR
Betriebsergebnis		**35.000 EUR**	**-43.000 EUR**	**3.000 EUR**	**-5.000 EUR**	**1,18 EUR**	**-2,10 EUR**	**0,08 EUR**	**-0,06 EUR**

Pflegetage	210 PG 2 (1,00)	4.000	4.000	2.000	10.000	Pflegekennziffer			
	211 PG 3 (1,36)	7.500	7.500	9.000	24.000	1,48	1,36	1,58	1,49
	212 PG 4 (1,74)	4.500	2.500	9.000	16.000				
	213 PG 5 (1,91)	4.000	1.000	5.000	10.000				
Summe Pflegetage		20.000	15.000	25.000	60.000				

Erst mit Hilfe der Stückkostenbetrachtung auf Basis der Vergleichstage lassen sich die Personalkosten analysieren. Die Vermutung, Einrichtung 2 habe deutlich günstigere Personalkosten als die beiden anderen Einrichtungen, erweist sich als falsch. In Wahrheit liegen die Personalkosten pro Vergleichseinheit auf ungefähr gleichem Niveau. Der Grund dafür ergibt sich aus der unterschiedlichen Belegungsstruktur der Einrichtungen. Unten rechts ist die sogenannte Pflegekennziffer ausgewiesen.

Formel Pflegekennziffer

Die Pflegekennziffer errechnet sich wie folgt:

$$\text{Pflegekennziffer} = \frac{\text{Vergleichseinheiten}}{\text{Leistungsmenge}}$$

Die Formel zeigt, dass es sich bei der Pflegekennziffer um die durchschnittliche auf die Einrichtung angewandte Äquivalenzziffer handelt. Dies lässt sich leicht daraus herleiten, da sich die Vergleichseinheiten aus: Vergleichseinheiten = Leistungsmenge x Äquivalenzziffer errechnen.

Werden beide Seiten durch die Leistungsmenge geteilt, gelangt man wieder zur Äquivalenzziffer. Wendet man dies aber auf die Summe der Vergleichseinheiten verschiedener Leistungen an, stellt sich gerade die durchschnittliche Äquivalenzziffer ein.

Die Pflegekennziffern in den Einrichtungen 1 und 2 liegen um 0,1 bzw. 0,2 unter der Pflegekennziffer in Einrichtung 3. Im Durchschnitt werden also Menschen zwischen Pflegegrad 3 und 4 betreut. Der Schwerpunkt liegt bei Einrichtung 3 näher an Pflegegrad 3.

6.6.2.4 Analyse der Kostenanteile in der Zeitreihe

Marktveränderungen beeinflussen und steuern

Veränderungen auf Märkten (z. B. Fachkräftemangel, Energiepreisentwicklung) oder Anpassungen des Dienstleistungsdesigns führen in Unternehmen zu Kostenveränderungen und beeinflussen damit die Kostenstruktur. Derartige, zum Teil schleichende Entwicklungen können besser gesteuert werden, wenn sie früh erkannt werden und wenn die Organisation frühzeitig Kompensationsmöglichkeiten im Bereich von Kosten oder Erlösen entwickelt.

Zeitreihenanalyse

Wichtige Erkenntnisse diesbezüglich lassen sich auch aus einer Zeitreihenanalyse gewinnen. Hier kann überprüft werden, ob und inwieweit sich die Paritäten zwischen Kostengruppen um einen Zeitablauf verschieben und ob Kostenveränderungen durch Erlösänderungen aufgefangen werden können.

Zur Verdeutlichung betrachten wir eine stark komprimierte Darstellung der Kostenentwicklung eines sehr dynamisch wachsenden Sozialunternehmens:

Beispiel:

Kostenentwicklung eines sehr dynamisch wachsenden Sozialunternehmens

KOA/Jahr	1	2	3	4	5	Ergebnis
1 Erlöse	2.000.000 EUR	3.250.000 EUR	4.000.000 EUR	4.500.000 EUR	4.750.000 EUR	18.000.500 EUR
2 Personal	–1.500.000 EUR	–2.000.000 EUR	–2.500.000 EUR	–3.000.000 EUR	–3.250.000 EUR	–12.250.000 EUR
3 Raumkosten	–300.000 EUR	–400.000 EUR	–500.000 EUR	–550.000 EUR	–650.000 EUR	–2.400.000 EUR
4 Sachkosten	–300.000 EUR	–500.000 EUR	–750.000 EUR	–800.000 EUR	–750.000 EUR	–3.100.000 EUR
Ergebnis	–100.000 EUR	–350.000 EUR	–250.000 EUR	150.000 EUR	–300.000 EUR	750.000 EUR

Kosten/Erlöse	1	2	3	4	5	Ergebnis
1 Erlöse	100,0 %	100,0 %	100,0 %	100,0 %	100,0 %	100,0 %
2 Personal	–75,0 %	–61,1 %	–62,5 %	–66,7 %	–68,4 %	–66,2 %
3 Raumkosten	–15,0 %	–12,3 %	–12,5 %	–12,2 %	–13,7 %	–13,0 %
4 Sachkosten	–15,0 %	–15,4 %	–18,8 %	–17,8 %	–15,8 %	–16,0 %
Ergebnis	–5,0 %	–10,8 %	–6,3 %	3,3 %	–2,1 %	4,1 %

Erlös-/Kostenentwicklung	1→2	2→3	3→4	4→5
1 Erlöse	62,5 %	23,1 %	12,5 %	5,6 %
2 Personal	33,3 %	25,0 %	20,0 %	8,3 %
3 Raumkosten	33,3 %	25,0 %	10,0 %	18,2 %
4 Sachkosten	66,7 %	50,0 %	6,7 %	-6,3 %
Ergebnis	-450,0 %	-28,6 %	-40,0 %	-33,3 %

Nach Anlaufverlusten im ersten Jahr mit einer Personalkostenquote von 75 Prozent sinkt diese Quote mit dem rasanten Umsatzplus im zweiten Jahr deutlich ab (auf 61,5 Prozent). In allen Folgejahren (Jahr 3 bis Jahr 4) liegt die Steigerungsrate der Personalkosten (25,0 Prozent bis 8,3 Prozent) stets über der Rate, die die Umsatzentwicklung markiert (23,1 Prozent bis 5,6 Prozent). Folglich steigt die Personalkostenquote im Jahr 3 bis 5 stetig an (von 62,5 Prozent auf 68,4 Prozent) und die Umsatzrentabilität nimmt stetig ab (von 10,8 Prozent auf 2,1 Prozent).

Eine Betrachtung der Kostenentwicklung in kürzeren Intervallen (Quartale oder Monate) unter Berücksichtigung von Saisoneffekten kann dazu dienen, zeitnähere Informationen über Verschiebungen der Kostenanteile zu erlangen.

7. Plan-Kostenrechnung und Kalkulation

7.1 Plan- und Ist-Kosten

Zwei Zeitperspektiven

Die Kostenrechnung hat grundsätzlich zwei Zeitperspektiven:

- Die Ist-Kostenrechnung betrachtet die in der Vergangenheit tatsächlich angefallenen Kosten;
- Die Plan-Kostenrechnung kalkuliert die künftig, also in der Zukunft (voraussichtlich) anfallenden Kosten.

Ist-Kostenrechnung

Die Ist-Kostenrechnung dient damit vorrangig der Ermittlung von Ergebnissen, der nachträglichen Analyse des wirtschaftlichen Handelns und des Einzelbeitrags von Leistungen oder Kostenstellen.

Plan-Kostenrechnung

Die Plan-Kostenrechnung dient der Ermittlung von Kalkulationsgrößen, der Planung, der Einschätzung von Potenzialen und – in Form von Budgets – der Steuerung von Organisationen.

Bedingen sich gegenseitig

Plan- und Ist-Kostenrechnung bedingen sich gegenseitig:

- Ist-Kosten können besser beurteilt werden, wenn vorher Planwerte vorliegen.
- Plan-Kosten werden auf der Basis von Istwerten besser prognostiziert.

Beispiel:

Der ambulante Pflegedienst weist regelmäßig in der GuV ein betriebswirtschaftliches Defizit aus. Durch die Kostenrechnung auf Ist-Basis kann festgestellt werden, welche Kosten vor allem im Vergleich zu anderen Diensten besonders hoch sind: beispielsweise welcher Standort oder welche Tour besonders defizitär ist oder ob hauswirtschaftliche Versorgung, Pflege oder der zusätzlich angebotene Badetag die Defizitträger sind.

Anschließend kann durch eine Plan-Kostenrechnung festgestellt („simuliert") werden, ob durch Veränderung der Personalkosten eine Ausweitung des Angebots bei einzelnen Standorten oder ob durch Einstellung des Badetags die Rentabilität erreicht werden kann. Es können daraus dann z. B. Zielwerte für die einzelnen Standorte oder Budgets abgeleitet werden.

Kalkulationsmittel

Die Plan-Kostenrechnung kann ebenfalls als Kostenarten-, Kostenstellen- und Kostenträgerrechnung aufgebaut werden. In seiner einfachen Form bezieht sich die Plan-Kostenrechnung auf eine einzelne Kostenstelle oder eine einzelne Leistung (die im Handel übliche „Kalkulation"), für die ein Preis ermittelt werden soll. Dies treffen wir in Sozialunternehmen regelmäßig bei Entgeltkalkulationen an.

Prognosemittel

In seiner komplexen Form kann hieraus eine umfassende Unternehmensplanung abgeleitet werden mit Prognosen („Forecasts").

Zielwerte-, Budgetermittlung

Die Plan-Kostenrechnung kann im Management jedoch auch genutzt werden, um Zielwerte oder Budgets zu ermitteln, die dann für die Unternehmenssteuerung eingesetzt werden können.

Haushaltsplanung

Im Rahmen der Haushaltsplanung öffentlicher Haushalte dient die Plan-Kostenrechnung als Grundschema für die Ermittlung von Programmbudgets, Produkthaushalte oder für die analytische Haushaltsplanung (im Gegensatz zur historischen Fortschreibungsmethode).

Fazit:

Die Plan-Kosten sind zunächst nichts Anderes als Kalkulationsgrößen, die eine Prognose der wirtschaftlichen Leistung ermöglichen. Je nach Differenzierungsgrad können diese Plan-Kosten nun in ein Unternehmensmodell eingebaut werden, um dann die Wirkung von Standort- oder programmpolitischen Entscheidungen, unterschiedlicher Quersubventionierung oder unterschiedlicher Personalpolitiken zu simulieren. Es entstehen so Prognoserechnungen („Forecasts") oder ganze Unternehmenssimulationen. Ebenfalls ist es möglich, hier programmpolitische Entscheidungen in ihren Auswirkungen zu bestimmen.

7.2 Einfache Plan-Kostenrechnung (Starre Plan-Kostenrechnung)

Fortschreibung der Gesamtkosten, -erlöse

Die einfache, starre Plan-Kostenrechnung schreibt die Gesamtkosten (und Gesamterlöse) für eine Kostenstelle oder einen Kostenträger (Leistung) fort. Es wird dabei nicht zwischen fixen und variablen Kosten unterschieden.

Ermittlungsschema Starre Plan-Kostenrechnung

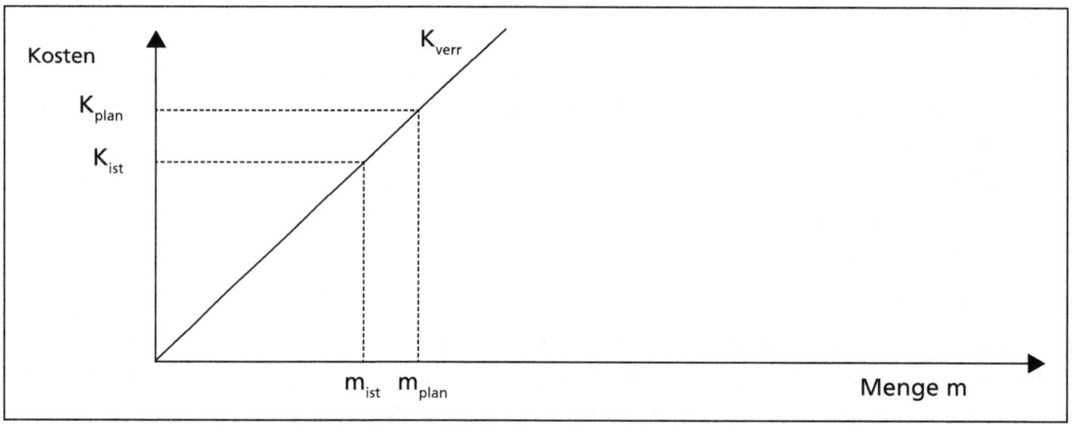

Abb. 20: Starre Plan-Kostenrechnung

Aus den Ist-Kosten K_{ist} und der Ist-Menge m_{ist} wird der Plankostensatz k_{plan} ermittelt[9]. Dazu dividieren wir die Ist-Kosten durch die Ist-Menge und multiplizieren das Ergebnis mit der Preissteigerung. Es wird dann die geplante Menge m_{plan} mit dem Plankostensatz berechnet. Es ergeben sich die Plankosten K_{plan}.

$K_{ist} \div m_{ist}$ = Stückkosten

Stückkosten · Preissteigerung = k_{plan}

Planmenge $m_{plan} \cdot k_{plan}$ = Plan-Kosten K_{plan}

Verrechnete Plan-Kosten

Diese Plan-Kosten werden dann auch „verrechnete Plan-Kosten" (K_{verr}) genannt.

[9] Der Großbuchstabe K deutet darauf hin, dass es sich um Gesamtkosten, also Kostensatz pro Stück x Stückzahl, handelt. Der Kleinbuchstabe k deutet darauf hin, dass es ein Kostensatz pro Stück ist. Der Index „ist" bezeichnet den Ist-Stand, während der Index „plan" für Plan steht.

Beispiel:

Die Kindertagesstätte St. Benjamin hat derzeit 90 Plätze bei Gesamtkosten von 450.000 EUR pro Jahr. Die Stückkosten liegen dann bei 450.000 EUR ÷ 90 Plätze = 5.000 EUR pro Platz. Diese Stückkosten werden dann noch um eine pauschale Preissteigerungsrate von 2 Prozent für das kommende Jahr erhöht, der Plan-Kostensatz beträgt also 5.100 EUR pro Platz.

Wenn nun die Kindertagesstätte im kommenden Jahr auf 100 Plätze aufstockt, betragen die Plan-Kosten 5.100 EUR/Platz · 100 Plätze = 510.000 EUR.

Eher für die langfristige Planung

Diese Form der Kostenrechnung ist eine schnelle Kalkulationsform, aber auch starke Vereinfachung, die grundsätzlich davon ausgeht, dass alle Kosten in gleicher Form mit der Leistungsmenge variieren. Dies trifft eher langfristig zu, wenn auch fixe Kosten wieder zur Disposition stehen. Je geringer der Anteil der beschäftigungsunabhängigen und damit fixen Kosten, desto genauer ist die starre Plan-Kostenrechnung. Sie gewinnt auch dadurch etwas an Genauigkeit, dass sie für verschiedene Kostenstellen getrennt durchgeführt wird und dadurch die unterschiedliche Beschäftigungsabhängigkeit zumindest von Kostenstellen abbilden kann.

7.3 Die Grenzplan Kostenrechnung

Flexible Plan-Kostenrechnung auf Teilkostenbasis

Die Grenzplan-Kostenrechnung ist ein spezielles Verfahren der Plan-Kostenrechnung, bei der keine völlig differenzierte flexible Plan-Kostenrechnung erfolgt, jedoch eine Unterscheidung in fixe und variable Anteile. Dies bringt der Grenzplan-Kostenrechnung auch den Namen flexible Plan-Kostenrechnung auf Teilkostenbasis.

Berücksichtigung fixer und variabler Anteile

Die Grenzplan-Kostenrechnung unterscheidet die Kosten in fixe und variable Anteile und gewinnt dadurch an Genauigkeit. Im Übrigen bleibt die Logik gleich: Aus den Ist-Kosten werden Plan-Kostensätze errechnet.

Im ersten Schritt werden fixe und variable Anteile der Kosten ermittelt und hieraus eine Ist-Kostenfunktion erstellt. Anschließend wird hieraus eine Kostenfunktion generiert. Hieraus können dann Plan-Kostensätze ermittelt werden.

Ermittlungsschema Kostenfunktion

Die Ermittlung (Generierung) der Kostenfunktion geschieht wie folgt:

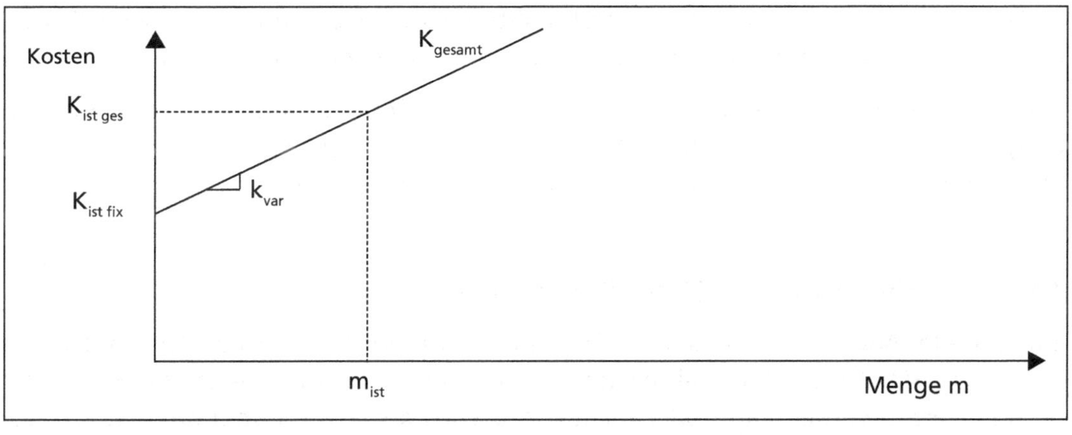

Abb. 21: Kostenfunktion mit fixen und variablen Kosten

$K_{ist\ ges}$ sind die gesamten Ist-Kosten. Sie zerlegen sich in einen fixen und einen variablen Kostenblock. Die Fixkosten (Ist) sind $K_{ist\ fix}$. Die Kostenfunktion beginnt daher nicht im 0-Punkt der y-Achse, sondern in Höhe der Fixkosten. Die variablen Stückkosten sind in der Steigung der Kostenfunktion zu erkennen mit den variablen Kosten pro Stück k_{var}. Sie können ermittelt werden, in dem die Fixkosten von den Gesamtkosten abgezogen werden und dann durch die Menge m_{ist} geteilt werden.

$$k_{var} = \frac{K_{gesamt} - K_{fix}}{m_{ist}}$$

Anschließend können die fixen und variablen Kosten um die Preissteigerung oder andere pauschale Werte verändert werden. Anschließend werden die so ermittelten Kostensätze mit der Planmenge hochgerechnet mit der Formel:

$$K_{plan\ ges} = K_{plan\ fix} + k_{plan\ var} \cdot m_{plan}$$

Beispiel:

Am Beispiel der Kindertagesstätte mit 90 Plätzen könnte dies bedeuten:

Für 90 Plätze entstehen 450.000 EUR Gesamtkosten. Die Fixkosten (für Leitung, Heizung, Gebäude) betragen 135.000 EUR. Der variable Kostenblock beträgt also 450.000 EUR – 135.000 EUR = 315.000 EUR. Diese Kosten werden durch die Platzzahl 90 geteilt, die variablen Kosten betragen also 3.500 EUR pro Platz. Die Kostenfunktion ist also:

$K_{plan\ ges}$ = 135.000 EUR + 3.500 EUR/Platz · 90 Plätze = 450.000 EUR

Nun kann für das Folgejahr die Preissteigerung von 2 Prozent sowie die Platzausweitung um 10 Plätze abgebildet werden:

$KP_{plan\ ges}$ = 135.000 EUR · 1,02 + 3500 EUR · 1,02/Platz · 100 Plätze

= 137.700 EUR + 3.570 EUR/Platz · 100 Plätze

= 494.700 EUR

Die Grenzplan-Kostenrechnung geht von einer linearen Steigung der Kosten aus. Das bedeutet, dass k_{var} immer konstant bleibt. Weiterhin geht sie davon aus, dass die Fixkosten wirklich fix sind, also gleichbleiben, unabhängig von der Beschäftigung.

Die Grenzplan-Kostenrechnung kann ausgebaut werden als Modell für mehrere Leistungen (m_1, m_2...) innerhalb einer Kostenstelle, wenn beispielsweise unterschiedliche Pflegegrade oder Hilfebedarfsgruppen kalkuliert werden sollen.

7.4 Gewinnschwellenanalyse (Break-Even-Analyse)

Ein spezielles Anwendungsgebiet der Grenzplan-Kostenrechnung ist die Gewinnschwellenanalyse. Sie überprüft, ob mit bestimmten (geplanten) Kostenwerten die Kostendeckung erreicht werden kann oder nicht. Dazu wird der Kostenfunktion eine Ertragsfunktion gegenübergestellt.

Ermittlungsschema Gewinnschwellen-analyse

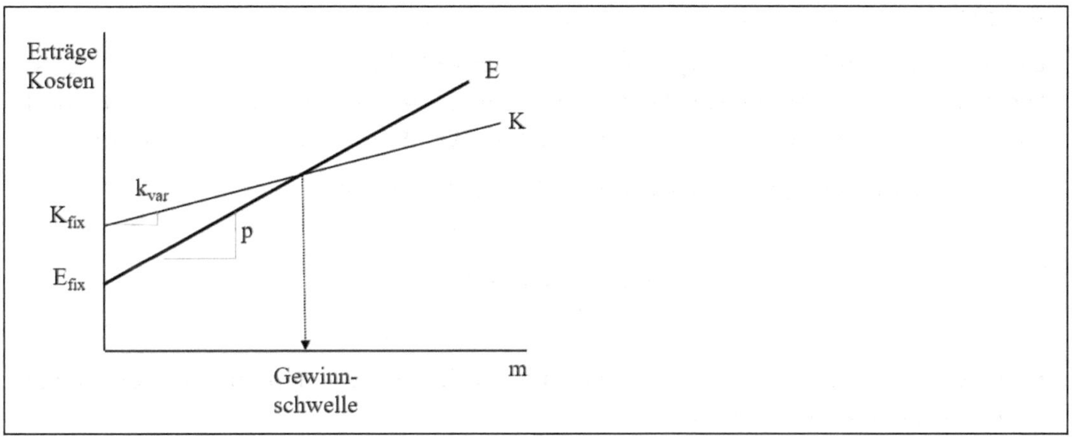

Abb. 22: Gewinnschwellenanalyse

Auf der horizontalen Achse ist die Menge m angetragen, auf der vertikalen Achse die Kosten oder Erträge. Die Ertragskurve beginnt auf der Höhe der fixen Erträge (ggf. Nullpunkt) und steigt mit jeder verkauften Einheit um den Preis je Einheit. Die Kostenkurve beginnt in Höhe der Fixkosten (bei der ersten verkauften Einheit müssen die Fixkosten aufgebracht werden) und steigt mit jeder Einheit um die variablen Kosten je Einheit. Die Gewinnschwelle ist erreicht, wenn sich die Kosten- und Ertragskurve schneiden. Dazu sind folgende Formeln bzw. Angaben notwendig:

- $E_{fix} + p \cdot m$ (Ertragsfunktion), gekennzeichnet durch E
- E_{fix} sind Erträge, die unabhängig von der Auslastung entstehen (z. B. feste Zuschüsse, Spenden)
- p ist der Absatzpreis (z. B. das Leistungsentgelt, der Pflegesatz, die Vergütung je Fachleistungsstunde).

Ziel ist die Ermittlung der Menge m, bei der gilt:

$$E = K$$

Durch Gleichsetzen der Funktion und auflösen nach m, erhalten wir:

$$m = \frac{K_{fix} - E_{fix}}{p - k_{var}}$$

Wir subtrahieren also die fixen Gesamterträge von den fixen Gesamtkosten. Das Ergebnis teilen wir durch den bereits beschriebenen Deckungsbeitrag pro Stück (Umsatzeinheit). Diesen erhalten wir, indem wir die variablen Stückkosten vom Absatzpreis abziehen. Zur Erinnerung: $p - k_{var}$ ist also der Deckungsbeitrag pro Stück (Umsatzeinheit).

Das Ergebnis m, das wir durch diese Formel erhalten, ist dann die Gewinnschwelle in Stückzahlen.

Break-Even-Punkt

Die Gewinnschwelle wird auch Break-Even-Punkt genannt.

Beispiel:

Die Vergütung je Fachleistungsstunde in einem ambulanten Dienst liegt bei 70 EUR. Die variablen Kosten je Fachleistungsstunde liegen bei 50 EUR (Personal- und Fahrtkosten). Die Fixkosten liegen bei 100.000 EUR. Es gibt keine fixen Erträge.

Die Gewinnschwelle (der Break-Even-Punkt) liegt dann bei:

$$x = \frac{100.000}{70 - 50} = 5.000$$

Es müssen also 5.000 Fachleistungsstunden erbracht werden, damit der Dienst kostendeckend arbeiten kann.

Fazit:

Die Gewinnschwellenanalyse ist ein sehr schnelles Kalkulationsmodell, das direkt die kostendeckende Menge ermittelt. Im Prinzip kann dieses Ergebnis jedoch auch durch die Grenzplankostenrechnung erreicht werden, indem mit einem iterativen Verfahren (also Ausprobieren) ein Punkt bestimmt wird, in dem Kostendeckung erreicht wird.

Die Gewinnschwellenanalyse bildet allerdings keine möglichen Kapazitätsgrenzen oder stufenfixe Kosten ab. Sie bietet keine Lösung bei mehreren Leistungen (m_1, m_2 etc.).

7.5 Flexible Plan-Kostenrechnung

Grundschema

Das Grundschema der Plan-Kosten besteht in einer Kostenzerlegung und einer Fortschreibung der Kosten.

Die Kostenzerlegung geschieht für jede einzelne Kostenposition wie folgt:

$$\frac{\text{Ist-Kosten}}{\text{Bezugsgröße}} = \text{Kostensatz}$$

Hierbei werden die Ist-Kosten nach Kostenarten differenziert. Was wir unter Bezugsgröße und Kostensatz verstehen, betrachten wir im folgenden Kapitel.

Anschließend werden für die Planungsrechnung die Kosten für das kommende Jahr wieder zusammengesetzt:

$$\text{Kostensatz (Plan)} \cdot \text{Bezugsgröße (Plan)} = \text{Plan-Kosten}$$

Dabei gilt:

- Der Plan-Kostensatz ergibt sich dabei aus:
  Ist-Kostensatz · Veränderungsrate Kostensatz.
- Die Plan-Bezugsgröße ergibt sich aus:
  Ist-Bezugsgröße · Veränderungsrate Kostensatz.

Veränderungsrate und andere Bezugsgrößen

Allerdings können die Plan-Kostensätze und Plan-Bezugsgrößen auch anders ermittelt werden, z. B. aus

- Vergleichsgrößen (Benchmarks)
- Vorgaben der Sozialleistungsträger (z. B. Stellenschlüssel)
- normativen Managemententscheidungen.

Es wird also nicht immer die „Veränderungsrate" benötigt.

Die Veränderungsrate des Kostensatzes wird sich üblicherweise an Preisveränderungen orientieren (z. B. Tarifsteigerungen, Einkaufskosten). Die Veränderungsrate der Bezugsgröße wird sich üblicherweise an Beschäftigungs-/Auslastungsänderungen orientieren.

Beispiel:

Die Änderung der Auslastung einer Einrichtung kann mit den unterschiedlichen Beanspruchungsgraden der verschiedenen Personalgruppen oder Sachmittel kombiniert werden, etwa die Auslastung mit dem Betreuungsschlüssel für pädagogisches Personal und dem Stellenschlüssel für Verwaltungspersonal.

Fazit:

Bei den Bezugsgroßen kann bei einer ausgeteilten Plan-Kostenrechnung ein sehr differenziertes System der Änderung von Bezugsgrößen geschaffen werden, in dem letztlich die „Produktionsfunktion" der sozialen Dienstleistung hinterlegt ist.

Grundvorgehensweise zur Ermittlung

Im Folgenden soll nun die Grundvorgehensweise der flexiblen Plankostenrechnung dargestellt werden. Dies soll am vereinfachten Beispiel einer Wohneinrichtung, die über Leistungsentgelte vergütet wird, dargestellt werden.

Schritt 1: Ist-Kosten, Bezugsgrößen und Produktionsfunktion

Ausgangspunkt der Plan-Kostenrechnung sind in der Regel die bereits existierenden Ist-Kosten vergangener Perioden oder aber Vergleichskosten anderer Unternehmen/ Abteilungen/Standorte.

Die einzelnen Kostenarten werden dann im Hinblick auf ihre Abhängigkeit von bestimmten leistungsmengenabhängigen Bezugsgrößen unterschieden. Im einfachsten Fall sind dies die Stückzahlen.

Verdeutlichen wir nun die flexible Plankostenrechnung am Beispiel der Wohneinrichtung.

Flexible Plan-Kostenrechnung

Beispiel:

Die Stückzahlen der Wohneinrichtung sind Leistungstage, die mit LT abgekürzt werden.

	2016 Ist-Kosten	2 Bezugsgröße	3 (Einheit)	4 Ist-Kostensatz
Leistungserträge				
Leistungserträge	1.050.000 EUR	10.500	LT pro Jahr	100 EUR
Spenden	1.000 EUR	1	fix pro Jahr	1.000 EUR
Summe	**1.051.000 EUR**			
Kosten				
Personalkosten Leitung/Verwaltung	64.000 EUR	1	Stellen	64.000 EUR
Personalkosten Betreuung	560.000 EUR	10	Stellen	56.000 EUR
Sachkosten Lebensmittel	63.000 EUR	10.500	LT pro Jahr	6 EUR
Sachkosten sonstige	360.000 EUR	1	fix pro Jahr	360.000 EUR
Summe	**1.047.000 EUR**			
Ergebnis	**4.000 EUR**			

In diesem Beispielfall soll genauer differenziert werden:

- Spenden und Sachkosten sind fixe Kosten.
- Die Leistungserträge sowie die Lebensmittelkosten sind von den Leistungstagen abhängig (2016: 10.500).
- Hinter den Personalkosten Leitung steht eine Stelle.
- Hinter den Personalkosten Betreuung stehen zehn Stellen.

Es werden dann die Ist-Kosten in einen Ist-Kostensatz umgerechnet (Ist-Kosten / Bezugsgröße).

Die Bezugsgrößen werden auf Ist-Kosten-Basis in der Regel aus (zusätzlichen) statistischen Informationen gewonnen. Für die fixen Erträge und Kosten wird – um eine einheitliche Rechnung zu gewährleisten – die Bezugsgröße „1" eingesetzt.

Die Bezugsgrößen stehen in einem Verhältnis zur Beschäftigung. Sie bilden gewissermaßen die „Produktionsfunktion" ab und geben das Verhältnis von Einsatzfaktor zu Leistungen wider. So stellt z. B. der Stellenschlüssel 1:3 eben den Faktorverbrauch dar; es werden 1/3 Personal für die „Produktion" von einem Platz benötigt. Diese Produktionsfunktionen können in der flexiblen Plan-Kostenrechnung sehr detailliert abgebildet werden (meist mit Nebenrechnungen). Es entsteht so ein nachvollziehbares Mengengerüst.

Schritt 2: Veränderungsraten, Leistungsprogramm, Plan-Kosten

Im nächsten Schritt werden dann die Veränderungsraten der Kostensätze (also letztlich die Vergütungs- oder Preissteigerungen) berechnet. In unserem Beispiel sind dies z. B. höhere Vergütungen pro Tag, die der Sozialleistungsträger zahlt, Gehaltssteigerungen oder Preissteigerungen von Lebensmitteln. Wir erhalten so die neuen Kostensätze.

Veränderungsraten

Beispiel (Weiterführung):

	2016 Ist-Kosten	Bezugsgröße	(Einheit)	2016 Kostensatz	2017 Veränderung Kostensatz	Kostensatz	Veränderung Bezugsgröße	Bezugsgröße	Plan-Kosten
Leistungserträge									
Leistungserträge	1.050.000 EUR	10.500	LT pro Jahr	100 EUR	10,0 %	110 EUR	1,0 %	10.605	1.166.550 EUR
Spenden	1.000 EUR	1	fix pro Jahr	1.000 EUR	0,0 %	1.000 EUR	0,0 %	1	1.000 EUR
Summe	**1.051.000 EUR**								**1.167.550 EUR**
Kosten									
Personalkosten Leitung/ Verwaltung	64.000 EUR	1	Stellen	64.000 EUR	3,0 %	65.920 EUR	−25,0 %	0,75	49.440 EUR
Personalkosten Betreuung	560.000 EUR	10	Stellen	56.000 EUR	3,0 %	57.680 EUR	20,0 %	12	692.160 EUR
Sachkosten Lebensmittel	63.000 EUR	10.500	LT pro Jahr	6 EUR	5,0 %	6,30 EUR	1,0 %	10.605	66.812 EUR
Sachkosten sonstige	360.000 EUR	1	fix pro Jahr	360.000 EUR	−1,0 %	356.400 EUR	0,0 %	1	356.400 EUR
Summe	**1.047.000 EUR**								**1.164.812 EUR**
Ergebnis	**4.000 EUR**								**2.738 EUR**

Hier wurden folgende Veränderungen von 2016 auf 2017 abgebildet:

- Der Sozialleistungsträger erhöht die Vergütung pro Tag um 10 Euro (10 Prozent). Der Grund folgt weiter unten.

  Es wird damit gerechnet, dass die Auslastung um 1 Prozent steigt (Veränderungsrate Bezugsgröße).

- Die Spendenerträge bleiben gleich.
- Die Personalkosten Leitung/Verwaltung steigen tariflich bedingt um 3 Prozent. Es wird jedoch die Leitungsstelle um 25 Prozent reduziert (z. B. da der Sozialleistungsträger nur noch einen Schlüssel von 1:40 und nicht mehr 1:30 vorsieht und dementsprechend die Leitungsstelle zu 25 Prozent abgezogen wird).
- Die Personalkosten Betreuung steigen ebenfalls tariflich bedingt um 3 Prozent. Gleichzeitig muss das Betreuungspersonal um 20 Prozent erhöht werden, da der Sozialleistungsträger einen besseren Betreuungsschlüssel (1:2,5 statt 1:3) vorsieht.
- Die Lebensmittelkosten steigen im Preis um 5 Prozent, der Verbrauch an Lebensmitteln steigt entsprechend der Auslastungserhöhung um 1 Prozent.
- Die Sachkosten können um 1 Prozent jährlich gesenkt werden.

Es ergeben sich durch Multiplikation des neuen Kostensatzes und der neuen Bezugsgröße die neuen Plan-Kosten.

Fazit:

Durch die flexible Plan-Kostenrechnung kann sehr detailliert eine Kosten- und Ertragsplanung vorgenommen werden. Insbesondere können so auch Veränderungen der Produktionsfunktionen abgebildet werden, also der Einsatzverhältnisse von Einsatzfaktoren zu Leistungen. Dies kann notwendig sein, weil sich z. B. die „Technologie" weiterentwickelt, der Sozialleistungsträger andere Vorgaben macht oder sich die Effizienz verändert.

7.6 Abweichungsanalyse

Logische Fortführung der Plan-Kostenrechnung

Eine logische Fortführung der Plan-Kostenrechnung ist die Abweichungsanalyse. Die Planwerte werden festgeschrieben und es wird beobachtet, ob sie dann tatsächlich auch erreicht werden.

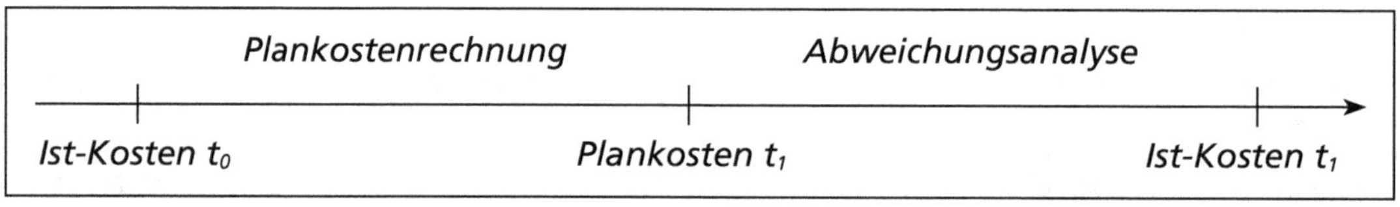

Abb. 23: Plan-Kostenrechnung und Abweichungsanalyse

Bei der einfachen, starren Plan-Kostenrechnung erfolgt die Abweichungsanalyse, in dem die Formeln für Plan- und Ist-Kosten (t_1) gegenübergestellt werden.

$$k_{plan} \cdot m_{plan} = K_{plan}$$
$$k_{ist} \cdot m_{ist} = K_{ist}$$

k ist der Plan-/Ist-Kostensatz, K die Plan-/Ist-Kosten und m die Plan-/Ist-Beschäftigung.

Bestimmung der Kostenabweichung

Durch Einsetzen des Plan-Kostensatzes in die Ist-Kostenfunktion kann die Kostenabweichung bestimmt werden:

$$k_{plan} \cdot m_{ist} = K_{verr} \qquad K_{ist} - K_{verr} = \textit{Kostenabweichung}$$

Dies würde die (theoretisch) verrechneten Plan-Kosten ergeben. Die Differenz zu den Ist-Kosten ist dann die Kostenabweichung.

Beispiel (Weiterführung):

In Fortführung unseres Beispiels der Kindertagesstätte aus der starren Plankostenrechnung heißt das:

		Kostensatz	Platzzahl	Kosten
1	Plan	5.100 EUR	100	510.000 EUR
2	Ist	5.200 EUR	102	530.400 EUR
3	verrechnete Plan-Kosten bei Ist-Beschäftigung	5.100 EUR	102	520.200 EUR
4	Kostenabweichung (2–3)			10.200 EUR

Der übrige Teil der Abweichung von Ist zu Plan ist der höheren Platzzahl (Beschäftigungsabweichung) geschuldet.

Ermittlungsschema Abweichungsanalyse

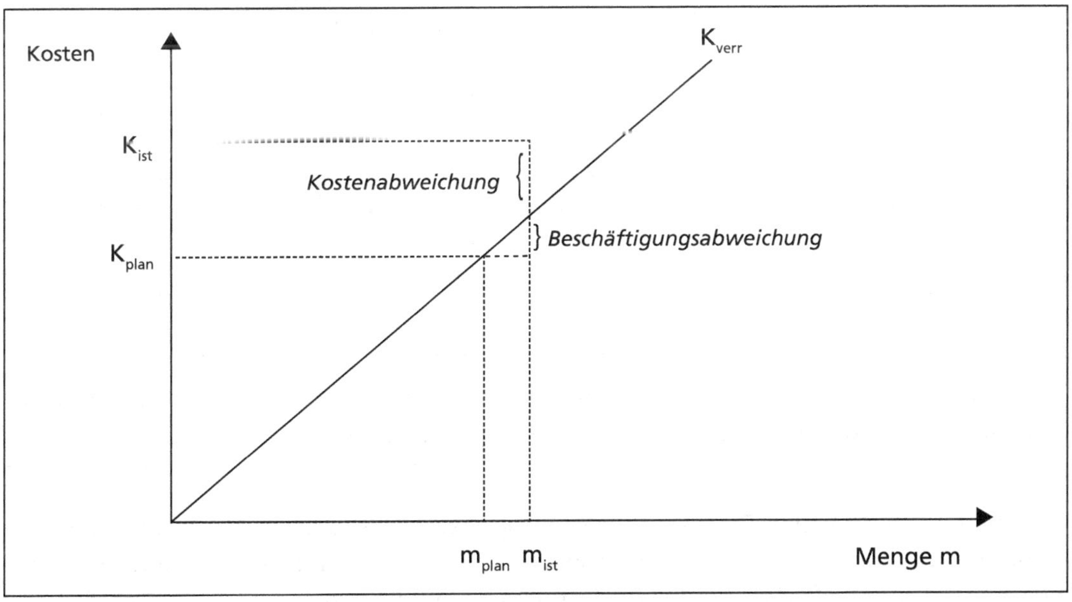

Abb. 24: Abweichungsanalyse bei der starren Plan-Kostenrechnung

Ähnliches Verfahren bei der flexiblen Plan-Kostenrechnung

Bei der flexiblen Plan-Kostenrechnung kann ähnlich verfahren werden, indem jeweils partiell die Abweichungen der Kostensätze und der Bezugsgrößen ermittelt werden. Es kann hier auch noch eine „Verbrauchsabweichung" ermittelt werden, wenn sich die Bezugsgrößen zur Beschäftigung ändern.

Die Formel lautet:

Kostensatz · Bezugsgröße · Beschäftigung = Kosten

Es werden dann sukzessive die Ist-Werte durch die Planwerte ersetzt.

Beispiel:

In der Wohneinrichtung sind Bruttopersonalkosten pro Mitarbeiter/in von 50.000 EUR geplant. Der Stellenschlüssel ist mit 1:3 geplant und die Platzzahl mit 30. Es entstehen also verrechnete Kosten von 10 · 50.000 EUR = 500.000 EUR

Tatsächlich entstanden Kosten von 768.000 EUR, wobei der Stellenschlüssel auf 1:2,5 verbessert wurde und die Platzzahl auf 40 erhöht wurde. Es ergeben sich dann folgende Abweichungen:

		a	b	c	d	e	Rechnung
		Kostensatz	Bezugs-größe	Beschäf-tigung	Kosten (a x b x c)	Abweichung	
1	Plan	50.000 EUR	1: 3	30	500.000 EUR		
2	Ist	48.000 EUR	1: 2,5	40	768.000 EUR		
3	Abweichung Kostensatz	50.000 EUR	1: 2,5	40	800.000 EUR	–32.000 EUR	d2–d3
4	Abweichung Bezugsgröße	50.000 EUR	1: 3	40	666.667 EUR	133.333 EUR	d3–d4
5	Abweichung Beschäftigung	50.000 EUR	1: 3	30	500.000 EUR	166.667 EUR	d4–d5
	Abweichung Summe					268.000 EUR	

Durch die niedrigeren Personalkosten ergab sich eine Einsparung von 32.000 EUR, die übrigen Abweichungen führten zu Kostensteigerungen.

Analyse der Änderung der Auslastung

Im Rahmen der flexiblen Plan-Kostenrechnung steht eine weitere Methode zur Verfügung, mit deren Hilfe die Reaktionsmöglichkeiten eines Unternehmens auf Beschäftigungsänderungen (Änderung der Auslastung) analysiert werden können. Dabei wird – im Unterschied zu der oben beschriebenen Methode – berücksichtigt, dass sich die Gesamtkosten eines Unternehmens aus fixen und variablen Anteilen zusammensetzen.

Im Rahmen einer Plan-Kostenrechnung wird für einen bestimmten Beschäftigungsstand ein Kostenplan erstellt, in dem für einzelne Kostenarten die beschäftigungsabhängigen und beschäftigungsunabhängigen Kosten ermittelt werden. Dieser Kostenplan wird zur Vorgabe für die zukünftige Periode. Anschließend wird festgelegt, wie sich die Kosten bei Beschäftigungsänderung verändern dürfen. Dabei wird ein linearer Zusammenhang zwischen der Leistungsmenge und dem variablen Anteil der Gesamtkosten ausgegangen. Auf dieser Grundlage können Sollkosten ermittelt werden, die sowohl die Existenz von Fixkosten als auch die variablen Kostenanteile berücksichtigen. Diese Sollkosten können dann mit den Ist-Kosten verglichen werden.

Wie dies genau geschieht, wird an folgendem Beispiel erläutert.

Beispiel:

Wir gehen von einer Einrichtung aus, die folgende Plandaten aufweist:

Plansituation

Plan-Belegung	30.222 Tage
Plan-Kosten-Gesamt	3.780.000,00 EUR
Plan-Kostensatz	125,07 EUR ggf. Planerlöse
Aufspaltung der Kosten:	
fixer Kostenanteil	1.980.000,00 EUR
variabler Kostenanteil	1.800.000,00 EUR
Variabler Stückkostensatz	59,56 EUR

Ist-Situation I: Minderleistung

Ist-Belegung	27.594 Tage
Ist-Kosten	3.546.800,00 EUR
Ist-Kostensatz	128,54 EUR
Verrechnete Plankosten	3.451.304,00 EUR
Sollkosten	3.623.478,00 EUR

Abweichungsanalyse:

Kostenabweichung: Ist-Kosten – verrechnete Plankosten	95.496 EUR
Beschäftigungsabweichung: Sollkosten – verrechnete Plankosten	172.174 EUR
Verbrauchsabweichung: Ist-Kosten – Sollkosten	**–76.678 EUR**

Interpretation:

Das Kostenbudget, verrechnet auf die Ist- Auslastung, wurde um	95.496 EUR überschritten
Auf aus der Unterbelegung gegenüber Plan entstandene Leerkosten (Fixkosten-Remanenz) entfallen	172.174 EUR
Die Kosten sanken aber im Zuge der operativen Tätigkeit (Produktivitätssteigerungen) gegenüber Plan um insgesamt	76.678 EUR

Der Plan-Kostensatz errechnet sich wie folgt:

$$\textit{Plan-Kostensatz} = \frac{\textit{Plan-Kosten}}{\textit{Plan-Menge}}$$

Die Aufspaltung der Kosten in fixe und variable führt dazu, dass der Anteil der Kosten, der sich mit der Belegung der Einrichtung ändert auf den Belegungstag bezogen werden kann. Es gilt:

$$\textit{variabler Stückkostensatz} = \frac{\textit{variable Kosten}}{\textit{Plan-Menge}}$$

Auf dieser Grundlage kann nun die Ist-Situation, die in der Regel von den Plan-Daten abweicht, analysiert werden.

Beispiel (Weiterführung):

In obigem Beispiel (Ist-Situation 1) ist die Ist-Belegung gesunken. Die Gesamtkosten sind zwar ebenfalls gesunken, wir errechnen jedoch einen gestiegenen Stückkostensatz (128,54 EUR). Dies verwundert nicht, weil die Fixkosten von weniger Belegungstagen getragen werden müssen.

Die flexible Plan-Kostenrechnung ermöglicht eine weitergehende Analyse. Dazu werden zwei Kostengrößen errechnet.

- **Verrechnete Plan-Kosten:**

  Mit dieser Größe ist der Wert gemeint, der sich einstellt, wenn sämtliche Kosten proportional an die neue Belegung angepasst werden. Es gilt mithin:

  $$\textit{verrechnete Plan-Kosten} = \textit{Plan-Kostensatz} \cdot \textit{Ist-Menge}$$

- **Sollkosten:**

  Als zweites werden die Sollkosten berechnet. Bei den Sollkosten wird hingegen berücksichtigt, dass die Fixkosten gerade nicht an die neuen Mengenverhältnisse angepasst werden können. Nur die variablen Kosten „atmen" mit der neuen Belegung. Es gilt mithin:

  $$\textit{Sollkosten} = \textit{Fixkosten} + \textit{variabler Stückkostensatz} \cdot \textit{Ist-Menge}$$

Wir gelangen so zu den oben gennannten Werten, die sich wie folgt grafisch veranschaulichen lassen:

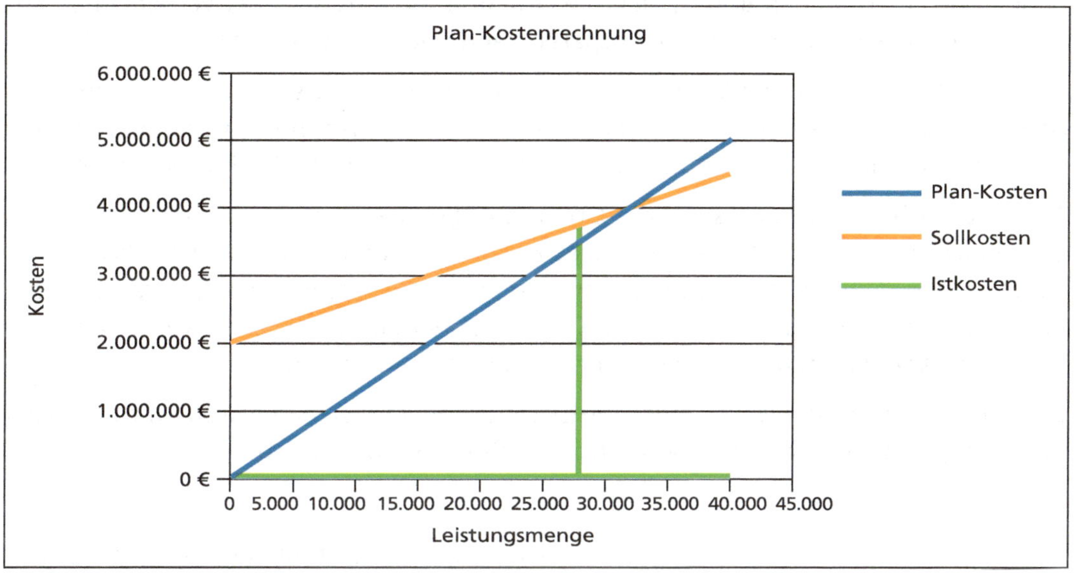

Abb. 25.1: Plan-Kostenrechnung

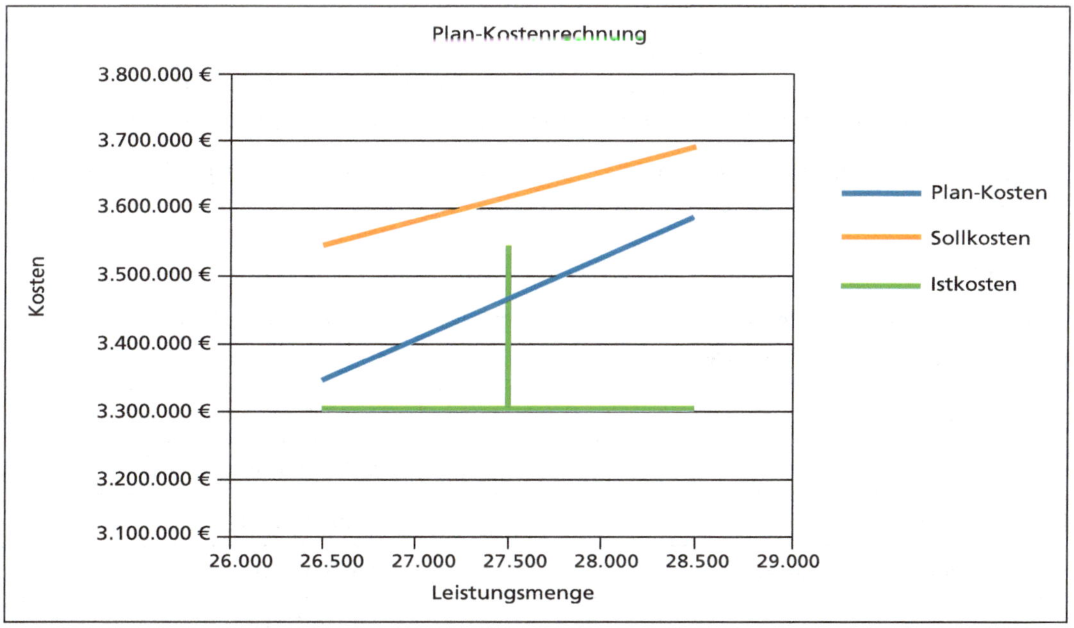

Abb. 25.2: Plan-Kostenrechnung

Die Detailansicht in der unteren Abbildung zeigt den Kostenverlauf genauer. Die Ist-Kosten sind nur im Punkt der Ist-Belegung zu interpretieren.

Wie ist das Ergebnis nun zu interpretieren? Drei Abweichungen werden hier getrennt betrachtet:

Kostenabweichung

Die sogenannte Kostenabweichung beschreibt die Abweichung der Ist-Kosten von den verrechneten Plan-Kosten. Hier liegt der Ist-Wert über dem Wert der verrechneten Plan-Kosten (95.496 Euro). Dies zeigt, dass es nicht gelungen ist, sämtliche Kosten um denselben Anteil, um den die Belegung gesunken ist, zu senken. Das war auch nicht zu erwarten.

Beschäftigungsabweichung

Schließlich liegt die Sollkostenlinie in diesem Abschnitt oberhalb der Linie der verrechneten Plan-Kosten. Der Abschnitt wird als Beschäftigungsabweichung bezeichnet. Es handelt sich hier um den Betrag, den die Organisation aufgrund der verbliebenen Fixkosten (Fixkostenremanenz) nicht einsparen kann (hier 172.174 Euro).

Verbrauchsabweichung

Es bleibt die Frage, ob die Sollkosten eingehalten wurden. Der Unterschied zwischen Ist-Kosten und Sollkosten wird Verbrauchsabweichung genannt. Dieser beträgt hier –76.678 Euro. Dies bedeutet, dass die Ist-Kosten noch unter den Sollkosten liegen.

Die Verbrauchsabweichung stellt die Orientierungsmarke für die operative Steuerung der Einrichtung dar. Die Beschäftigungsabweichung markiert das grundsätzliche Problem. Es entsteht, wenn die Ist-Menge geringer ausfällt als die Planmenge, weil bei einer Einschränkung der Beschäftigung die Erlöse wahrscheinlich linear gekürzt werden – mithin entlang des Pfades der verrechneten Plan-Kosten verlaufen.

Vorsorge für einen wirtschaftlichen Verlust

Die Organisation muss also für einen wirtschaftlichen Verlust in der Größenordnung der Beschäftigungsabweichung Vorsorge treffen. Wie kann dies geschehen?

Zwei Wege sind denkbar:

1. Die Kosten können auf ein Niveau unterhalb der Sollkostenlinie reduziert werden. Diese Vorgehensweise birgt jedoch das Problem der Reduzierung der Qualität, wodurch die Nachfrage wiederum einbrechen könnte.

2. Die Preise müssen so verhandelt sein, dass bereits im Falle der Erreichung der Planauslastung Überschüsse erzielt werden und so – selbst bei einer Reduzierung der Leistungsmenge unter die Plan-Menge – noch eine Kostendeckung erzielt wird.

Betrachten wir nun den zweiten denkbaren Fall: die Ist-Menge liegt über der Plan-Menge.

Beispiel:

Hier sei – wieder anhand von Beispieldaten – folgende Situation gegeben.

Ist-Situation II: Mehrleistung

Ist-Belegung	32.485 Tage
Ist-Kosten	3.970.000 EUR
Ist-Kostensatz	122,21 EUR
Verrechnete Plan-Kosten	4.063.043 EUR
Sollkosten	3.914.783 EUR

Abweichungsanalyse:

Kostenabweichung: **Ist-Kosten – verrechnete Plan-Kosten**	**–93.043 EUR**
Beschäftigungsabweichung: **Sollkosten – verrechnete Plan-Kosten**	**–148.261 EUR**
Verbrauchsabweichung: Ist-Kosten – Sollkosten	55.217 EUR

Interpretation:

Das Kostenbudget, verrechnet auf die Ist-Auslastung, wurde um	93.043 EUR unterschritten
Hiervon konnten aufgrund der Überbelegung gegenüber dem Plan Leerkosten in Nutzkosten umgewandelt werden (Fixkosten-Degression):	148.261 EUR
Gleichzeitig erhöhten sich die Kosten der operativen Tätigkeit gegenüber Plan (wegen Produktivitätsrückgang) um	55.217 EUR

Wie die Ist-Menge zeigt, ist diese gegenüber dem Plan gestiegen. Entsprechend sind die Kosten gestiegen. Der Ist-Kostensatz ist auf 122,21 Euro gesunken. Ein unkritischer Betrachter wird gerade die Senkung des Ist-Kostensatzes positiv bewerten. Erst mit Hilfe der Kennzahlen der Plan-Kostenrechnung kann jedoch verlässlich ermittelt werden, inwieweit die Steigerung der Gesamtkosten gerechtfertigt ist.

Betrachten wir zunächst die verrechneten Plan-Kosten. Dieser Wert steigt stark an, weil dieser gerade so konstruiert ist, dass die Kostensteigerung der Mengensteigerung entspricht ($K_{plan} = k_{plan} \cdot m_{ist}$). Wie die Formel zeigt, ergeben sich die verrechneten Plan-Kosten aus dem Plan-Kostensatz, der auf die Ist-Menge angewendet wird (siehe steilere Plan-Kosten-Gerade). Die Sollkosten hingegen berücksichtigen – betriebswirtschaftlich konsequent – nur eine Steigerung der variablen Kostenanteile, wodurch der Wert geringer ausfällt als die verrechneten Plan-Kosten (siehe flachere Sollkosten-Gerade).

Führen wir auch hier eine Abweichungsanalyse durch. Folgende Grafiken zeigen die Verhältnisse:

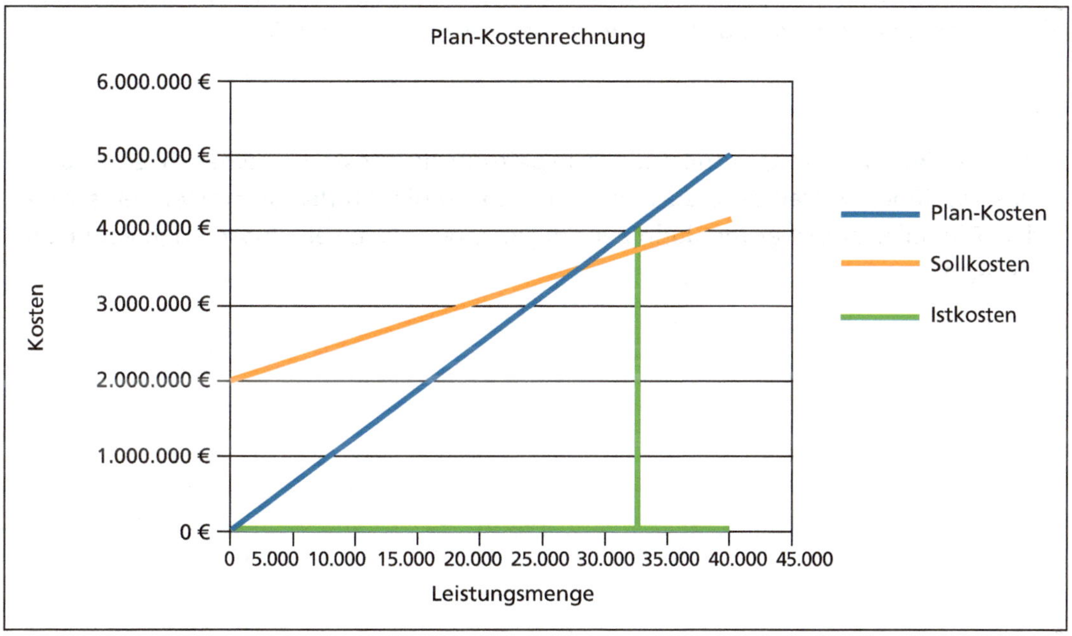

Abb. 26.1: Plan-Kostenrechnung, Abweichungsanalyse

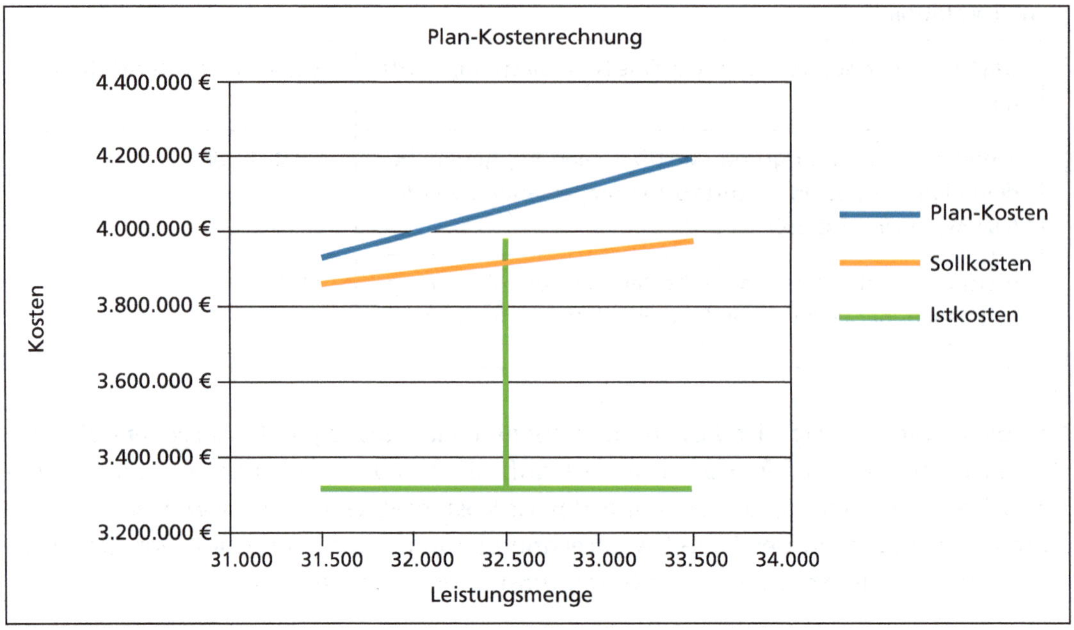

Abb. 26.2: Plan-Kostenrechnung, Abweichungsanalyse

Die Kostenabweichung beträgt -93.043 Euro. Die Ist-Kosten unterschreiten die verrechneten Plankosten also erheblich. Dies deutet darauf hin, dass das Gewinnpotenzial der Einrichtung bei der Steigerung der Belegung ebenfalls ansteigt, wenn die Erlöse an die Leistungsmenge gekoppelt sind. Da die Sollkostenlinie flacher verläuft als die Linie der verrechneten Plan-Kosten, fällt der Unterschied zwischen den Sollkosten und den verrechneten Plan-Kosten noch höher aus (148.261 Euro). Das Management kann also mit einer Ergebnisverbesserung um diesen Betrag rechnen, wenn die Einrichtung die Sollkosten einhält. Dies ist jedoch in obigem Beispiel nicht geschehen. Die Verbrauchsabweichung deutet darauf hin, dass die tatsächlichen Kosten stärker gestiegen sind, als dies gemessen an den variablen Kosten angemessen gewesen wäre.

Von fixen zu flexiblen Kostenplänen

Fazit:

Wie das Beispiel zeigt, verhilft die Aufspaltung der Kosten in einen fixen und in einen variablen Anteil dazu, dass aus fixen Kostenplänen flexible Kostenpläne werden. Die Sollkosten werden dann zur Vorgabe, wenn die Leistungsmenge vom Plan abweicht.

8. Kostensteuerung

8.1 Statt Einleitung: eine Polemik

Sie möchten lernen, wie man Kosten steuert? ... Vergessen Sie einfach diesen Gedanken! Der Gedanke entstammt Phantasien von Betriebswirten und vielleicht auch Sozialmanagern, die tatsächlich glauben, es gäbe Rädchen und Hebel, die man nur kennen und bedienen muss, damit die Kosten einem vorgezeichneten Pfad folgen. Das ist ein großer Irrtum und dies zu erkennen, ist vielleicht ähnlich schmerzhaft wie die Erfahrung aus Kindertagen, als wir verstanden haben, dass nicht wir es waren, die auf dem Kinderkarussell den Feuerwehrwagen oder die Pferde mit der fliegenden Mähne angetrieben haben, sondern der Schaustellergehilfe im Häuschen nebenan. Steigen wir also ab vom Kinderkarussell und versuchen wir den Schaustellergehilfen auszumachen und hinter die Mechanik, die das Karussell antreibt, zu blicken.

Kosten sind eine abgeleitete Größe wie das Körpergewicht, der Blutdruck beim Menschen oder der Stimmenanteil einer Partei im politischen System. Wer also Kosten steuern will, dem sei geraten, sich zu allererst mit Menschen zu befassen. Wer sich dann noch mit Informationstechnik auskennt, ist auf dem richtigen Weg.

Wenn wir Kosten steuern wollen, dann müssen wir betriebliche Prozesse steuern. Wir müssen die Kosteninformation auf die Entscheidung über die Art und Menge des Gütereinsatzes auf der Ebene der Realgüter zurückverfolgen und hier etwas ändern. Dabei kann zunächst einmal offen bleiben, wer dies tatsächlich leistet.

Dies soll im Folgenden in zwei Schritten erläutert werden. Im ersten Schritt soll ein wenig Systemtheorie und Psychologie zu Rate gezogen werden, um in einem zweiten Schritt die verschiedenen Ansatzpunkte von Kostensteuerung zu benennen.

8.2 System, Beobachtung und Feedback

Unternehmen – auch Sozialunternehmen – lassen sich als Systeme verstehen, die zuallererst nach Selbsterhaltung streben und darauf angelegt sind, Störungen von außen zu verarbeiten.

Information über den Systemzustand

Dem Rechnungswesen – insbesondere dem internen Rechnungswesen – kommt dabei die Funktion der Sensorik und der Repräsentation der Information über den Systemzustand zu. Auf dieser Grundlage gelingt Systemen mit funktionierender Informationsverarbeitung eine beachtliche Selbststeuerung – so wie bei gesunden und informierten Menschen, die Steuerung von Blutdruck und Körpergewicht oder in politischen Systemen mit funktionierender Gewaltenteilung und freier Presse, die Regulierung von Extremismus.

Es kann also zunächst ausreichend sein, dem System widerzuspiegeln, was ist, um dem System im Vertrauen auf die Selbsterhaltungskräfte die Selbststeuerung zu überlassen. Welche fundamentale Bedeutung dies hat, lässt sich an einem ökonomischen Experiment ablesen.

Ökonomisches Experiment „Kasse des Vertrauens"

Sichtbarkeit ist Voraussetzung für eine zielgerichtete Informationsverarbeitung. Versuchsteilnehmer reagieren mit einer im Sinne des Systems funktionalen Verhaltensanpassung, wenn ihr Verhalten sichtbar wird. Aus dem ebenso einfachen wie aufsehenerregenden Experiment von Melissa Bateson von der Universität Newcastle und ihrer Kollegen Daniel Nettle und Gilbert Roberts lernen wir, dass die Sichtbarkeit gar nicht manifest sein muss, sondern dass bereits ein Anhaltspunkt für „Gesehen werden" funktionales Verhalten begünstigt.

Die Wissenschaftler hatten hinter einer freiwillig zu füllenden „Kasse der Ehrlichkeit" an einer Stelle, an der sich Mitarbeiter der Hochschule mit Tee, Kaffee und Milch versorgen konnten, in verschiedenen Wochen verschiedene Bilder mit Blumenmotiven und Augenpaaren aufgehängt. Sie untersuchten, ob ein Zusammenhang zwischen den Einzahlungen in die Kasse und den Bildmotiven, denen die Versuchsteilnehmer beim Einschenken der Getränke und an der Kasse nicht ausweichen konnten, bestand. Das Ergebnis war verblüffend eindeutig. Es besteht ein signifikanter Zusammenhang zwischen den Bildertypen und den freiwilligen Beiträgen der Versuchsteilnehmer, die sich aus der Veränderung der Beiträge pro Liter Milch ablesen ließen (Bateson et al. 2006: 412 ff.).

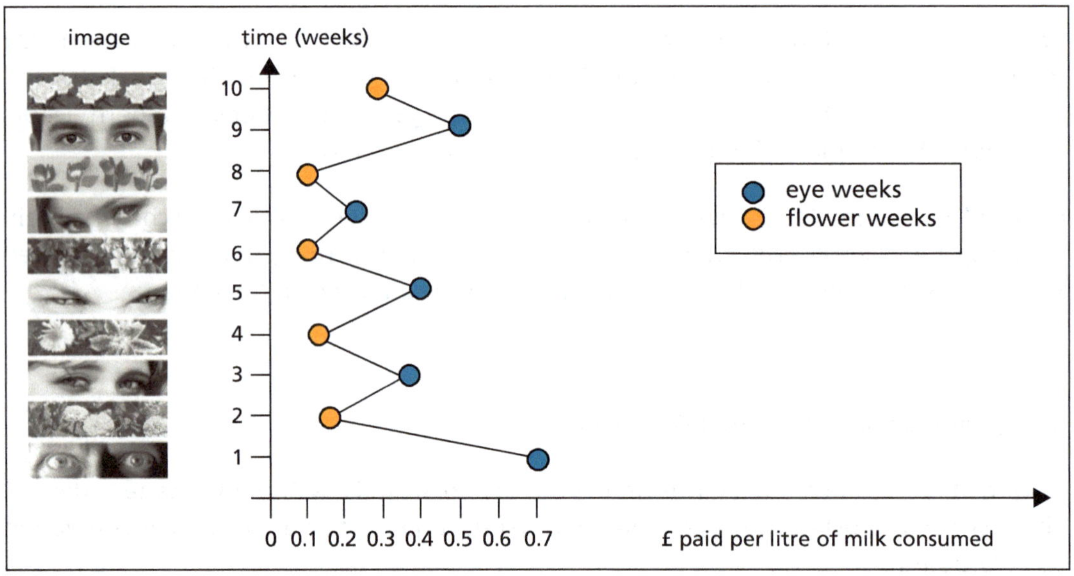

Abb. 27: Beiträge an eine „Kasse des Vertrauens" je nach Hintergrundbild (aus Bateson et al. 2006: 413)

Dieser Aspekt hat für die Gestaltung von Prozessen in sozialen Dienstleistungsunternehmen weitreichende Bedeutung. Das Experiment macht die hochfunktionale Wirkung von Sichtbarkeit deutlich. Was bedeutet dies in unserem Kontext?

Kommunikation als Selbststeuerungsinstrument

Dem Betriebswirt oder Sozialmanager, dem wir oben jeden unmittelbaren Einfluss auf Kosten abgesprochen haben, kommt nun doch wieder eine gestaltende Rolle zu, weil bereits die Kommunikation über die im Unternehmen entstandenen Kosten ohne weiteres Zutun des Managers Kostensteuerung in Form einer Selbststeuerung auslöst. In diesem Sinne sind die in diesem Buch beschriebenen Methoden nicht nur Arbeitsinstrumente des Managers oder Controllers, sondern Vorlagen für innerbetriebliche

Kommunikation. Dazu müssen Gelegenheiten geschaffen werden, in denen die Kostenverantwortlichen der Unternehmensleitung, den Kollegen auf gleicher Ebene, aber auch den unterstellten Mitarbeitern „ihre Zahlen“ erklären:

- Leitungsrunden
- Kostenstellenkonferenzen oder
- Controlling-Sitzungen

Dabei steht eine persönliche Aussprache auf Grundlage eines aussagekräftigen und zeitnah erstellten Berichtswesens im Mittelpunkt. Diese institutionalisierten Runden sollten auch dann genutzt werden, wenn das Unternehmen prosperiert und scheinbar keiner Kostensteuerung bedarf. Wer dies nicht nutzt, lähmt die Selbststeuerung und begünstigt dysfunktionale Reaktionen – ähnlich einer allergischen Reaktion bei Menschen, bei denen die Bedeutung einer Information für den Selbsterhalt eines Systems falsch verarbeitet wird. Darüber hinaus führt der Verzicht auf diese Form von Transparenz zur Überforderung der Leitung, die aufgrund der schieren Informationsmenge bereits in mittelgroßen Unternehmen kaum noch in der Lage ist, alle anfallenden Informationen angemessen zu verarbeiten und ihre Entscheidungen überzeugend und motivierend zu vermitteln.

Sichtbarkeit der Leistungen als Selbstregulation

Eine letzte, naheliegende Analogie aus dem Bereich des Sports mag den gezeigten Effekt noch einmal aus einem anderen Blickwinkel beleuchten: Ein Trainingseffekt z. B. beim Weitsprung oder Weitwurf, bei dem es wesentlich auf eine effiziente Technik zur Umsetzung der eingesetzten Energie in Weite ankommt, kann sich nur einstellen, wenn ständig gemessen wird. Auch ohne jede Expertise wird das Kind oder der Sportler durch einen Kreislauf von

a) Entwurf einer neuen Technik,

b) Versuch,

c) Messen ohne äußeres Zutun

zu besseren Leistungen kommen. Die Sichtbarkeit der Leistungen für andere und die Sichtbarkeit insbesondere der besseren Leistungen anderer wird diesen Prozess befördern.

Zwischenfazit:

Eine in vielen Fällen bereits hinreichende Vorstufe der Kostensteuerung besteht darin, die Kosten für diejenigen, die die betrieblichen Prozesse steuern und erbringen, sichtbar zu machen und damit nachvollziehbar darzustellen. Dies löst im System eine Selbstregulation aus, die im Ergebnis einer zielgerichteten Steuerung gleichkommt.

8.3 Kostenmanagement und das Prinzip „Bewegung"

Variation nutzen

Folgen wir noch etwas dem systemtheoretischen Gedanken, indem wir überlegen, wie Systeme aus sich selbst effizienter werden können. Dazu ist ein Mindestmaß an Bewegung, an Variation erforderlich.

Variation wird von außen durch Veränderung der Nachfragemenge, der Zahlungsbereitschaft oder der Qualitätsanforderungen in das Unternehmen getragen. Darauf können Unternehmen nicht statisch reagieren. Sie werden ihre Prozesse anpassen und effizienter gestalten müssen. Die Anpassung kann jedoch auch proaktiv – also bevor die Veränderung von außen induziert wird – erfolgen, indem Variationen, die in einem Unternehmen zunächst scheinbar willkürlich entstehen, genutzt werden.

Beispiele:

- Selbst in einem völlig statischen Unternehmen machen Mitarbeiter einmal Urlaub oder werden krank. Ein anderer Mitarbeiter übernimmt die Vertretung.
- Lieferant A kann nicht liefern, Lieferant B springt ein.
- Klient X wurde von Mitarbeiter A betreut, Klient Y mit ähnlicher Diagnose von Mitarbeiter B.
- Ein Team arbeitet wesentlich im Auftrag von Sozialleistungsträger A, nun fragt Sozialleistungsträger B an.
- Eine stationäre Einrichtung hat drei Etagen, zwei diese Etagen erbringen sehr ähnliche Dienstleistungen.
- Aufgrund von Personalmangel konnten bestimmte Aufgaben nicht erledigt werden.

Unterschiede der Wirtschaftlichkeit untersuchen

All diese Variationen lassen sich auf Unterschiede der Wirtschaftlichkeit untersuchen. Was macht Mitarbeiter A anders oder effizienter als Mitarbeiter B? Wie unterscheiden sich die Leistungen von Lieferant A gegenüber Lieferant B? Was unterscheidet die Auftragsgestaltung von Sozialleistungsträger A gegenüber Sozialleistungsträger B? Warum arbeitet eine der beiden Etagen der stationären Einrichtung effizienter als die andere? Und schließlich: was wäre die Folge, wenn wir die liegen gebliebene Aufgabe in Zukunft ganz oder teilweise nicht mehr erfüllen?

Leistungskontrolle

Geschulte Mitarbeitervertreter mögen hier aufhorchen und „Leistungskontrolle" reklamieren. Ja, genau das ist es. Und es ist gut, dass Mitarbeitervertreter hier Mitsprache haben. Es geht aber weniger um direktive Vorgaben oder Leistungsnormen, sondern um das Erforschen der Frage, an welchen Stellen Mitarbeiter ihre Arbeitsweise verändern können, um effizienter zu werden. Ebenso bedeutsam ist aber auch die Frage, an welchen Stellen der Arbeitgeber die Mitarbeiter vor Aufträgen schützen muss, die gar nicht effizient erbracht werden können.

Neues im Blick haben und fördern

Variationen, die in Bezug auf Kosteneffizienz Lernfelder eröffnen, lassen sich nicht nur mit scharfem Blick entdecken, sondern bewusst schaffen. Mitarbeiter sollten immer wieder neue Aufgabenbereiche übernehmen. Neue Mitarbeiter sollten nicht zu allererst auf die Verfahren im Zielunternehmen „eingeschworen" werden, sondern gefragt werden, welche Vorschläge sie zur Effizienzverbesserung aus ihren Vorerfahrungen im Herkunftsunternehmen einbringen können. Unternehmen sollten stets neue Partner auf Kunden- und Lieferantenseite akquirieren, um daraus Verbesserungspotenzial zu schöpfen.

Hier mag eingewandt werden, dass gut laufende Systeme doch bitteschön nicht verändert werden sollten – „never change a running system". Dem sei entgegengehalten: nichts ist gefährlicher als der aktuelle Erfolg. Der Erfolg aktueller Strukturen birgt die Gefahr, externe Dynamik zu unterschätzen und interne Anpassung zu spät zu vollziehen.

Fazit:

Der Abschnitt zeigt, dass Variation und Evaluation die Grundlage für Selbstregulierung von Systemen bilden. Der Prozess der Schaffung von neuen Eigenschaften eines Systems wird als Emergenz bezeichnet. Dem Kostenmanager kommt hier die Aufgabe zu, hierfür günstige Bedingungen zu schaffen, in dem er Variation erkennt und fördert sowie Kostentransparenz schafft. Auf dieser Grundlage mag er demütig auf die im System generierte Prozessverbesserung vertrauen.

8.4 Prozesse machen Kosten: die Quadromo-Methode

Lernende Organisation

Die bisherigen Ausführungen könnten den Eindruck erweckt haben, dass Kostenmanagement ohne zielgerichtetes Zutun der Verantwortlichen geschieht. Dieser Eindruck ist tatsächlich eine wesentliche Facette des hier vermittelten Instrumentariums. Die Freiheitsgrade des Systems, das hier wesentlich als lernende oder besser experimentierende Organisation verstanden wird, beziehen sich auf die operative Umsetzung, nicht aber auf das strategische Ziel der Effizienzsteigerung. Vor diesem Hintergrund sollte der bisher beschriebene Ansatz nicht als „Laisser-Faire-Ansatz" fehlinterpretiert werden. Am anderen Ende des Kontinuums auf der Skala der Freiheitsgrade lässt sich der direktive Ansatz des „Sparkommissars" oder „brutalen Sanierers", der in der Gefahr steht, die Organisation „kaputt zu sparen", ausmachen.

Quadromo-Schema

Im Folgenden soll ein vermittelnder, analytisch begründeter Ansatz des Kostenmanagements beschrieben werden. Dieser wurde von Becker im Jahr 2015 systematisch entfaltet.

Der Kerngedanke der Methode wird sehr übersichtlich in folgender Schablone zusammengefasst:

Dienstleistungsprozess

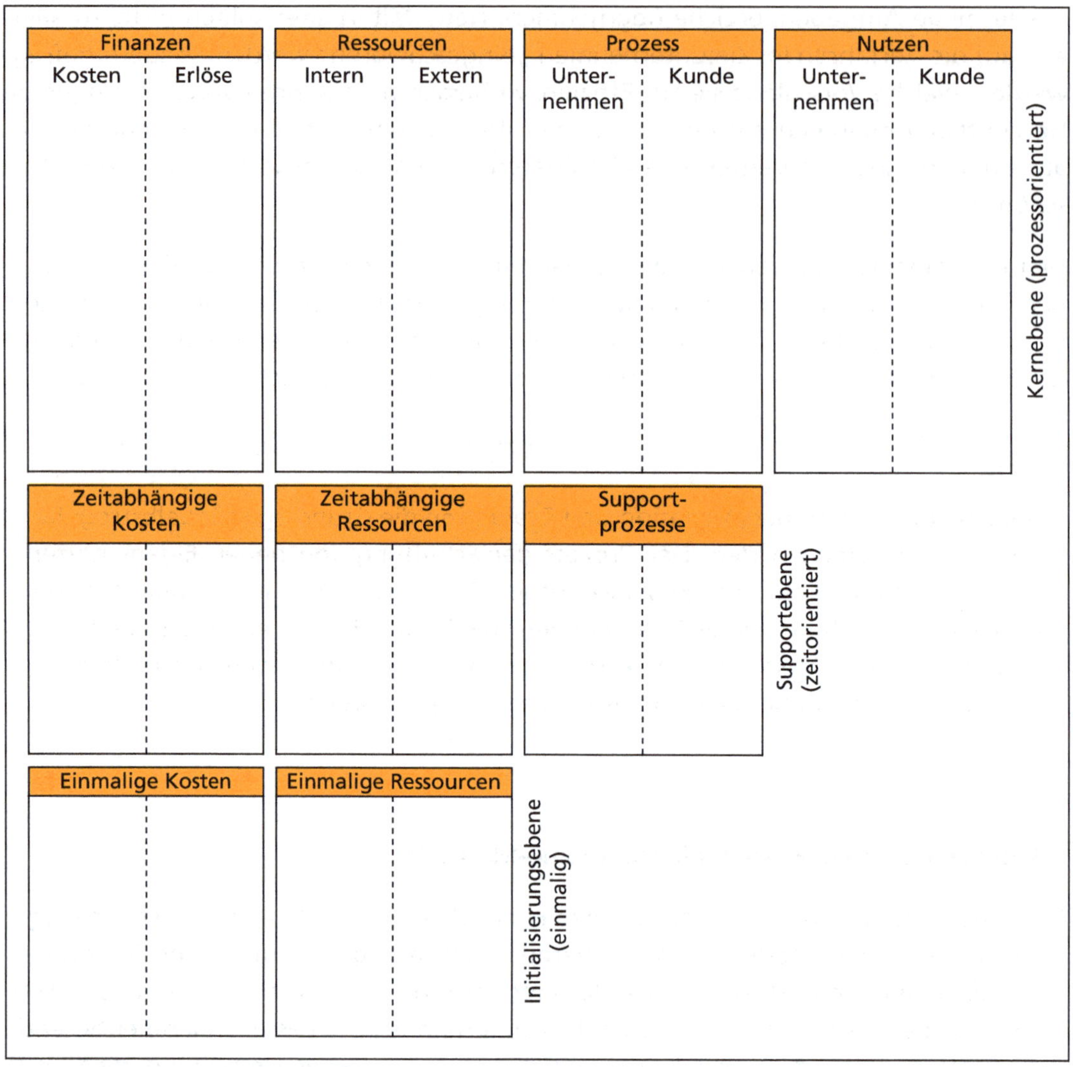

Abb. 28: Quadromo-Schema

Das Schema beschreibt auf drei Ebenen den Dienstleistungsprozess mit den unterstützenden Prozessen.

Auf der oberen Ebene finden wir die sogenannte Kernebene, die die Prozesse aufnimmt, die die kundenorientierte Dienstleistung beschreiben.

Die mittlere Ebene beschreibt die Prozesse, die nicht unmittelbar kundenorientierten, sondern vielmehr für die Dienstleistungen auf der oberen Ebene unterstützenden Charakter haben. Hier finden wir verwaltende und beratende Prozesse.

Die untere Ebene schließlich nimmt die Ressourcen auf, die als Vorleistung erbracht werden müssen, damit die Prozesse auf den ersten beiden Ebenen überhaupt möglich werden. Hier finden wir die notwendigen Investitionen und die Entwicklungsarbeit.

Konzept: Koppelung von Kundennutzen und Kosten

Dieses Konzept ist gewissermaßen die kostenrechnerische Seite der Service-Blueprints im Sinne des Service Designs bzw. des Marketings (vgl. hierzu Majumdar-Herold 2016: 107 ff.).

Der für das Kostenmanagement leitende Kerngedanke findet sich in der ersten Zeile der Schablone. Hier finden wir auf der rechten Seite den Kundennutzen und auf der linken Seite die Kosten und Erlöse. Die beiden „Pole" des Schemas werden – und dies ist der analytisch relevante Beitrag der Schablone – durch die Prozesse und die Ressourcen vermittelt.

Die Schablone wird analytisch von rechts nach links befüllt.

Analyse 1: Nutzen an erster Stelle

Der Kostenmanager befasst sich also zuallerletzt mit den Kosten; er schaut zuerst auf den Nutzen, den der Kunde erwartet und erwarten darf. Daneben kann auch der (hier zunächst immaterielle) Nutzen für das Unternehmen aufgetragen werden. Um diesen Nutzen zu stiften, sind Dienstleistungsprozesse erforderlich. Die Kernaufgabe des Kostenmanagements besteht also darin, genau die Prozesse zu identifizieren, die tatsächlich den erwarteten Nutzen stiften. Im Umkehrschluss bedeutet dies, die Prozesse zu eliminieren, die diesen Nutzen gerade nicht stiften. Hieraus lassen sich dann eher direktive Maßnahmen des Kostenmanagements, die mit guten Gründen untermauert sind, ableiten.

Schritt 1: Ermittlung und Analyse von Prozessen und Ressourcen

Da sich wahrscheinlich kaum Prozesse ohne jeglichen Kundennutzen ableiten lassen, hat der Kostenmanager die Aufgabe, eine Grenzziehung vorzunehmen und dafür zu sorgen, dass der Differenzierungsgrad mit steigendem Kundennutzen zunimmt und mit fallendem Kundennutzen abnimmt. Dienstleistungsprozesse können nicht ohne Kundenbeteiligung erbracht werden. Teilprozesse, die bisher von dem Unternehmen erbracht wurden, können gegebenenfalls auf den Kunden übertragen werden. Dienstleistungsprozesse benötigen Ressourcen. Diese Ressourcen kann das Unternehmen selbst bereitstellen (make-Variante); sie können aber auch von extern eingekauft werden (buy-Variante). An dieser Stelle sind die Ressourcen zunächst zu benennen. Hier sind im Wesentlichen Personalressourcen qualitativ und quantitativ zu beschreiben. Welcher Mitarbeiter erledigt in welcher Zeit den weiter rechts beschriebenen Prozessschritt? Ressourcen, die zu Sachaufwand führen, sind hier nur relevant, soweit die Sachmittel prozessbezogen verbraucht werden (Lebensmittel, Fahrten, pädagogisches Material etc.).

Schritt 2: Kostenbestimmung

Schließlich – und erst dann (!) – sind die Kosten zu bestimmen, die für diese Ressourcen anzusetzen sind. Die Kosten können sehr spezifiziert ermittelt werden, weil durch die Zuordnung zu Prozessen und Ressourcen eine genaue Ermittlung des Güterverbrauchs möglich ist. Den Kosten sind sodann die prozessbezogenen Erlöse gegenüber zu stellen.

Analyse 2: Dienstleistungserbringung

Während die Analyse wie oben beschrieben von rechts nach links erfolgt, geschieht die Erbringung der Dienstleistung von links nach rechts. Zunächst müssen finanzielle Mittel bereitgestellt werden, um Ressourcen zu beschaffen. Diese Ressourcen werden in Prozessen kombiniert und auf diese Weise „veredelt", so dass der erwartete Kundennutzen generiert wird.

Die bisher beschriebene Kernebene (obere Ebene) erfasst den Wertschöpfungsprozess noch nicht vollständig.

Die zweite (mittlere Ebene) beschreibt die sogenannten Supportprozesse, die notwendig sind, damit die Kernprozesse reibungslos erbracht werden können. Wie die Schablone zeigt, wird hier kein unmittelbarer Kundennutzen erzeugt. Es werden dennoch Prozesse erbracht, die den Kernprozessen dienen. Auch hier sind die Ressourcen und die

Kosten zuzuordnen. Die Supportprozesse sind in der Regel von der Prozessmenge der Kernprozesse unabhängig.

Auf der Initialisierungsebene (untere Ebene) werden die Ressourcen benannt und bezüglich ihrer Kosten beziffert, die einmalig bereitgestellt werden müssen, um die in der oberen Ebene beschriebenen Prozesse zu ermöglichen. Diese Ressourcen werden den Prozessen durch Abschreibungen zugerechnet.

Ziel: hinreichender Überschuss

Die auf der oberen Ebene ermittelten Erlöse müssen nicht nur die Kosten der Kernprozesse decken. Sie müssen vielmehr einen hinreichenden Überschuss (Deckungsbeitrag) zur Deckung der zurechenbaren Kosten der beiden darunter liegenden Ebene liefern.

Fazit:

Insgesamt zeigt dieser Ansatz die über mehrere Ebenen und Schritte vermittelte Kopplung von Kosten und Kundennutzen. Dabei wird deutlich, dass

- Kosten eine abgeleitete Größe von Ressourceneinsatz ist,
- Ressourceneinsatz durch Prozesse ausgelöst wird,
- Prozesse nur gerechtfertigt sind, wenn dadurch ein spezifischer Nutzen gestiftet wird.

Bei Kosten handelt es sich also um eine über drei Ebenen abgeleitete Größe. Kostenmanagement greift demnach deutlich zu kurz, wenn es bei der Rechnungsprüfung als unmittelbare Kostenebene ansetzt. Man kommt dem Problem näher, wenn die Bestellentscheidungen und der Ressourceneinsatz hinterfragt wird. Dienstpläne sind hier z. B. wichtige Datensammlungen, die den Ressourceneinsatz dokumentieren. Der Ressourceneinsatz folgt jedoch den Prozessbeschreibungen, die in den meisten Sozialunternehmen mittlerweile im Qualitätsmanagement niedergelegt sind. Diese finden sich schematisiert in Flussdiagrammen, die im Sinne des Quadromo-Ansatzes so gestaltet sein müssen, dass der Ressourcenverbrauch daraus ableitbar ist. Im Qualitätsmanagement muss letztlich auch die Kopplung der Prozesse zum Kundennutzen geschaffen werden, womit die Kernfrage des Qualitätsmanagements berührt ist. Durch die Einbindung der Erlöse zeigt das Schema auch, dass der Nutzen nur insoweit gestiftet werden kann, wie die Erlöse ausreichen, um die Ressourcen bereitzustellen, mit deren Hilfe die nutzenstiftenden Prozesse erbracht werden müssen.

Literaturverzeichnis

Bachert, R. / Schmidt, A. (2010): Finanzierung von Sozialunternehmen; Lambertus – Freiburg.

Becker, H. (2016): Finanzierung und Investition; Springer Gabler – Wiesbaden.

Becker, J. / Niehaves, B. / Pöppelbuß, J. / Ortbach, K. / Plattfaut, R. / Voigt, M. und Malsbender, A. (2015): Service Design. Mit der Quadromo-Methode von der Idee zum Konzept, Springer-Verlag: Berlin.

Buchholz, L. / Gerhards, R. (2016): Internes Rechnungswesen – Kosten- und Leistungsrechnung, Betriebsstatistik und Planungsrechnung; Springer Gabler – Berlin Heidelberg.

Halfar, B. / Moos, G. / Schellberg, K. (2014): Controlling in der Sozialwirtschaft; Nomos – Baden-Baden.

Horsch, J. (2015): Kostenrechnung – Klassische und neue Methoden in der Unternehmenspraxis; Springer – Wiesbaden.

Krahé, P. / Stolze, F. (2007): BWL-Basiswissen – Vorbereitung zum Europäischen Wirtschaftsführerschein – EBC*L; TeleLearn-Akademie – Hamburg.

Majumdar-Herold, A. (2016): Social Service Design & Marketing; Walhalla – Regensburg.

Mühlbauer, B. / Wadsack, R. (1996): Kosten- und Leistungsrechnung in Alten- und Pflegeheimen als Führungsinstrument; Deutscher Verein für öffentliche und private Fürsorge – Frankfurt am Main.

Ossola-Haring, C. / Schlageter, A. / Schöning, S. (2016): 11 Irrtümer über Kennzahlen; Springer Gabler – Wiesbaden.

Reichhardt, M. (2017): Grundlagen der doppelten Buchführung; Springer Gabler – Wiesbaden.

Rieg, R. (2015): Planung und Budgetierung; Gabler Springer – Wiesbaden.

Schellberg, K. (2011): Betriebswirtschaftslehre von Sozialunternehmen; Walhalla – Regensburg.

Sprinkart, K. (2015): Nachhaltigkeit messbar machen; Walhalla - Regensburg.

Walter, W. / Wünsche, I. (2013): Einführung in die moderne Kostenrechnung; Springer Galber – Wiesbaden.

Glossar

Begriff	Beschreibung	Komplementärbegriff
Abschlusspflicht	Pflicht zur Erstellung eines Jahresabschlusses	
Abschreibungen/Afa	Die Anschaffungskosten eines Gegenstandes werden gleichmäßig auf Jahre der voraussichtlichen Nutzungsdauer aufgeteilt (AfA: Absetzung für Abnutzung)	
Aktiva	Vermögenswerte in der Bilanz, linke Seite der Bilanz	Passiva
Aktivieren	Eine Vermögensposition in die Bilanz aufnehmen (anstelle eines Aufwands in der GuV)	
Anlagevermögen	Dauerhaft dem Unternehmen zur Verfügung stehende Vermögensgegenstände, erscheinen auf der Aktivseite der Bilanz	Umlaufvermögen
Ansatz	Bewertung, Höhe der in die Bilanz aufgenommenen Position	
Äquivalenzziffern-kalkulation	Äquivalenzziffern sind Beanspruchungsgrößen von Kostenstellen. Mit der Äquivalenzziffernkalkulation können Kosten beanspruchungsgerecht auf Leistungen verteilt werden.	
Aufwand	Minderung von Eigenkapital, Werteverbrauch in einem Unternehmen in einer Periode (Stromgröße)	Ertrag
Ausgabe	Zunahme von Geldvermögen (Stromgröße): meist aufgrund des Abflusses von Zahlungsmitteln (Auszahlungen) oder Eingehen von Zahlungsverpflichtungen	Einnahme
Außerordentliches Ergebnis	Position der Gewinn- und Verlustrechnung (GuV), Saldo der außerordentlichen Erträge und Aufwendungen, nicht regelmäßig zu erwartende Aufwendungen und Erträge	
Auszahlung	Abfluss von Zahlungsmitteln in einer Periode (Stromgröße)	Einzahlung
Bestandsgröße	Zeitpunktbezogener betriebswirtschaftliche Indikator	Stromgröße
Bestandskonten	Konten, in denen die Vermögens- und Kapitalpositionen eines Unternehmens geführt werden, werden beim Jahresabschluss in die Bilanz übernommen	Erfolgskonto
Betriebsabrechnungs-bogen, BAB	Form der Kostenstellenrechnung, Verteilung der Gemeinkosten	

Begriff	Beschreibung	Komplementärbegriff
Betriebsergebnis	Position der Gewinn- und Verlustrechnung (GuV), Saldo aus betrieblichen Erträgen und betrieblichen Aufwendungen, Überschuss/Defizit der aus der betrieblichen Tätigkeit (im Gegensatz zu Finanzanlagen, außerordentlichen Vorkommnissen) entsteht	
Bewertung	Bestimmung der Höhe der von Positionen im Jahresabschluss, insbesondere der Bilanz	
Bilanz	Die Bilanz beinhaltet die Bestandsgrößen in Form der Vermögens- und Kapitalpositionen eines Unternehmens zu einem bestimmten Zeitpunkt, Teil des Jahresabschlusses	
Break-Even	Synonym Gewinnschwelle, Menge an abgesetzten Leistungen, ab der die Erträge höher als die Kosten sind.	
Buchgeld	Beim Buchgeld handelt es sich um die Guthaben (nicht die Überziehungen), auf die sofort zugegriffen werden kann (i. d. R. Guthaben auf Girokonten)	
Cashflow	Zeitraumbezogener Saldo des Zu- und Abflusses von Zahlungsmitteln, Liquiditätssaldo	
Debitoren	Schuldner aufgrund von Forderungen aus Lieferungen und Leistungen	Kreditoren
Deckungsbeitrag	Restbetrag der Erlöse, der nach Abzug der variablen Kosten zur Deckung der Fixkosten verbleibt	
Deckungsbeitragsrechnung	Form der Kostenstellen- oder Kostenträgerrechnung, bei der zunächst nur die variablen Kosten (im allgemeineren Sinne die Einzelkosten) und von Umlagen abgesehen wird. (System der Teilkostenrechnung)	
Direct Costing	Kostenverrechnung, bei denen die direkt zurechenbaren Kosten (Einzelkosten des Kostenträgers) direkt zugerechnet werden; amerikanische Variante der Deckungsbeitragsrechnung	
Direkte Kosten	Direkt zurechenbare Kosten = Einzelkosten des Kostenträgers oder der Kostenstelle (im Gegensatz zu Gemeinkosten, auch Kostenstellengemeinkosten)	
Doppelte Buchführung	Form des Rechnungswesens der Kaufleute (siehe Doppik)	
Doppik	Form der doppelten (kaufmännischen) Buchführung, in der Geschäftsvorfälle stets aus zwei Konten (Soll/Haben) erfasst und zur Bilanz und Gewinn- und Verlustrechnung (GuV) verdichtet werden	Kameralistik

Begriff	Beschreibung	Komplementärbegriff
Eigenkapital	Dem Unternehmen bzw. dessen Gesellschaftern/Aktionären gehörendes Kapital; Differenz aus Vermögen und Fremdkapital	Fremdkapital
Einnahme	Zunahme von Geldvermögen (Stromgröße): meist aufgrund des Zuflusses von Zahlungsmitteln (Einzahlung) oder Aufbau von Forderungen	Ausgabe
Einnahme-Überschuss-Rechnung	Vereinfachtes Rechnungswesen, im Einkommensteuergesetz für kleinere Unternehmen vorgesehen	
Einzahlung	Zufluss von Zahlungsmitteln (Stromgröße)	Auszahlung
Einzelkosten	Einer Leistung (Kostenträger) oder einer Organisationseinheit (Kostenstelle) direkt zurechenbare Leistungen	Gemeinkosten
Erfolgskonten	Konten, auf denen Aufwendungen und Erträge gebucht werden. Werden in der Gewinn- und Verlustrechnung verdichtet.	Bestandskonten
Ergebnis der gewöhnlichen Geschäftstätigkeit	kurz EGT: Summe aus betrieblichen Ergebnis und Finanzergebnis, Teil der Gewinn- und Verlustrechnung	
Ertrag	Mehrung des Eigenkapitals (Stromgröße)	Aufwand
Fakturierung	Fakturierung ist der Fachbegriff für Rechnungsstellung.	
Finanzergebnis	Ergebnis aus Kosten für Finanzierung (Zinsen u. a.) und Erträgen aus Finanzanlagen, Teil der Gewinn- und Verlustrechnung	
Fixe Kosten	Fixe Kosten sind unabhängig von der Leistungsmenge Im weiteren Sinne auch: Von der jeweiligen Entscheidung unabhängige Kosten, indirekte Kosten	Variable Kosten
Forderungen	Zahlungsansprüche des Unternehmens gegen Dritte, erscheinen auf der Aktivseite der Bilanz	Verbindlichkeiten
Fremdkapital	Nicht zum Eigenkapital gehörende Positionen, insbesondere Rückstellungen und Verbindlichkeiten	Eigenkapital
Geldvermögen	Erweiterung des Begriffs „Zahlungsmittel". Berechnet sich aus: Zahlungsmittel + Forderungen - Verbindlichkeiten	
Gemeinkosten	Einer Leistung (Kostenträger) oder einer Kostenstelle nicht direkt zurechenbare Kosten (synonym Overhead-Kosten)	Einzelkosten
Gemeinnützigkeit	Gemeinnützigkeit Voraussetzung für die Steuerbefreiung von bestimmten Unternehmen von Ertragsteuern und z. T. anderen Steuern	

Begriff	Beschreibung	Komplementärbegriff
Geringwertige Wirtschaftsgüter, GWG	Anlagevermögen, das im Anschaffungsjahr abgeschrieben wird und deshalb nicht in der Bilanz erscheint. Wertgrenze: unter 1000 Euro bzw. 410 Euro	
Gewinn- und Verlustrechnung	kurz GuV: Gegenüberstellung von Ertrag und Aufwand (beides Stromgrößen) zur Ermittlung des Gewinns und Verlusts eines Unternehmens, Teil des Jahresabschlusses	Bilanz
Grundbuch	Synonym für Journal	Hauptbuch
Handelsrecht	Rechtsnormen aus dem Handelsgesetzbuch	
Hauptbuch	Im Hauptbuch erfolgt eine Aufzeichnung der Geschäftsvorfälle mit sachlicher Zuordnung auf Sachkonten	Grundbuch
HGB	Handelsgesetzbuch	
Inventur	Bestandsaufnahme der Vermögensgegenstände und Schulden – bei Sachvermögen physische Zählung	
Jahresabschluss	Bilanz und Gewinn- und Verlustrechnung	
Journal	Chronologische Auflistung aller Buchungsfälle, synonym Grundbuch, Primanota	Hauptbuch
Kalkulatorische Kosten	Nicht (nie oder noch nicht) mit Zahlungen verbundene Kosten, die dennoch einen Werteverzehr widerspiegeln (z. B. kalkulatorische Instandhaltungskosten oder kalkulatorische Zinsen)	
Kameralistik	Die Kameralistik umfasst das Verfahren des Rechnungswesens in öffentlichen Einrichtungen und Verwaltungen sowie den Prozess der Haushaltserstellung und des Haushaltsvollzugs, des Haushaltsverfahrens.	
Kapital	Passivseite der Bilanz, Herkunft der Mittel für die Vermögenswerte	Vermögen
Kaufmännisches Rechnungswesen	Form des Rechnungswesens, das so im HGB geregelt ist	
Kosten	Werteverzehr von Produktionsfaktoren für die Erstellung von Gütern und Leistungen	Leistungen (im kostenrechnerischen Sinne)
Kostenarten	Verschiedene inhaltliche Ausprägungen von Kosten (Personalkosten, Materialkosten, Investitionskosten etc.)	
Kostenstelle	Kostenstellen sind Orte der Kostenentstehung (Organisationseinheiten), denen Kosten zugerechnet werden können.	

Begriff	Beschreibung	Komplementärbegriff
Kostenträger	Kostenträger sind in der Betriebswirtschaft Leistungen oder Produkte, für die Kosten aufgewendet werden (die Kosten tragen müssen) Zu unterscheiden vom sozialrechtlichen Kostenträger (Sozialleistungsträger), dem Finanzier einer Leistung.	
Kreditoren	Gläubiger (Zahlungsempfänger) von Verbindlichkeiten aus Lieferungen und Leistungen.	Debitoren
Leistungen	Leistungen sind das Ergebnis des betrieblichen Wertschöpfungsprozesses, werden im Dienstleistungsbereich analog zu Produkten verwendet. Wird als physische Größe (Stückzahlen) ausgedrückt. Wird in der Kostenrechnung auch in Finanzgrößen bemessen als Wert der Leistungen	Kosten
Liquidität	Bestand an flüssigen Mitteln einer Organisation, meist (Bar-, Buchgeld, je nach Liquiditätsgrad auch Forderungen und Vorräte) Die Liquidität gibt Auskunft über die Zahlungsfähigkeit einer Organisation.	
Passivieren	Eine Kapitalposition in die Bilanz aufnehmen (anstelle eines Ertrags in der GuV)	
Publizitätspflicht	Pflicht zur Veröffentlichung von Jahresabschlüssen	
Rechnungs-abgrenzungsposten	Rechnungsabgrenzungsposten existieren sowohl auf der Aktiv- als auch auf der Passivseite der Bilanz. Sie beinhalten bereits vergütete (durch das Unternehmen → aktiv; durch einen Kunden → passiv), aber noch nicht in Anspruch genommene Leistungen	
Rechnungslegung	Jahresabschluss, Offenlegung der Rechnungswesendaten im Rahmen eines Jahresabschlusses (Bilanz, GuV, Einnahme-Überschussrechnung, Haushaltsabschluss)	
Reinvermögen	Synonym für Eigenkapital.	
Rücklage	Eigenkapitalposition. In der Regel handelt es sich bei der Rücklage um einen aufgelaufenen Gewinn der letzten Jahre, für den ein Verwendungszweck vorbestimmt ist	
Rücklagen	Passiv-/Kapitalposition in der Bilanz, Form des Eigenkapitals, zukünftigen Zwecken gewidmetes Eigenkapital	

Begriff	Beschreibung	Komplementärbegriff
Rückstellungen	Rückstellungen sind Passivpositionen der Bilanz, die wahrscheinliche zukünftige Ausgaben aufgrund ungewisser Verbindlichkeiten oder drohender Verluste, welche in vergangenen Perioden verursacht wurden, abbilden (z. B. aufgelaufene Überstunden)	
Stakeholder	Personen, Gruppen oder Institutionen, die Ansprüche oder Anforderungen an das Unternehmen richten und dessen Erfolg stark beeinflussen können	
Stromgröße	Zeitraumbezogener betriebswirtschaftlicher Indikator (z. B. Ertrag); zeigt die Veränderung einer Bestandsgröße (z. B. Eigenkapital)	Bestandsgröße
Termingeld	Form der kurzfristigen Finanzanlage	
Umlaufvermögen	Vermögensgegenstände, die üblicherweise einmal im Jahr umgesetzt werden (Girokonto, kurzfristige Forderungen, Lebensmittelvorräte etc.)	Anlagevermögen
Variable Kosten	Leistungs-, Mengenabhängige Kosten	Fixe Kosten
Verbindlichkeiten	Schulden (Zahlungsverpflichtungen) des Unternehmens gegen Dritte, erscheinen auf der Passivseite der Bilanz	Forderungen
Vermögen	Aktivseite der Bilanz, Summe aller Sach- und Finanzanlagen	Kapital
Vollkostenrechnung	Form der Kostenträgerrechnung, bei der alle Kosten dem Kostenträger zugerechnet werden, ähnlich der alten Pflegesatzkalkulation („vollkostendeckende Pflegesätze")	Teilkostenrechnung
Vorsichtsprinzip	Bewertungsprinzip für den Jahresabschluss: Verluste (auch drohende) sofort verbuchen, Gewinne erst bei Realisierung	
Wahlrechte	Wahlmöglichkeiten, eine Position in die Bilanz aufzunehmen oder nicht	

Stichwortverzeichnis